The Microeconomics of
Organisations and Institutions

組織と制度の
ミクロ経済学

堀　一三
国本　隆 編
渡邊直樹

京都大学学術出版会

はしがき

　本書は，今井晴雄先生が京都大学経済研究所を定年退職されるこの春に合わせて，長年にわたって研究と教育に費やされた先生のご苦労をねぎらい，益々のご活躍を祈念して編まれた論文集である．元々は，先生の還暦をお祝いしようと，ゼミや授業，論文指導などを通じて先生の薫陶を受けた研究者を中心に企画されたものだったが，紆余曲折を経て，上梓が今になってしまった．それでも，先生が退職されるまでには何とか間に合わせることができて，編者は胸を撫で下ろしている．本書の内容についてここではあまり触れないが，先生の下で研究を始めた著者たちの研究分野は多岐に渡っており，それはそのまま，ご専門であるミクロ経済学に関する先生の知見の広さを意味している．

　本書において，組織とは人々の間で発生する利害対立の調整機構であり，制度とは利害対立を抑制するために人々が集団で自らの行動に対して課す制約であると定義される．市場取引も一つの組織または制度として取り扱われる．詳細は序章を一読していただきたいが，この四半世紀ほどの間に，市場均衡理論に加えて，ミクロ経済学は新制度派経済学（組織の経済学）やメカニズムデザイン（制度設計）を新しい軸とするようになった．

　このような現在のミクロ経済学において，分析の基礎をなすのはゲーム理論である．つまり，「組織」あるいは「制度」の分析には多かれ少なかれゲーム理論が応用されている．本書の著者たちの多くは，まさに，1990年代に進行したこの「ゲーム理論による経済学の静かな革命（神取道宏氏）」（「現代の経済理論」所収，岩井克人，伊藤元重編，東京大学出版会，1994年）のただ中に，今井先生の下でゲーム理論を勉強し，それぞれの研究課題を見つけて，今日に至っている．

　本書は，先生が査読付国際専門誌にて発表されてきた論文の内容を反映して，非協力ゲームだけでなく，協力ゲームも取り扱っている．さらに，理論の検証方法として，被験者実験，社会シミュレーション（計算機実験），構造推定といった比較的新しい分析手法にも目配りし，それぞれ最新の内容を紹介している点は類書にはない本書の特徴である．今井先生ご自身にも筆をとっていただ

き，その原稿は本書の第1部最初の（序章を除いた場合の巻頭）論文となっている．それは，理論のみに気が向きがちな各章の著者たち，つまり，先生の薫陶を受けた研究者たちに対して，実際の経済問題に理論を適用する際に気をつけるべき点を示唆しているようでもある．

著者たちの貢献を含む最新の研究成果を盛り込んだ本書は，ミクロ経済学に関心のある学部上級生や大学院生，さらに現在のミクロ経済学の発展を詳しく概観したい研究者や実務家を主な読者として想定している．今井先生が撒かれた種が芽吹き，育った苗が幾ばくかの稲穂を実らせ，また次の種を撒くべく，こうして論文集を上梓できることは編者にとって大きな喜びである．本書を通じて撒かれた種がさらに芽吹き，その新しい世代の芽吹きの音が今井先生の耳にも届くことを願っている．

本書をまとめるにあたり，京都大学学術出版会の鈴木哲也氏，高垣重和氏，遊文舎の宮島源三郎氏には大変お世話になった．本書の英語タイトルに対して，今井先生のご友人であるマルティン・オズボーン氏（トロント大学）からご助言を受けた．記して感謝する次第である．

桜を待ち望む時計台裏のベンチにて

2015年3月
編者

目次
contents

序章：ミクロ経済学のフロンティアを求めて　　　　　　　　**1**
  1.1　はじめに　.　1
  1.2　ミクロ経済学の分析対象　.　.　.　.　.　.　.　.　.　.　.　.　.　.　.　3
  1.3　新制度派経済学とメカニズムデザイン　.　.　.　.　.　.　.　.　9
  1.4　各章の概要　.　14

第 1 部　制度設計の諸問題：
環境条約，ベイジアン遂行，取引構造　　　　　　　　　　　**25**

第 2 章　クリーン開発メカニズムのミクロ・ゲーム分析　　**27**
  2.1　CDM　.　27
  2.2　相対 vs 絶対ベースライン　.　.　.　.　.　.　.　.　.　.　.　.　.　.　40
  2.3　動学的設定　.　47
  2.4　途上国の参加インセンティブ　.　.　.　.　.　.　.　.　.　.　.　.　.　51

第 3 章　ベイジアン遂行理論　　　　　　　　　　　　　　　**57**
  3.1　はじめに　.　57
  3.2　代表例：オークション　.　.　.　.　.　.　.　.　.　.　.　.　.　.　.　.　58
  3.3　本格的な分析に入るまえに　.　.　.　.　.　.　.　.　.　.　.　.　.　.　59
  3.4　(比較的長めの) 準備　.　.　.　.　.　.　.　.　.　.　.　.　.　.　.　.　.　60
  3.5　確実遂行　.　69
  3.6　実質的遂行　.　81
  3.7　純粋戦略と混合戦略　.　.　.　.　.　.　.　.　.　.　.　.　.　.　.　.　.　84
  3.8　完備情報　.　85
  3.9　おわりに　.　88

第4章 市場のミクロ構造理論における情報ベースモデル　91
- 4.1 はじめに 91
- 4.2 逐次取引モデル 94
- 4.3 一括取引モデル 105
- 4.4 おわりに 117

第2部　組織の経済学における課題：サーチ市場とホールドアップ問題　121

第5章 契約とサーチ　123
- 5.1 はじめに 123
- 5.2 モラルハザード問題とサーチ市場 126
- 5.3 ホールドアップ問題 138
- 5.4 結論 146

第6章 ホールドアップ問題は契約により解決できるか：動学的考察　149
- 6.1 はじめに 149
- 6.2 ホールドアップ問題 151
- 6.3 動学的考察 156
- 6.4 おわりに 171

第3部　組織における交渉：協力ゲームの理論と被験者実験　173

第7章 古典的協力解と提携ゲーム　175
- 7.1 序論：5人で分ける 175
- 7.2 提携ゲームの古典的協力解 178
- 7.3 提携構造の導入 193
- 7.4 結論にかえて：協力解のこれから 205

第8章　重み付き投票実験における提携形成　　**211**

- 8.1　はじめに：協力ゲームの実験環境 211
- 8.2　実験の仕様：4人重み付き投票ゲーム 214
- 8.3　結果：ガムソンの法則のほころび 222
- 8.4　おわりに：追加実験に向けて 230
- 付録：インストラクション 231

第4部　その他の分析手法：
進化ゲーム，シミュレーション，構造推定　　**243**

第9章　事前コミュニケーションによる均衡選択：進化ゲームアプローチ　**245**

- 9.1　はじめに 245
- 9.2　進化的アプローチ 248
- 9.3　事前コミュニケーションゲームの定式化 251
- 9.4　動学における安定性 254
- 9.5　複雑回避性向 257
- 9.6　集団の数とパレート効率性 258
- 9.7　中立安定戦略の列挙 261
- 9.8　予想動学 262
- 9.9　嘘つき回避性向 264
- 9.10　無限回繰り返しゲーム 266
- 9.11　おわりに 270

第10章　ミクロ経済学理論におけるコンピュテーショナルアプローチ　**273**

- 10.1　序論 273
- 10.2　主な学習モデル 274
- 10.3　戦略的状況自体の学習 278
- 10.4　考察 289

第11章 マッチングゲームの顕示選好分析　　295

11.1 はじめに 295

11.2 マッチングゲームの理論 298

11.3 マッチングゲームの計量経済モデル 306

11.4 推定方法 318

11.5 おわりに 329

索引　　335

序章
ミクロ経済学のフロンティアを求めて

渡邊直樹，堀　一三，国本　隆

1.1　はじめに

　本書は組織と制度をミクロ経済学を使って分析するための課題と方法に関するガイドブックである．紹介といっても，既存の分析方法や適応例を解説するのではなく，著者たちの貢献を含む最新の研究成果を含み，経済学以外の分野における分析手法の導入を試みるなど，制度と組織のミクロ経済分析をさらに進めるための幾つかの論点を提示することに主眼がおかれている．よって，本書に副題を付けるとすれば，「ミクロ経済学のフロンティアを求めて」となる．そのため，主な読者としてはミクロ経済学に関心のある学部上級生や大学院生を想定している．しかし，経済学の隣接分野のみならず，経済学とは縁遠いと思われている分野の研究者，専門的知識のある自治体職員や実務家との間で思わぬ繋がりと発見がもたらされることを編者たちは少なからず期待している．この点が，標準になりつつある分析方法とともに，類書とは異なる研究をも紹介する理由である．

　経済学の範疇を越えた分野の読者を意識する理由は最近のミクロ経済学の「工学的」傾向にある．個別の制度と組織の現状に対して合理的な説明を与えるだけではなく，ミクロ経済理論を応用して制度を設計，創設し，組織を通じてそれを維持，管理するという実践的成果が欧米ではこの10年ほどで顕著に増えてきている．たとえば，ニューヨーク市とボストン市で実現した公立学校選択制度の改革や米国ニューイングランド地方で実現した腎臓交換プログラムは

シャプリー（数学者）の基礎研究とロス，ソンメッツを中心とする研究者たちの実践によるものである[1]．湖沼や森林などの共有資源を効率的に管理している共同体組織を事例研究によって発掘してきたオストロム（政治学者）は2009年のノーベル経済学賞をウィリアムソンと分け合っており，デジタル放送や高速大容量データ通信のための電波周波数割当オークションに対して，欧米では，ミクロ経済学的基礎付けを持つ制度設計がなされた．

このような最近の応用例を網羅して解説することは他書に譲ることにするが，ある程度のミクロ経済学と数学に関する知識を持つ読者にとって，本書がさらなるミクロ経済学のフロンティアをイメージする手助けとなれば幸いである．本章では，ミクロ経済学の発展史を簡単に振り返りながら，後に続く各章の内容を要約し，本書全体の内容を概観する．

以下の構成は次の通りである．1.2節では制度と組織がミクロ経済の中心的な分析対象となった経緯について述べる．1.3節では，ミクロ経済学分析の軸として新たに加わった新制度派経済学とメカニズムデザインについて，それらの源流をたどりつつ，本書で取り扱う幾つかの論点を明示する．1.4節では，1.3節でまとめた論点に基づいて，本書の内容を概観する．

---

[1] 2012年のノーベル経済学賞はシャプリーとロスに授与された．シャプリーの父は高名な天文学者である．シャプリーは，ゲール（数学者）と共同で，**両側マッチング**（two-sided matching）問題の安定解（の一部）を見つけるための算法（GSアルゴリズム）を開発した（Gale and Shapley, 1962）．両側マッチングとは，男女の結婚のように，二つのグループに分かれている人たちの間でペアを作る問題群の総称である．（安定解とは協力ゲームの理論におけるコアを指す．）ロスは，1984年の論文（Roth, 1984）で，米国での研修医と病院のマッチングにおいて用いられていた割当方法が（病院側を申請者とする）GSアルゴリズムによるものと同じ割当をもたらすことを示した．（1990年代には，ロスの監修の下，研修医側を申請者とする割当方法に変更された．）ロスはさらにニューヨーク市やボストン市における公立学校選択に関する制度改革に対して同様の理論を応用した．腎臓交換プログラムにおけるドナーと患者のマッチングには，シャプリーとスカーフ（Shapley and Scarf, 1974）が住宅交換市場の安定解（狭義コア）を見つけるために開発したトップトレーディングサイクル（TTC）アルゴリズムを基礎とする理論が応用されている．シャプリーとスカーフはTTCアルゴリズムはゲールのアイデアであると紹介している．

1.2 ミクロ経済学の分析対象

歴史的背景

　経済学に数理的分析が本格的に導入されて以来，ミクロ経済学は市場取引を通じて実現される資源配分をその分析対象の中心に据えてきた．その分析の枠組みは市場均衡理論と呼ばれ，効率的な資源配分を実現するための仕組み（市場メカニズム）について，その性能評価に関する定理が数学を用いて証明される．例えば，競争均衡の存在と厚生経済学の基本定理は市場均衡理論の根幹である．現在の標準的教科書でも，まず需要と供給が導かれ，それらが市場でマッチされたときの取引の効率性に関する定理の説明がなされた後で，分析の枠組みの外におかれた様々な要因を例として，市場取引の限界が論じられる．

　しかし，市場メカニズムとその性能に関する理解の重要性が低下したわけではないが，2000年頃を境に，研究者の間ではミクロ経済学の分析対象に関する認識には明らかな変化を見てとれる．一言でいえば，それは「実際の」取引制度の理論的考察が顕著に進展してきたことによるものである．最近では，市場取引も取引制度の一つとみなされ，ある制度の下で取引を行う主体はその内部に存在する複数の意思決定者からなる組織として捉えられ，組織間関係にも分析の光があてられる．

　市場均衡理論では，企業は，生産物とその生産要素の価格を所与として，市場への供給量を決めるだけの役割しか与えられておらず，取引は市場を通じてのみ行われる．しかし，実際の企業はその内部における様々な意思決定が時として対立さえしながら絡み合う複雑な構造を持つ意思決定主体であり，他の企業と（市場におけるスポット取引とは性質が大きく異なる）長期的取引関係を取り結んでもいる．消費者にしても，共同購入や消費者協同組合を通じた取引を行うことがあるだけではなく，家族を中心とする家計のメンバーとして捉えることがより適切である場合も多い．最近のミクロ経済学ではこのような「制度と組織」が主たる分析対象となっているのである．

　もちろん，実際の取引制度の詳細な「記述」には多くの蓄積があり，年金や

保険，課税のあり方や方法，金融システムの整備と運営，雇用の確保などに関わる経済問題が顕在化するたびに，それらの議論の基礎となってきた．しかし，米国と旧ソ連の対立を軸とする東西冷戦下では，中央集権的計画経済における効率的資源配分の実行可能性に関する議論に対応して，分権的市場経済における資源配分の研究，つまり，市場メカニズムの性能評価は，匿名性，情報効率性，誘因（インセンティヴ）両立性といった具合に鍵となる論点を変えながら，ミクロ経済学における最も重要な研究課題として認識されてきたのである．

経済体制の比較検討という「大きな（形而上的）」課題を研究の背景に持つことで，「身近な（実際の）」取引制度からの乖離が明確に判るほど大胆に単純化された形式が，高度な数理的解析と共に，市場均衡理論にとって必要とされたことは決して不思議ではない．そのような研究課題の下では，個別の取引制度の特徴を反映した局所的な考察ではなく，それらを捨象した抽象的形式において，一般的な帰結を示唆することが分析の目標となるからである．

この状況に転機が訪れるのは1990年頃である．特に，1989年12月になされた当時の米ソ首脳による冷戦終結宣言は象徴的出来事であり，その後10年に渡り，多くの人々が市場取引の背後にある制度的諸要素の重要性を目の当たりにすることとなった．当時を振り返ると，中央集権的計画経済を採用していた国あるいは地域の多くで分権的市場経済への移行またはその部分的導入が検討されており，それに伴う新たな取引制度の創設とその円滑な運用は，それに関わる幾つもの障害に直面している人々のみならず，取引を通じてそれらの国や地域の経済の影響を受ける世界経済にとっても喫緊の課題であった．そこで必要とされたのは，形而上的課題を背景に持つことで単純化された形式による一般的帰結であるはずがなく，膨大な個別取引の詳細な記述でもなく，「実際の取引制度の特徴を丁寧に捉えた理論的考察」であった．

東欧諸国などでの上述の経済改革の難航については，コースが1991年のノーベル賞受賞講演において触れており，取引関連法の整備，その周知と公平な適用といった適切な制度とその運用なくして市場メカニズムは機能しないことを強調している（Coase, 1992, p.714）．同様のことは，市場メカニズムがうまく機能しない場合にそれを補完する取引において重要な役割を果たす所有権の配分

に絡めて，1993年のノーベル賞受賞講演においてノースも述べている（North, 1994, p.366）[2]．発展途上の国または地域における経済発展の分極化も，経済体制の制度的側面を分析することの重要性を多くの人々に認識させたといえるだろう[3]．

新しい軸

以上のような経緯を経て制度と組織を主たる分析対象とするに至った現在のミクロ経済学は，市場均衡理論に加えて，**新制度派経済学**（new institutional economics）と**メカニズムデザイン**（mechanism design）理論を新たな軸として展開されている．新制度派経済学はウィリアムソンが体系化した取引費用の経済学（transaction cost economics）（Williamson, 1985）を基礎としており，「組織の経済学」とも呼ばれている[4]．メカニズムデザイン理論は，個人の選好から導かれる望ましい社会的帰結を実現することを目標にしており，情報の経済学とも関わりが深い[5]．

市場均衡理論への批判的検討を提供するとされてきた取引費用の経済学は，1980年頃から，当時形成されつつあった契約理論の成果を援用するようになり，厳密な数理的解析にも堪えられるソリッドな形式を得たことで，従来の記述型の研究（制度の経済学）とは区別されるようになった[6]．考え方や鍵とな

---

[2] 1993年のノーベル経済学賞は，経済理論と計量経済学を経済史の研究に導入することで計量経済史（Cliometrics）と呼ばれる新分野を切り開いたフォーゲルとノースに授与された．ノースは新制度派経済学とも関わりが深く，**取引費用**（transaction cost）や所有権配分の観点から歴史上の制度，組織，それらの変遷を分析した．

[3] 経済発展の分極化については，マクロ経済学における成長モデルを用いた分析もなされている．

[4] たとえば，ミルグロムとロバーツによるビジネススクール向けの教科書（Milgrom and Roberts, 1992）を見よ．邦訳版のタイトルは「組織の経済学」である．

[5] 取引費用の経済学も情報の経済学も，90年代以降に出版された教科書では，市場均衡理論の前提が成り立たない状況における経済現象を説明するものとして，取り扱われていることが多い．

[6] 米国における制度派的考察はウェブレンの著作に源流がある．ウェブレンは利潤を追求する企業が消費者に対して財を公正に分配することは困難であると考えていた．この点は，

る概念の違いもあるが，この方法論的深化こそが新制度派経済学をミクロ経済学の軸の一つに押し上げたのである[7]．

一方，1970年頃に始まった非対称情報下の市場均衡の分析では，モラルハザードやアドヴァースセレクションと呼ばれる現象が発生し，資源配分は非効率的になってしまうことが明確な形式をもって示された[8]．契約理論はこの非対称情報下の市場均衡の分析に源流の一つを持つ[9]．その意味で，取引費用の経済学も契約理論も，市場均衡理論の根幹である「厚生経済学の基本定理」が

標準的なミクロ経済学とは一線を画しているだけでなく，後の新制度派経済学の基礎を築いたアルキアン（1.3節）が利潤を追求しない企業は淘汰されると考えたことは大きく異なっている．ヨーロッパでは，ウェブレンよりも一世代前から，シュモラーを中心とするドイツ歴史学派，メンガーを始祖とするオーストリア学派などが制度派的考察を行っていた．しかし，標準的な市場均衡理論とは異なる視点を持つというだけで，彼らの様々な考察を一括りにして制度派経済学と総称することは乱暴ではある．米国における制度の経済分析に限定するならば，制度派経済学という呼称の意味するところは，上述の対比のように，新制度派経済学との区別においてその内容が明確になるだろう．

[7]クレプスは情報の経済学やゲーム理論の成果を取り込んだ初めてのミクロ経済学の教科書（Kreps, 1990）を刊行したが，この当時最先端の大学院レヴェルの教科書において，彼は一章分のページを割いて取引費用の経済学を企業組織の諸問題に絡めて解説している．このことからも，当時，新制度派経済学がミクロ経済学の軸の一つを形成しつつあったことを伺い知ることができる．

[8]2001年のノーベル経済学賞は，この分野での貢献に対して，アカロフ，スペンス，スティグリッツに授与されている．アドヴァースセレクションの発生の仕組みについては，Akerlof (1970) による中古車市場の分析を参照せよ．アドヴァースセレクションへの対処法については Spence (1973) と Rothschild and Stiglitz (1976) を参照せよ．前者はシグナリング，後者はスクリーニングという仕組みを考察している．これらの仕組みの分析は，80年代において，不完備情報を伴う非協力ゲームによる再定式化がなされ，後に契約理論と呼ばれるようになる一群の研究分野となって発展した．モラルハザードとアドヴァースセレクションは元々は保険契約の文脈で定義された概念である．

[9]マーリーズは，彼の未公刊論文（Mirrlees, 1975）において，モラルハザードが発生する状況での契約の設計に関する問題を条件付き非線形最適化問題として設定し，今日，一階の条件アプローチと呼ばれる方法を用いて，ほぼ完全な解答を見いだしていた．未公刊とはいえ，多くの研究者にアイデアを提供したこの論文も契約理論の源流の一つといえる．（この論文は，1996年におけるマーリーズのノーベル賞受賞を受けて，1999年に Review of Economic Studies から刊行された．）アドヴァースセレクションが発生する状況での契約の設計に関しては，メカニズムデザイン理論における基本的考え方の一つである顕示原理の完成を待たねばならなかった．

成り立たない，いわゆる,「市場の失敗」に対応する分析を背景に持っている[10]．

メカニズムデザイン理論は，市場均衡理論と同様に，中央集権的計画経済や分権的市場経済における効率的資源配分の実行可能性に関する研究という出自をもつが，取引費用の経済学や契約理論の内容に類似した問題を分析対象としている[11]．しかし，その異なる出自ゆえに，同じ背景をもつ市場均衡理論がそうであるように，取引費用の経済学と契約理論に比べてやや抽象的（一般的）な形式を備えている．それは，また，何らかの基準に従うある社会的帰結（たとえば，資源配分）を遂行可能であるかを議論する理論であるため，社会的選択（social choice）理論との関わりも深い．社会的選択理論は投票ルールなどの性質を明らかにする研究分野である[12]．

契約理論とメカニズムデザイン理論は，産業組織論や国際貿易論といった幾つもの分野を含む応用ミクロ経済学とともに，ゲーム理論を本質的に用いている．メカニズムデザイン理論における基本的考え方の一つは意思決定主体による戦略的虚偽表明を防止する仕組みをどのようにすれば設計できるかということである．この仕組みを持つ制度は耐戦略性（戦略的虚偽表明に対する耐性）を満たすという．耐戦略性については，たとえば，公共財供給における受益者負担の問題を思い起こせば，制度設計におけるその重要性が判るだろう．公共

---

[10]「政府の失敗」に対応する分析を行ったブキャナンとタロックの著作（Buchanan and Tullock, 1962）をもって嚆矢とする公共選択論も，契約理論やゲーム理論を分析道具としてしばしば用いることから，新制度派経済学の一翼を担っているともいえる．ブキャナンは1986年にノーベル経済学賞を授与されている．公共選択論の分析対象が行政組織や官僚組織といった公共の意思決定に関わるものに集中していることから，公共選択論は政治経済学とも呼ばれている．そのため，企業組織を越えて様々な制度や組織の分析にも適用される「組織の経済学」とは，確かに，やや趣を異にする．

[11]実際，ヴィックリー（Vickrey, 1961）は第二価格入札，マーリーズ（Mirrlees, 1971）は最適課税と呼ばれる仕組みを提示し，後の顕示原理へと繋がる研究を行った．これらの研究はメカニズムデザイン理論の源流の一つとなっている．1996年のノーベル経済学賞はマーリーズとヴィックリーに授与された．

[12]この分野は，フランス革命期において，ボルダやコンドルセらが行った投票による社会的意思決定に関する考察に端を発し，アローの著作（Arrow, 1963）をもって現代の経済理論として創始された．1972年のノーベル経済学賞は，市場均衡理論への貢献に対して，ヒックスとアローに授与された．

財を消費することで得られる自らの便益を過少申告したとしても同じだけの公共財を享受できるならば，受益者はその便益をわざわざ正直に表明して，公共財生産のための費用をより多く負担しようとはしないだろう．耐戦略性の概念は，1970年代後半，非対称情報が存在する状況下でも適用できるように拡張された[13]．その成果である（マイヤーソンの）顕示原理に依拠した分析は契約理論においても重要な柱となっている[14]．

本書では，これらの考え方における課題を幾つか抜き出して議論することを通じて，ミクロ経済分析のさらなるフロンティアを模索している．次節以降，新制度派経済学とメカニズムデザイン理論の発展を手短かに振り返りながら，我々の議論の方向を明確にしていこう．

---

[13] ヴィックリーとマーリーズの研究をうけて，投票ルールを題材として，後の顕示原理に繋がる概念を初めて厳密に用いたのはギッバード（Gibbard, 1973）とサッタースウェイト（Satterthwaite, 1975）である．この概念は非対称情報下の戦略的虚偽表明に対する耐性あるいは耐戦略性（strategy-proofness）と呼ばれる．この懐胎期を経て，ベイズ均衡を解概念とする分析への拡張はホルムストローム（Holmstrom, 1977），ローゼンタール（Rosenthal, 1978），マイヤーソン（Myerson, 1979）などによってなされた．顕示原理の誕生である．マイヤーソンは，(モラルハザードを併発する) より一般的な状況にも適用できるように，それを拡張しただけでなく，売り手の期待収入を最大にするという意味での最適入札方式の特徴づけ（Myerson, 1981），二部料金による自然独占産業の規制問題（Baron and Myerson, 1982）といった応用例を示すことで，顕示原理の有用性をアピールすることに成功した．現在，最も広く利用されているのはマイヤーソンの顕示原理である．ダスグプタ・ハモンド・マスキン（Dasgupta, Hammond, and Maskin, 1979）の顕示原理は耐戦略性と支配戦略均衡の緊密な関係を示すものである．

[14] 契約理論では，大別して，完備契約と不完備契約を取り扱っている．顕示原理が深く関わっているのは，現在のところ，完備契約の理論である．伊藤（2003）は，日本語で書かれてはいるが，完備契約の理論に関する大学院レヴェルの教科書として，その内容の深さにおいて優れている．不完備契約の理論に関しては，大学院レヴェルの記述としては，Tirole (1999) と Maskin (2002) の概観論文を参照せよ．

1.3 新制度派経済学とメカニズムデザイン

組織の経済分析：契約理論とゲーム理論

　新制度派経済学の考え方といっても，市場均衡理論やメカニズムデザイン理論と比較して，それは必ずしも統一的なものではない．その根幹をなす取引費用の経済学を体系化したウィリアムソンでさえ，統一的理論を待ち望みつつ，制度と組織の様々な側面に光を当てる多種多様な研究を受け入れるべきであると述べている（Williamson, 2000, 冒頭）．制度と組織とはそれほど複雑な分析対象であり，東欧諸国が経済改革に際して直面した困難を例として挙げるまでもなく，それらに関する我々の知見は未だに非常に乏しいのである．そのため，現在も，データによる検証に十分堪えうる理論的示唆が問われている．

　しかし，新制度派と見なされている多様な文献の元をたどれば，その考え方の源流に辿り着くことができる．(1) コースは，1937 年の論文 (Coase, 1937) を皮切りに，取引に伴って発生する諸費用（取引費用）に注目することで市場と組織の補完関係を考察した [15]．(2) アルキアン（Alchian, 1961）とデムゼッツ (Demsetz, 1967) は，所有権の概念を軸として，取引が生み出す余剰の分配問題を分析した [16]．(3) ウィリアムソンは，1975 年の著作（Williamson, 1975）以降，(1) と (2) を踏まえた議論を整理しつつ発展させている．そこで彼は取引費用の発生を意思決定者の限定合理性と機会主義的行動に求め，そのような意思決定者の間で起こる利害対立の調整機構として組織を捉えている [17]．

---

[15] コースの定理として現在知られている主張をコース自身は明確には提示していないが，それは 1960 年に刊行された論文（Coase, 1960）にて触れられた議論に基づくものであるとされている．そこでは，資源に対する所有権を明確に定義でき，交渉費用もかからず，さらに交渉の結果を費用をかけずに実行できることを保証できるならば，資源の初期配分には関係なく，紛争当事者である二者間の金銭移転を通じて効率的な資源配分を強制法規によらずに実現することが可能であるとされる．

[16] 彼らの考え方に基づいて，不完備契約のモデルを定式化したのは Grossman and Hart (1986) と Hart and Moore (1990) である．

[17] ジェンセン，メックリング，ファーマらによって展開されたエージェンシー理論も新制度派経済学に含めることがあるが，株主，債権者，経営者の間で生じる諸問題の分析に特化している傾向が強いので，本書では議論しない．

ウィリアムソンの考え方の要点は次の通りである．取引（ゲーム）に参加する複数の意思決定者（プレイヤー）の間では様々な利害対立が起こりえて，それを解消するための交渉や調整あるいは約束事の実行には，金銭的費用だけでなく，時間も労力もかかる．これらを金額ベースで勘定したものを取引費用といい，情報の収集と発信のための費用，交渉費用，取引履行費用に分類される．**組織**（organization）とは取引費用を節約するために形成されるひとの集まりであり，意思決定者間の利害対立を調整する機能を持つものと定義される．組織の形態や機能は取引費用節約原理に基づいて説明される．

以上のようなウィリアムソンの考え方に基づいて制度と組織を数理的に分析するとき，契約理論と並んで重要な分析道具がゲーム理論である．契約理論も，1.2節で述べたように，ゲーム理論を本質的に用いている．ゲーム理論は，大まかな分類では，非協力ゲームと協力ゲームに分けられる．非協力ゲームの理論は意思決定者間での利害対立を数理的に描写することに適しており，協力ゲームの理論は交渉による利害調整において幾つかの基準を満たす妥結案を提示することに適している[18]．契約理論は，主に非協力ゲームの理論を用いて，利害対立を完全には解消できない状況下での次善策を提示する[19]．本書における主要な議論はこれらの理論による制度と組織の分析をその基礎としている．

ただし，これらの理論は，現在の標準的教科書においては，ウィリアムソンが重要視する意思決定者の限定合理性をうまく取り入れることに成功してはいない．それは，意思決定者の合理性とはそもそも何か，それがどんな状況でどのように制限されるのか，などについて研究者間での合意がなされていないことに起因する．意思決定者の限定合理性について広範な議論を初めて行ったのはサイモンである．(Simon (1957) を参照.) 彼はそれを「実質的合理性 (substantive rationality)」と「手続き的合理性 (procedural rationality)」に分類した．前者は所与の制約の下で目的を達成するための行動に言及しており，後者

---

[18] 非協力ゲームの理論に関する大学院レヴェルの教科書としては，岡田（2011）が類書では記述されていない基礎理論にも言及している．協力ゲームの理論に関しては，中山，船木，武藤（2008）が解の背後にある公理を含む基礎概念を丁寧に解説している．

[19] Itoh (1993) や Hart and Moore (1990) などのように，協力ゲームと非協力ゲームを併用した分析もあり，今後の発展が期待される研究領域である．

はそのような行動を実現する手段や手順に言及している．しかし，サイモンは合理性の概念を意思決定者がとる行動の性質や特徴において把握するに留まっており，彼らの記憶力や推論能力については触れていない．

そこで，意思決定者の状況認知能力と行動決定様式を予めプログラム化されたものとして限定し，そのような意思決定者による相互依存的状況が一定期間繰り返された結果，社会全体ではどのようなことが起こるのかを考察する分析手法がとられることがある．それが進化ゲームと社会シミュレーションである．進化ゲームは進化生物学における特定の分析形式を基礎として発展した非協力ゲームの一種である．社会シミュレーションは計算機の発達とともに発展して来た分析手法であり，進化ゲームによる分析も社会シミュレーションに含まれることがある．一方，実験経済学は，意思決定者の行動だけでなく，彼らの認知と推論に関する知見を蓄積しつつある．これらの視点からの分析は，限定合理性についての研究者間での合意が確立されていない現在の状況では，制度と組織の諸相の一つに新しい光をあててくれる．これは，本節冒頭で触れたウィリアムソンの提言にも合致している．本書でこれらの分析手法も取り上げる理由はここにある．

制度の設計理論：情報の偏在と資源配分の遂行

1.3 節ではウィリアムソンの考え方に従って組織を定義した．ここではまず，本書における制度の定義を明確にしておく．人々の行動に課される制約が何も存在しないならば，その帰結は彼らにとって望ましいものからは程遠いものになるかも知れない．囚人のジレンマと呼ばれるよく知られた意思決定の相互依存状態（ゲーム的状況）は，各プレイヤーが自分の利得だけを最大にしようと行動した場合，彼らにとってより望ましい結果が存在するにも拘らず，それを実現させることが困難であることを示唆している．**制度**（institution）とは，そのような状況が現実のものとなることを回避するため，人々が集団で自らの行動に対して課す制約であると定義する．このように，コースやウィリアムソン

の著作においてもそうなのだが，制度と組織はしばしば不可分であり，類似した側面を持っている．

制度には，法律や憲法のように明示的なものもあれば，慣習や規範といった暗黙的なものもある．ウィリアムソン（Williamson, 2000）は制度を次の4つの階層に分類し，上位の階層に属する制度は下位の階層に属する制度を規定するとしている．

1. 社会に埋め込まれたもの：非公式な制度

   例えば，規範，慣習，伝統などが挙げられ，100年あるいは1000年単位で非常にゆっくりと変化する．これらの多くは条文化されておらず，自生的（spontaneous）なものであり，何らかの基準に従って設計されるものではない．経済史や進化ゲームの研究対象であるが，経済学的分析としては発展途上の領域である．

2. 制度的環境：ゲームの公式ルール（North, 1991）

   例えば，政治形態，権力の分布，憲法，法律などが挙げられ，10年から100年単位で変化する．部分的には進化過程の産物であるが，設計の機会も存在する．

3. 統治機構：ゲームのプレイにおける利害調整

   取引の統治を目的としており，垂直統合はよい例である[20]．数年単位で変化し，事前の誘因（インセンティヴ）付与だけでなく，事後的調整または交渉も考察することが必要である[21]．

4. 資源配分：価格と取引量

   市場均衡理論による分析がこの階層に該当する．企業活動は生産関数に単純化される．

---

[20] Klein, Crowford, and Alchian (1978) は垂直統合の分析に関する古典的文献である．彼らはこの論文で，GM（自動車メーカー）によるフィッシャーボディー（車体サプライヤー）の吸収合併に至る経緯を考察し，ホールドアップ問題と呼ばれる重要な論点を提起した．

[21] この点は経営組織論では早くから指摘されていた．(Barnard, 1938)

メカニズムデザイン理論では，望ましいとされる公理を満たすルールがある社会的帰結（資源配分）を指定するとき，その帰結の実現を目標として制度は明示的に設計される．その発想の源流は，市場均衡によって得られる資源配分は中央集権的計画経済においても実現可能かという問題にある．経済計画論争と呼ばれるこの問題とメカニズムデザイン理論との関連は，この分野の創始者の一人であり，2007 年のノーベル賞受賞者の一人であるハーヴィッツの論文（Hurwicz, 1973）でも詳述されている [22]．しかし，理論の発展とともに，経済計画論争は，現在，ほとんど意識されなくなっている．これには，1.2 節でも述べたように，冷戦の終結によって形而上的（大きな）課題をめぐる論争の意義は薄れ，分析対象が身近な（実際の）課題の制度設計に移ったことも影響しているだろう．

実際，メカニズムデザインの理論は，近年，身近な諸制度が抱える課題に適用されてきている．たとえば，1.1 節でも触れたが，デジタル放送や高速大容量データ通信用の電波周波数を通信事業者に割り当てる際のオークション，学区の撤廃や拡大を伴う児童や生徒による公立学校の選択，研修医と病院のマッチング，移植時の適合性とドナー不足の問題を解消するための臓器交換プログラムなどは，様々なメディアで報じられている通りである [23]．

メカニズムデザイン理論の基本的考え方は社会に偏在する情報をその保有者に申告させることである資源配分を実現しようとすることにある．自ら消費する財に対する選好は個人が心のうちに持つ私的情報であり，偏在する情報の例である．仮に，望ましいとされる資源配分ルールを遂行することができる中央集権的政府があったとしよう．資源配分があるルールによって選択されるかど

---

[22] 2007 年のノーベル経済学賞は，メカニズムデザイン理論の基礎と方法論の確立についての貢献に対して，ハーヴィッツ，マスキン，マイヤーソンに授与された．ハーヴィッツはこの理論の枠組みを提示し，マスキンとマイヤーソンはそこにゲーム理論の解概念を導入した．現在のメカニズムデザイン理論からはやや距離があるが，経済計画論争に関連して，コルナイもこの分野の創始者の一人に数えられる．たとえば，「反均衡の経済学 経済システム理論の形成をめざして」（日本経済新聞社，1981 年）はコルナイの考えとメカニズムデザイン理論草創期との関わりを伺い知ることのできるまとまった著作である．

[23] 坂井，藤中，若山 (2008) は，これらの話題を含む応用例とともに，メカニズムデザイン理論の考え方と基礎概念を丁寧に説明した教科書である．

うかを判断するためには，資源配分全体に対する各個人の選好を知る必要があるが，政府はこの情報を持っていない．しかし，各個人に直接それを申告させることで真の情報を得られるかというと，必ずしもそうではないだろう．彼または彼女にとって正直に自らの選好を表明することが得策ではないならば，2.2節で述べたように，戦略的虚偽表明がなされるかもしれないからである．従って，そのような虚偽表明を防ぐ仕組みを制度設計の際に考慮する必要が生じる．この点が，現在のメカニズムデザイン理論の根幹をなしている．

では，上記の発想とは逆に，実現した資源配分から各個人の選好に関する情報を推し量るには，どのようにすればよいだろうか．これは統計学的問題ではあるが，制度と組織の経済分析において必要不可欠な視点である．なぜならば，各個人の私的情報である資源配分全体に対する選好をたとえ部分的であっても知ることができれば，政府が，それに対して望ましい資源配分を見いだすことが幾分可能になるからである．本書では，1.1節で言及した学校選択などの両側マッチングを例として，この問題に対する統計技法も紹介する．

1.4 各章の概要

1.2節で述べたように，新しい軸が加わったとはいえ，市場の組織とメカニズムの分析もミクロ経済学の重要な軸であることは，現在も，今後も変わらない．そこで，制度設計を取り扱う第1部の最終章において，市場のミクロ構造に関する最近の議論を概観する．第2部では組織の経済学における課題を提示する．第3部では組織における交渉の分析に適した協力ゲームの理論とその被験者実験の方法を説明する．第4部では，理論の検証方法として，被験者実験と並び，最近発展の著しい社会シミュレーションと構造推定の方法を紹介する．第4部最初の章では，経済学以外の分野とのリンクを紹介するため，ゲーム理論が進化生物学において独自に発展し，経済学に逆輸入された理論である進化ゲームについて，最近の発展を概観する．

第 1 部：制度設計の諸問題：環境条約、ベイジアン遂行，取引構造

2 章：クリーン開発メカニズムのミクロ・ゲーム分析：今井晴雄（京都大学），秋田次郎（東北大学），新澤秀則（兵庫県立大学）

　本章では，京都議定書以降の気候変動枠組条約に関わる国際交渉を題材に，「制度とその実現可能性」という従来の制度設計理論にはない論点を提示する．制度設計の理論は，1.2 節で述べたように，かつては中央集権的計画経済と分権的市場経済の比較検討することを主目的としていた．最近では，理論の発展に伴って，様々な入札制度や学校選択制などの身近な問題をも扱うことが可能となり，理論の成果が実際に適用されるようになってきた．しかし，いくつもある制度案のうち，どの制度が実現されるのかという視点を経済学者が議論することは多くない．それは，現在の標準的な制度設計理論が，社会体制を考察するにせよ，身近な制度を改革するにせよ，唯一の社会計画者が社会構成員の選好をうまく集約しつつ，特定の基準に従う結果を導きうるかという視点から構成されているからである．しかし，国際交渉のように，制度設計の段階で利害を異にする者がそれぞれの立場から制度を提案し，異議なり修正案を提示する状況では，複数の社会計画者が相互依存的意思決定を行う結果として，ある制度が最終的に承認される．第 1 章では，法律や政治の研究者と経済学者が共同研究を行っている気候変動枠組条約を題材に，制度設計における意思決定過程の分析を試みる．

3 章：ベイジアン遂行理論：国本隆（一橋大学）

　資源配分ルールを遂行するための制度設計を委ねられた社会設計者がいるとしよう．この設計者の目的は何らかの基準で望ましいとされる資源配分を選び取ることである．もちろん，資源配分が望ましいかを判断するには社会構成員の資源配分に対する選好を知る必要があり，当事者ではない設計者はこの情報を持っていない．設計者は，社会構成員が正直に自身の選好を社会設計者に申告することを望む一方，虚偽表明がなされることも想定している．もし社会構

成員から真の選好を抽出することができる場合，資源配分ルールは「遂行可能である」という．本章では，この遂行可能性という視点から制度設計を考察する．特に，社会構成員の選好が相互依存する場合の分析に焦点を当てている．この相互依存のケースを扱った日本語文献は現在のところ存在しない．その意味で，本章はミクロ経済学の中心課題の一つを紹介している．

4章：市場のミクロ構造理論における情報ベースモデル：石井良輔（帝京大学）

　本章では，証券市場における価格形成を例として，「取引を通じて新たな情報が価格に織り込まれていく過程」について，最近の研究動向を概観する．証券市場は伝統的なミクロ経済学が想定する「市場」に近いとされる．よって，本章には第2部で取り扱う「組織」との対比を明確にする意図がある．一方，前章でも取り上げたように，1970年代半ば以降，「情報」の取り扱いはミクロ経済学の中心課題となった．本章では，証券市場における代表的な「制度」である競争売買システム，マーケットメーカーシステム，スペシャリストシステムを取り上げ，実証研究にも言及しつつ，制度の違いが情報の伝達と価格形成にどのような影響を及ぼすかを考察する．

第2部：組織の経済学における課題：サーチ市場とホールドアップ問題

5章：契約とサーチ：石黒真吾（大阪大学）

　まず，第3章で取り扱った情報の非対称性に加え，取引相手を見出すのに費用がかかる市場を想定し，「企業組織と市場との相互作用」を捉える理論モデルを提示する．情報の非対称性や契約の不完備性に起因するインセンティブ問題を考察する経済理論の一群は契約理論と呼ばれ，組織を「契約の束」と見なすことで，多くの成果を挙げてきた．しかし，組織内部に焦点を当てる一方で，組織を取り巻く市場環境を与件とみなす分析が多く，組織と市場の相互作用を理解するという研究はまだ十分に発展してはいない．例えば，企業がどのような労働組織を発展させるかという問題は，企業を取り巻く市場環境に左右され

るだろう．他方，新しい労働組織の選択は労働市場の雇用や賃金に影響を与え，市場環境を変えるという効果も考えられる．こうした組織と市場との双方向の相互作用を分析することは，組織や制度の設計が市場経済とどのような関係にあるのかを理解していく上で極めて重要な分析課題である．第4章では，取引相手を見つけるのに費用がかかる市場を想定した分析枠組みである「サーチ理論」を用いて，組織選択と市場経済との相互作用をとらえる簡単なモデルを提示し，上記の問題に迫る．

6章：ホールドアップ問題は契約により解決できるか：動学的考察：堀一三（立命館大学）

次に，「曖昧な約束から生じる非効率的結果を改善する仕組みとしての組織」という視点からの分析手法を，継続的取引を例として，概観する．この分野は法学，経営学との関わりが非常に深い．取引費用の存在や人間の限定合理性に起因して，あらゆる事態に備えて契約条項などを明文化することができず，契約条項に関する曖昧な取り決めが残っているとき，そのような契約は不完備であるという．契約が不完備であるにも拘らず，特定の取引相手に対して特殊な投資が行われるとき，その取引相手は契約の曖昧さを利用して取引から発生する便益を収奪することが可能となる．取引相手のそのような行動を予見するならば，企業は特殊な投資を控えてしまうだろう．つまり，契約の不完備性は取引の効率性を損なってしまうのである．これを「ホールドアップ問題」という．第5章では，この問題を改善するための工夫について，継続的取引を例として，いくつかの新しい知見を概観する．

第3部：組織における交渉：協力ゲームの理論と被験者実験

7章：古典的交渉解と提携ゲーム：下村研一（神戸大学）

第1章では，「交渉のゲーム理論」の観点から，制度設計における意思決定過程の分析を試みた．本章では，協力ゲームの古典的解概念を紹介する．ゲーム

理論の創始者たちが「ゲームの解」と呼んだ安定集合に始まり，交渉集合とその部分集合に相当する解概念を，交渉による集団的意思決定への応用を念頭に，丁寧に解説する．

8章：重み付き投票実験における提携形成：渡邊直樹（筑波大学）

近年，経済理論の検証において，行動心理学の方法を取り入れた経済実験が方法論的にも確立されつつある．これは，経済理論が想定する状況を模して設定された環境下で，ひとが実際にとる行動の特徴から理論を構築しようとする試みでもある．前章を受けて，本章では投票による利得分配を考察する．政治学や社会学においても，投票における各投票者の影響力（投票力）を事前評価する理論と実際に生起したことを事後的に評価する実証研究はこれまで盛んに行われて来た．しかし，既存の理論では，事前予測と事後評価との間に顕著な乖離を生じさせている．ここでは，被験者実験の結果に基づいて，被験者の行動を公理化し，そこから新たな投票力の事前評価方法を理論化しようという研究プログラムの一端を紹介する．

第4部：その他の分析手法：進化ゲーム，社会シミュレーション，構造推定

9章：事前コミュニケーションによる均衡選択：進化ゲームアプローチ：石井良輔（帝京大学）

組織や制度のミクロ経済学が予測する尤もらしい結果は常に単一のものであるわけではない．むしろ，同じ状況（ゲーム）の下でも，複数の結果が「均衡」として生じうることの方が多く，時にはまるで正反対の結果が生起する．これは第1部と第2部で考察してきた状況においても同様である．本章では，複数存在する均衡のうち，どの均衡が選択されるかという問題を，理論生物学の考え方である進化ゲームを通じて考察する．生物学との違いは，意思決定者である個人の間で取り交わされる事前コミュニケーションが明示的に取り入れられ

ている点である．

10 章：ミクロ経済学におけるコンピュテーショナルアプローチ：花木伸行（エクス・マルセイユ大学），渡邊直樹（筑波大学）

　本章では，計算機物理学の方法を取り入れ，実際に観察される人間の行動とその結果として生じる社会現象を計算機実験によって再現しようという最近の研究動向を検討する．これは社会シミュレーションと呼ばれる．経済学で分析対象とされている意思決定者は何らかの目的を達成しようとする．消費者であればより高い効用を得ようとし，生産者であればより高い利潤を得ようとする．標準的な経済学では，彼らは高度な演繹能力を持ち，瞬時に自らの目的に沿う行動を計算できるとして分析を進める．これは実際に生起した結果が「均衡」である場合には，その解釈を可能にする仮定としては有効だろう．しかし，実際の人間の演繹能力には限界があり，生起する結果がすべて均衡であるとは限らないとするならば，これまでとは異なる分析手法を模索せねばならない．多くの場合，生起した結果に基づいて，ひとは自身の目的に沿うような行動を徐々に見つけて行くだろう．本章はそのような意思決定者の「学習」を社会シミュレーションを用いて考察する．

11 章：マッチングの顕示選好分析：中嶋亮（慶応義塾大学）

　前章までに検討してきた組織と制度のミクロ経済理論の分析手法は，複数の意思決定者が，それぞれ，他の意思決定者の行動や信念を予想しながら，自身の行動を選択する状況を土台としている．そのため，実際にデータとして観察されない変数が多く，伝統的な実証研究を適用することが困難であった．本章では，最近の計算機の高性能化とともに可能となったシミュレーションを援用する実証方法を紹介する．題材として，2012 年にノーベル経済学賞を授与されたマーケットデザインなる分野より，結婚マッチングを取り上げる．具体的には，観察されたマッチングの結果から個人の意思決定の背後にある選好を探る

というアプローチをとる．

謝辞：本稿を準備するにあたり，伊藤秀史氏から有益な助言をいただいた．記して感謝する．

参考文献
references

AKERLOF, G. (1970): "The market for lemons: quality uncertainty and the market mechanism," *Quarterly Journal of Economics* 84, 488–500.

ALCHIAN, A. (1961): "Some economics of property," Rand Corporation, D-2361.

ARROW, K. (1963): *Social Choice and Individual Values*, Wiley, New York.（長名寛明 訳 「社会的選択と個人的評価」，日本経済新聞社, 1977 年.）

BARNARD, C. (1938): *The Functions of the Executive*, Harvard University Press, Cambridge.

BARON, D., AND R. MYERSON (1982): "Regulating a monopolist with unknown costs," *Econometrica* 50, 911–930.

BUCHANAN, J., AND G. TULLOCK (1962): *The Calculus of Consent: Logical Foundation of Constitutional Democracy*, University of Michigan Press, Ann Arbor.

KLEIN, B., R. CRAWFORD, AND A. ALCHIAN (1978): "Vertical integration, appropriable rents, and the competitive contracting process," *Journal of Law and Economics* 21, 297–326.

COASE, R. (1937): "The nature of the firm," *Economica* 4, 386–405.

COASE, R. (1960): "The problem of social cost," *Journal of Law and Economics* 3, 1–44.

COASE, R. (1992): "The institutional structure of production," *American Economic Review* 82, 713–719.

DASGUPTA, P., P. HAMMOND, AND E. MASKIN (1979): "The implementation of social choice rules: some results on incentive compatibility," *Review of Economic Studies* 46, 185–216.

DEMSETZ, H. (1967): "Toward a theory of property rights," *American Economic Review* 57, 347–359.

GALE, D. AND L. SHAPLEY (1962): "College admissions and the stability of marriage," *American Mathematical Monthly* 69, 9–15.

GIBBARD, A. (1973): "Manipulation of voting schemes: A general result," *Econometrica* 41, 587–601.

GROSSMAN, S., AND O. HART (1986): "The costs and benefits of ownership: A theory of vertical and lateral integration," *Journal of Political Economy* 94, 691–719.

HART, O. AND J. MOORE (1990): "Property rights and the nature of the firm," *Journal of Political Economy* 98, 1119–1158.

HOLMSTROM, B. (1977): "On incentives and control in organizations," Ph.D. thesis, Stanford University.

HURWICZ, L. (1973): "The Design of mechanisms for resource allocation," *American Economic Review* 63, 1–30.

ITOH, H. (1993): "Coalitions, incentives, and risk sharing," *Journal of Economic Theory* 60, 410–427.

KREPS, D. (1990): *A Course in Microeconomic Theory*, Princeton University Press, Princeton.

MASKIN, E. (2002): "On indescribable contingencies and incomplete contracts," *European Economic Review* 46, 725–733.

MILGROM, P., AND J. ROBERTS (1992): *Ecomomics, Organization, and Management*, Prentis Hall.（奥野正寛，伊藤秀史，今井晴雄，西村理，八木甫　監訳，「組織の経済学」，NTT 出版，1997 年.）

MIRRLEES, J. (1971): "An Exploration of the theory of optimum income taxation," *Review of Economic Studies* 38, 175–208.

MIRRLEES, J. (1975): "The theory of moral hazard and unobservable behavior, Part I," mimeo. (completed and published in 1999, *Review of Economic Studies*, 66, 3–21.)

MYERSON, R. (1979): "Incentive compatibility and the bargaining problem," *Econometrica*, 47, 61–73.

MYERSON, R. (1981): "Optimal auction design," *Mathematics of Operations Research*, 6, 58–73.

NORTH, D. (1991): "Institutions," *Journal of Economic Perspectives*, 5, 97–112.

NORTH, D. (1994): "Economic performance through time," *American Economic Review*, 84, 359–368.

ROSENTHAL, R. (1978): "Arbitration of two-party disputes under uncertainty," *Review of Economic Studies*, 45, 595–604.

ROTH, A. (1984): "The evolution of the labor market for medical interns and residents," *Journal of Political Economiy* 92, 991–1016.

ROTHSCHILD, M. AND J. STIGLITZ (1976): "Equilibrium in competitive insurance markets: An essay on the economics of imperfect information," *Quarterly Journal of Economics* 90, 629–649.

SATTERTHWAITE, M. (1975): "Strategy-proofness and Arrow's conditions: existence and correspondence theorems for voting procedures and social welfare functions," *Journal of Economic Theory* 10, 187–217.

SHAPLEY, L. AND H. SCARF (1974): "On cores and indivisibility," *Journal of Mathematical Economics* 1, 23–37.

SIMON, H. (1957): *Models of Man*, John Wiley, New York.

SPENCE, M. (1973): "Job market signalling," *Quarterly Journal of Economics* 87, 355–374.

TIROLE, J. (1999): "Incomplete contracts: where do we stand?," *Econometrica* 67, 741–781.

VICKREY, W. (1961): "Counterspeculation, auctions, and competitive sealed tenders," *Journal of Finance* 16, 8-37.

WILLIAMSON, O. (1975): *Markets and Hierarchies: Analysis and Antitrust Implications*, Free Press, New York.

WILLIAMSON, O. (1985): *The Economics of Institutions of Capitalism*, Free Press, New York.

WILLIAMSON, O. (2000): "The new institutional economics: taking stock, looking ahead," *Journal of Economic Literature*, XXXVIII, 595–613.

伊藤秀史 (2003):「契約の経済理論」, 有斐閣.

岡田章 (2011):「ゲーム理論」, 新版(第1版, 1996年), 有斐閣.

坂井豊貴, 藤中裕二, 若山琢磨 (2008):「メカニズムデザイン」, ミネルヴァ書房.

中山幹夫, 船木由喜彦, 武藤滋夫 (2008):「協力ゲーム理論」, 勁草書房.

第1部

制度設計の諸問題:

環境条約,ベイジアン遂行,取引構造

第2章
クリーン開発メカニズムのミクロ・ゲーム分析

今井晴雄，秋田次郎，新澤秀則

2.1 CDM

イントロダクション

　環境問題は，私有権による市場取引がそのままでは機能しない，典型的な外部性問題として知られている．中でも温暖化問題にかかわる温室効果ガスの排出は，もっとも顕著な地球環境問題として知られており，国際公共財は，それを管理する権限を持った中央当局が存在しないという意味で，問題の解決をより困難にしている．

　気候変動に関する政府間パネル（Intergovernmental Panel on Climate Change, IPCC）は，各国が共同で設立した政府関係者と自然科学者や社会科学者からなるチームであり，気候変動問題に対する知見を評価報告書として何度かまとめたことにより，2007年ノーベル平和賞受賞を授与された．その報告書による科学的見解の受け容れの下に，国連**気候変動枠組条約**（Framework Convention on Climate Change, FCCC）が締結され，この問題に取り組む国際組織が生まれた．その下で採択され発効した**京都議定書**（Kyoto Protocol）は，一部先進国に温室効果ガスの削減目標を課すという，差異ある責任を認めるとともに，国際的な**排出権取引**（emission trading）と，途上国等での排出削減プロジェクトでの排出削減をクレジットとして取引可能にする，という制度を盛り込んだ画期的な

取り決めであった．2013年の京都議定書第二約束期間以降は排出権取引市場の崩壊を受けて，この制度は再検討の時期に既に入っているが，以下は，第一約束期間での経験を対象とした分析の一端である．

クリーン開発メカニズム（Clean Development Mechanism, CDM）は，気候変動枠組条約の下に採択された京都議定書に盛り込まれた仕組みである．同議定書においては，先進国を中心とする**附属書Ⅰ国**（Annex-I）と呼ばれる一部の国に対して温室効果ガス排出量に対す制約が課されると同時に，制約を充足する補助手段としての三つの経済メカニズムが採用された．附属書Ⅰ国間の排出量取引はその一つであるが，この他に，排出削減プロジェクトに基づく削減量を，上記の取引に用いることができる仕組みが導入され，附属書Ⅰ国でのプロジェクトによるものが**共同実施**（joint implementation, JI）であり，制約が課されていない国（non-Annex-I）において実行される排出削減プロジェクトに基づくものがCDMである．

メカニズムの設計というと，ミクロ経済学ではメカニズムデザイン理論が想起されるが，CDMが京都議定書に盛り込まれてから，運営細則（マラケシュ合意の一部）が決定されるまでの間，外交交渉からアカデミズムまでを含む，さまざまな場でメカニズム設計についての議論が交わされた．ただし，基準は，費用効率性等もあるが，合意可能であることや運用のしやすさ，透明性など，ミクロ経済学でなじみ深い基準とは少し異なり，かつ，多項目の目標が併記されるような形で議論が行われることが多い．また，真に強制可能な配分や，強制を実行する主体は必ずしも明確ではない．それでも，当の仕組みが市場メカニズムに近接したものであるために，参加者のインセンティブなど，共通するツールが多いのも事実である．この意味で，決してデザイン論らしくはないが，これらの制度設計の微細なルールが，実際には期待される成果に影響を及ぼしかねないという意味では，多くの課題が潜んでいる．決して数は多くはないが，以下では，これらの議論を中心に，CDM導入前から，ポスト京都に向けて改革が議論されている現在までの論点を，ゲーム分析を中心とした視点から取り上げる．

割当量をもとに過不足分を取引する排出量取引が，キャップアンドトレード

方式（cap and trade approach）と呼ばれるのに対して，基準排出量に対する相対的な削減量を，取引可能な排出量として付与する方式は，**ベースラインクレジット方式**（baseline and credit approach）と呼ばれる．この方式は，正確に排出量を測定するという問題に加えて，政策目的に沿った形でベースラインを設定するという問題をも解決しなければならない．このため，CDM の成功には疑問を呈する見解も多かった．（たとえば Bohm and Carlen (2002) がその例である．）現実には，2065 プロジェクトが登録され，2012 年までに 29 億トンの削減が見込まれている（2010 年 3 月 2 日時点：国連気候変動枠組条約事務局 http://cdm.unfccc.int/Statistics/index.html）．

しかし，CDM には多くの問題点が指摘されており，ポスト京都とも呼ばれる 2013 年以降の枠組みに対して，その改革，もしくは，それに代わるメカニズムが議論されている．これらの多くは，強制力を持たず政治過程を通じて意思決定を行う組織によってメカニズムを設計し実行する過程にともなう多くの課題が絡み合っており，インセンティブの視点からの分析が有効な問題を多く含んでいる．これには，ベースライン，**追加性**（additivity），プロジェクト実行主体の義務と監視体制，理事会と運営機構と呼ばれる運営に関与する諸組織の機能，これらを統治する COP（締約国会議（conference of the parties））や CMP(京都議定書も毎年締約国会合（MOP: meeting of the parties）を開くが，枠組条約の COP と並行して開かれるため，CMP（the COP serving as the MOP to the Kyoto Protocol）と呼ばれる．）という上位機構の問題など多数の理論と組織の問題がある．以下では，ベースライン問題に焦点を当ててゲーム分析に至る例を提示するが，その前に，CDM の現在の手続きの流れを概観しておこう．

CDM は，当初は，先進国（附属書 I 国）の投資家が，途上国での排出削減可能性を求め，先進国の資金と技術によって途上国の経済主体とともにプロジェクトを実行するというシナリオが想定されていた．現在では，このような形に加えて，コンサルタントが途上国の経済主体に直接 CDM の可能性を提示し，実行段階で先進国の投資家の名を加える，もしくは，まったく先進国の主体の参加を見ないプロジェクト（単独プロジェクト）も相当程度見受けられると指摘される．この段階で，プロジェクト参加者（project participant: PP）は，CDM

理事会 (executive committee: EB) によって認定された指定運営組織 (designated operational entity: DOE) によって有効化（validate）されたプロジェクト設計書（project design document: PDD）を，登録を求めて EB に申請する．この PDD において，EB によって承認されたベースライン設定方法論（methodology）の中から方法論を選び，それに従って実際のベースラインが求められることになる．（方法論自体も，当初は民間から応募された方法論を EB が検討して承認するといういわゆるボトムアップ方式が用いられたため，すべての可能な分野での可能なベースライン設定方法があらかじめリストアップされているわけではなかった．このため，プロジェクトを登録申請する前にプロジェクト主体やコンサルタントが方法論を承認されるべく提出申請することも多い．）プロジェクト登録後は，実際のプロジェクト始動後（登録時にすでに始動していることも多い）に，別の DOE による検証の下，実際の排出量が設計書の方法に基づいて計測され，ベースラインとの差がクレジットとして，EB に発行申請される．これらの各申請段階において，EB の決定に対するパブリックコメントが求められ，疑問点のある個人や団体からコメントが寄せられて，申請が却下されるということもありうる．以下で取り上げるのは，このベースライン設定方法論としてリストされているベースライン設定手法についてである．

ベースライン

京都議定書第 13 条 5(c) には，CDM によって取得できる**クレジット認証排出削減量**（certified emission reduction: CER）は,「認証された事業活動がない場合に生ずる排出量の削減に追加的に生ずるもの」と規定されている．プロジェクトがなかった場合の排出量は，なかったという想定下での（反事実的）シナリオを設定し，そのシナリオ下での排出量を求めることによって得られる．しかしながら，容易に想像がつくように，この計算は，十分に恣意性が入りこむ余地があるとともに，本来不確実性が存在する状況においては，シナリオ自体が複数想定される．たとえば，景気がよくなれば，ベースライン排出量は増える

であろうし，悪くなれば減る．また，安価な代替技術の新発明が突如現れれば，ベースラインは対応して低いものになるかもしれないが，事前にはこれらを正しくは予想できない．一方で，実務的な，そして，投資家の観点からは，ベースラインの柔軟な対応が求められるが，他方では，あまりに柔軟な対応は，本来の目的である地球環境維持の視点からは，望ましくない．このような問題は，次でも触れるように，現在も対立が続いている，途上国に先進国並みの排出制約を課す問題と共通した構図を持っている．

京都議定書が1997年に採択された後，その運用細則の決定が2001年においてマラケシュ合意（1997年のCOPで京都議定書が採択された後，その運用細則は2000年のCOPで合意される予定であったが，紛糾して翌年のボンでの臨時COPでの合意を経てマラケシュCOP(2001)での合意で最終決定された．これらのCOP決定をマラケシュ合意（Marrakech Accord）と呼ぶ．）として確定するまでの期間に相当の議論が行われた．ベースラインに関する各種のオプションのリストと比較は，たとえば，OECDによる論文（Ellis and Bosi (1999)）に見られる．複数プロジェクト用 vs プロジェクト毎のベースライン，動的 vs 静的ベースライン，**相対 vs 絶対ベースライン**（relative vs absolute baselines）等が挙げられる．これらについては，マラケシュ合意において，基本的にベースラインはプロジェクト毎に設けられる．ベースラインは静的でも動的でもよい，また，相対 vs 絶対についても，いずれの可能性も残された．以下では，もっぱら，相対 vs 絶対ベースラインの比較について考察してゆく．

生産過程において用いられるエネルギーから発生する排出量を，必要エネルギーを減少させる技術ないしは装置を採用することによって削減するプロジェクトを考えてみよう．生産は利潤最大化を目的とする企業によって行われるものとし，この企業は逆需要関数 $p = P(x)$ に直面する独占企業であるものとする．生産量 x の下での排出量を，生産量1単位当たり一定として，Ex，プロジェクト実行後の排出量を ex $(E > e)$ とする．エネルギーの単位当たり費用を c とすると，プロジェクト実行前の企業の利潤は $P(x)x - cEx$，これに対し，CDMプロジェクト実行後の利潤は，排出量取引市場での排出価格を q，ベースライン排出量を B とすると，$P(x)x - cex + q(B - ex)$ となる．ベースライン設定問題は，

B をどの水準に設定するかの問題となる.

マラケシュ合意では,ベースライン設定方法として3つの方法が挙げられている.これらは,(1) 歴史的あるいは実際の排出量,(2) 経済的に最も効率的な技術を採用した場合の排出量,(3) 当該産業内の企業の単位あたり排出量が低い順に並べた時に,生産量シェアでトップ20%にある企業の排出量である.これらを,Fischer (2005) にならって,それぞれ歴史的,効率的,平均=ベースラインと呼ぶことにする.企業が既存企業であり,過去のデータが入手可能である場合,歴史的ベースラインがもっとも実用的なベースラインとなりうると考えられる.実際には,大半の方法論が (1) をそして一部が (2) を,そして,(3) を用いるものは例外的である.ただし,実際のベースラインを求めるにあたっては,これらのアイデアがミックスされているものが多い.

相対 vs 絶対ベースラインの区別は,マラケシュで挙げられたいずれのオプションに関しても存在しうるが,単純化のため,歴史的ベースラインが採用されているとしよう.もし,企業の過去の排出量が B であったとき,絶対的ベースラインでは,B そのものがベースライン排出量となる.これに対して,相対的ベースラインの考え方では,プロジェクトによって排出係数が E から e に下がるが,生産量は,需要の成長の如何によって変動すると考え,ベースラインは事後の需要量=生産量 x に対応して,$B(x) = Ex$ で与えられると考えるのが**相対ベースライン**(relative baseline)である.(さらに,採用される技術やそのパフォーマンスが,多品目生産の場合の需要構成の変動,あるいはその年の気候などによって左右されると考え,ベースライン排出係数そのものも,事後的なデータに基づいて変化を許す方法も現実に採用されている.)

Fischer (2005) は,マラケシュの3手法を比較した数少ない研究であり,不完備情報の下で企業が手法を事前に選んでコミットするという想定の下で比較した点でもユニークな研究である.企業が3手法のうち一つを選択したのち,事前排出量 M(閉区間 [0, 1] 上の一様分布)が実現し,これは公開情報となる.その後これとは独立にプロジェクト利潤 π についての情報([0, 1] 上の一様分布)が実現し,これは私的情報となる.その後で,企業は CDM プロジェクトを実

施するかどうかを決めることができると仮定される．実施すれば，投資費用 I が投下され，排出量は，M から ρM（$0 \leq \rho < 1$）に削減されることになり，生産費用も sM（$s > 0$）だけ削減される．以上の設定の下で，Fischer (2005) は，ベースラインとして M を採用するのが歴史的ベースライン，期待値である $1/2$（よりマラケシュに沿う形では，トップ 20 に対応する 0.8 であろうが）を採用するのが平均ベースライン，そして，技術的効率性に基づくベースラインとして，CDM がない状況を想定し，CDM なしでも企業がプロジェクトを採用する場合の排出量 ρM と採用しない場合の排出量 M とを考慮した期待排出量を求め，これを期待ベースラインと名付けている．（具体的には，採算がとれる場合の確率 $\mathrm{Prob}\{1/2 + sM - I \geq 0\}$ ととれない場合の確率 $1 - \mathrm{Prob}\{1/2 + sM - I \geq 0\}$ を下に与えられる．）Fischer (2005) はこの定式化に基づいて，クレジットを除く期待排出削減量，すなわち，クレジットとして先進国の排出で相殺されてしまわない排出削減量の比較を行っている．Fischer の定式化は，その後の CDM の実際とは必ずしも対応しないように思われるが，マラケシュ 3 分類の定式化と比較を試みた研究は少なく，先駆的かつ貴重なものである．その分析の一つの限界は，プロジェクトの活動水準が一定であるという前提での分析であることだが，以下では，この点を拡張しながら，主として歴史的ベースラインの下での，相対 vs 絶対ベースラインの比較を中心に取り上げる．

それでは，現実のベースラインはどうなっているであろうか．大規模プロジェクトに対する方法論一般から言えることは，ほとんどすべてのベースライン方法論は，生産量でなくとも，投入量や，その他，ゴミの量などのプロジェクトが対象とする経済活動の事後的なデータを用いて初めてベースラインが決定される．このような広い意味で，相対ベースラインが用いられていると言える．他方，小規模プロジェクトに対する方法論の一部では，あらかじめ指定したシナリオ上のデータをベースラインとして用いるといった**絶対ベースライン**（absolute baseline）が選択肢の一つとして選べるケースがあるものの，用いているプロジェクトのクレジット発生総量シェアは大きくない．また，これらにおいても，一部にはモニタリングによって事後のチェックが義務付けられたり，リーケージの計算に，他への生産移転を含めなければならないなどの条件が付

けられて，過少生産インセンティブに歯止めをかけている[1]．

　他方，相対ベースラインを採用する多くのベースライン方法論においては，過去の生産量等のデータを用いながら，生産量等の経済活動水準に対して上限をも設けることがかなりの方法論において採用されている．これは，ここまで見てきたような，生産量増大効果が，必要以上のクレジットを生みだす可能性を考慮して，何らかの抑制装置が必要だと認識されていることを表している．実際，このような上限が設けられていない方法論は，既述のような，プロジェクトの対象となる設備が，発電装置のように，稼働率100%でないと著しく効率が落ちるといった種類に多くみられ，結果として，それ以外を対象とした方法論において，上限が設けられていないものはかなり少数である．

　このように，上限そして/または，下限が設けられたベースラインを保守的ベースラインと呼ぶことにする．これらの役割は，クレジットを発生させる基準のベースラインに対応するプロジェクトの活動水準に制約を設けて，インセンティブの効果を抑えることにあり，設定水準によっては，企業の行動を大きく制約する．制約下の企業行動の分析は，クレジット収入の効果をも含めた限界費用曲線がジャンプを含む右上がりの曲線となることから，とくに問題なくこれまでの枠組みに含めることができる．たとえば，CDM以前のクールノー均衡水準に制約が設定されれば，CDM後の生産水準も以前と同じ水準にとどまる．事前の均衡より高い水準に相対ベースラインの制約が設定される場合には，その範囲において増産インセンティブが作用する．均衡水準未満の制約を含む絶対ベースラインについても同様である．

　しかし，現在の研究において，相対vs絶対ベースラインの比較の意味がなくなったかというと，必ずしもそうではない．一つには，途上国の参加問題にかかわり，CDMを予備段階として，ベースラインを割当量とみなし，国全体，もしくは後述するように一部セクターを選んで，附属書I国と同等の扱いに移

---

[1] たとえば，石油を再生可能エネルギーに転換するプロジェクトでも，当の企業が一定量の石油を別生産物の増産に用いるなどして，実際の排出削減になっているのか疑問となるケースがありうる．このような排出量の漏えい部分を「リーケージ」と呼び，ベースライン設定方法論では一定の計算方法が指定されていて，算定排出削減量から差し引かれることになっている．

行させようという提案がしばしばなされる．ベースラインを超えてもペナルティがないという意味で，よりソフトな制約となる．しかし，相対ベースラインが主流となっている現状に対して，絶対的な割当量の下で排出量取引を行うという方式は，絶対ベースラインとみなせる．この意味で，上記の提案は，相対ベースラインから絶対ベースラインへの移行とみなすことができる．途上国の利害のため，けっして単純な移行とはならない．移行インセンティブの問題は，本章の最後に一つの試みを示す．(前述のFischer（2005）ではこの問題を競争市場の枠組みで分析している．)

また，理論モデルにおいても，この方式差異の認識はなお重要性を保っている．たとえば，Hagem (2009) は，技術開発促進効果という最重要視されている課題を CDM と排出量取引との間で比較を試みた論文である．そこでは，**クールノー競争**（Cournot competition）下にある2企業が，排出削減投資を行うかどうかを決め，その後クールノー競争で生産量を決めるという2段階ゲームが分析されている．排出量取引下の企業は，投資を行わなくも，生産量の調整によって，排出量を売買できる．これに対して，CDM では，投資した企業のみが，削減量をクレジットとして取引できる．このゲームの利得関数は，これまでの枠組みで登場したものとほぼ同じものであり，投資を決定した CDM もしくは排出権取引下の企業利得は $(P(x)-c)x+q(Q-ex)-I$ となり，投資をしない場合には，$-I$ の負担がなくなる代わりに，CDM 制度ならクレジットを表す第2項がなく，排出権取引制度ならば，Q を割当量として第2項がそのまま残る．(初期排出係数は1に正規化されており）また，投資をしない場合には，単位当たりエネルギー費用 c が，排出削減と比例的に高い水準の $c^0 = Ec/e$ となる．Hagem (2009) はこのように絶対ベースラインを仮定して，それが排出量取引と同じ効果を持つ性質を利用する．重要な命題は，いずれの制度下でも，2企業とも投資した方が，ともに投資しないよりはよいという利得構造の下で，排出権取引ならば，投資が支配戦略になるが，CDM の場合，投資しないほうが支配戦略となる．すなわち，囚人のディレンマ的状況が出現しうるというものである．この命題に寄与するのは，クールノー競争の下で，相手より限界費用をヨリ高くすることが自らの不利益に働くという性質である．このため，絶

対ベースラインによるCDM制度下では，投資によって限界費用が上昇することがありうる．ところが，すでに述べたように，実際の方法論はほとんどが相対ベースラインである．相対ベースラインの下では，限界費用は逆に下落する．このために，上記の命題が成立しなくなる．同様に，Rosendahl and Strand (2009) は，CDMを見越して排出量をあらかじめ選択して，CDM登録後にこの排出量をベースラインに用いるという設定で，事前の過大生産と事後の過少生産インセンティブに焦点をあてたモデル分析を展開しているが，これも，絶対ベースラインが前提になっている．

CDM批判とベースライン以外の問題

　実際のベースラインは，相対ベースライン，もしくは，事後のプロジェクト活動水準を参照するベースライン設定法がもっぱらであり，そこでの増産インセンティブを抑えるために，上限が設定されることが多いことを指摘した．それでは，CDMは実際にこれらの点を克服し，また，他にも問題なく発展しているとみなされているであろうか，というと決してそうではない．CDMに対する批判は，国際交渉での将来枠組みの中でも強まっている．CDM批判の代表的論文であるWara and Victor (2008) は，3つの問題視されるべき現象を挙げているが，その一つがHFC破壊プロジェクトの問題である．HFCは代替フロンの一つであるが，温室効果の高いガスとして京都議定書が対象とする6ガスの一つに挙げられ，メカニズムの対象となった．CDMの第1号方法論はHFC破壊に関するものであり，上述の上限を設け，かつ保守的に見積もるために，量的にもかなりの割引を行ってクレジットを計算する方式をとっている．しかし，まず，その温暖化の係数がきわめて高いこと，そして，その破壊がかなり低費用で可能であることから，このプロジェクトは，規模的にも，また採算的にも，飛び抜けた水準を示した．初期にはCDMクレジットの半分以上がHFC関連プロジェクトであったこともある．Wara and Victor (2008) が指摘したのは，クレジット収入の効果がHFCのもととなる物質の生産費用を上回るという点

であり，結果として，この生産は限界費用がマイナスとなる．したがって，需要がまったくなくても生産し，そしてHFCを破壊するという作業によってクレジット収入が得られることになりえて，本来の実需が消滅した後も，破壊目的のためだけに生産が続けられるという事態が実際に起こっていると主張するものである．これをベースラインによってチェックすることは，生産の背景にある実需を調査することが方法論の監視事項には含まれていないために困難である．また，次に述べる追加性の基準でチェックすることもできない．より大局的な見地からのクレジット検証基準が必要であるということになるが，はたして，そのような検証を，無理なく行える機関が存在しうるかは疑問であろう．

　先に引いたように，京都議定書の条文には，CDMクレジットは追加的な削減量であるとされているため，プロジェクトが追加的であることを何らかの形で検証する必要があるとの議論がマラケシュ以前からなされてきた．論理的には，ベースラインのシナリオが正しいものであるならば，当該プロジェクトが，CDM制度がなくとも実施されていたものであるならば，ベースライン排出量がプロジェクトの排出量となって，自動的に追加性テストともなるはずである．（最近の追加性確認ツールでは，この考え方が採用されている．）しかし，実際には，ベースラインは当該プロジェクトの技術的な側面のみに着目し，CDMがなくとも実行されていたかどうかという設問は問う形にはなっていない．このため，従来の手続きでは，ベースライン方法論の中で，追加性テストをいかに行うかについての方法も記述されることになっている．しかし，このテスト手法は，個別方法論で異なるわけではなく，むしろ共通化できる部分がほとんどであるという認識に基づいて，追加性検証ツールが理事会パネルによって作成され，ほとんどの方法論はこのツールを参照するという形になっている．ツールでの追加性検証の概略は，プロジェクトホスト（実施）国でのCDM制度発足時の政策とその実情に照らして，プロジェクトが行われるべくして行われたものではないことを確認し（政策テスト），プロジェクトがCDMクレジットがないかぎり投資採算上見合わないことを証明する（投資テスト），もしくは，資本市場や人的資源などの側面でプロジェクト実施に障壁があったことを証明し（障壁テスト），その国内ですでにCDMなしで他の多くの企業によって採

用されているものではないことを証明する（共通性テスト），という流れになる．これを，ベースライン方法論として採用したうえで，個別案件に関して，追加性を満たしているか否かを CDM 理事会ならびにその下に設置されたパネルが審査することになっている．（この手続きには，一応 CDM が投資を要請するものであるという前提が含まれているものとみなすことができる．）Wara and Victor (2008) は，中国の石炭火力発電を水力発電に切り替えもしくは新設するプロジェクトに関して，中国全体が石炭輸出国から輸入国に転換する時期になっていて，個別には追加性テストを満たす主張が可能であっても，全体としてすべてのプロジェクトが追加的ではありえないとされる問題を取り上げて，個別審査による追加性認定の困難さを指摘する．

　この他にも，この論文では，CDM 理事会がすべての個別案件の登録を審査する過程の処理の遅さに対してビジネス側からも出ている不満について，このような遅れが，本来の機能であるはずの市場による限界削減費用均等化を妨げると指摘している．しかし，よく主張される審査の簡略化は，プロジェクトの質のさらなる悪化を招くというトレードオフを認識したうえで，制度全体に問題があると結論付けている．方向性としては，彼らによれば，（複数プロジェクトを束ねるプログラム CDM を含む），大規模プロジェクトのみを CDM として残し，他は，後で述べるような提案されている新メカニズムに委ねるべきだというものである．他によく挙げられる批判点としては，CDM の問題点としては，理事会の行動が，構成メンバーによって変化するといった，理事会の決定の政治性を問題視するもの，インドをはじめとする追加性テストのための PDD に含まれる数値が疑わしいとする指摘，DOE が手続きに従わずに手抜きをしていた問題，DOE の人材不足，といった問題が指摘されてきている．(たとえば，Michelowa and Purohit (2007)，Flues, Michaelowa, and Michaelowa (2008), Schneider (2009) 等を見よ．また，追加性に関するミクロ理論分析とし

ては Asuka and Takeuchi (2004) がある．)

ポスト京都と新メカニズム

　ポスト京都をめぐっては，CDM に加えて新たなメカニズムを用意する提案がいくつかなされている．もっとも重要なのは，非附属書 I 国の京都議定書での扱いを「卒業」して，より附属書 I 国の立場に近づくような措置として提案されているメカニズムである．とくに，**セクトラルクレジットシステム**（sectoral credit system, SCS）は，CDM の手法を附属書 I 国のセクター全体に適用して，「ベースライン排出量」から見た排出削減量をクレジットとして与える方式であり，絶対ベースラインが採用される，直接の実行者が国になる，という点で重要な変化をもたらす．ベースラインを超える排出には，もっぱらペナルティが課されない案が主であるが，絶対ベースラインを割当量としたキャップに移行する試みであるともみなすことができる．

　このほかに，REDD（reduction in emissions from deforeatation and degradation），NAMA（nationally appropriate mitigation action），GIS（green investment scheme）などが提唱されている．これらの一部は事前支払い型として提唱されたものもあるが，事前支払い型のスキームには，事後測定にかかわるベースラインをはじめとする困難な問題が回避され，また，価格型のスキームよりも高い研究開発インセンティブがもたらされるなどの利点を持つ．同時に，事後監視に対するインセンティブが弱く，ペナルティも与えにくい，さらに，事前の価値評価が正確に行える方法があるかという問題を抱えている．また，一つの削減プロジェクトに事前資金を供与した直後に，より有効な対策が明らかになるかもしれないという，研究開発に対するインセンティブ提供と同じ不確実性の問題をもはらんでいる．

　コペンハーゲン COP が，多くの期待を裏切る成行きとなったが，ポスト京都の交渉において，途上国の役割は非常に大きい．同時に，地球環境問題を通じて途上国の発言権が高まったことも広く認識されている．現状の京都議定書

は，途上国に対して一定の既得権益を与えてて，これが存続しうるという期待が抱かれたままの状態での交渉には，高い期待（と高い費用負担）に基づいて利害対立が激しくなるという事態が観察されている．ここで取り上げる分析の他に，途上国や非締約国に参加インセンティブを与えるという観点からは，提携形成理論の枠組みでのゲーム分析が従来から盛んに行われており，それらの観点からの CDM の評価も興味ある課題であるが，本稿の射程範囲を逸脱するのでふれないでおく．

以下では，これらに関する理論研究として，われわれの研究を中心に，相対 vs 絶対ベースラインの比較，動学的設定，途上国の参加問題の順に見てゆく．

2.2 相対 vs 絶対ベースライン

二つの手法の違いを不確実性の観点から比較してみよう．企業は，公益企業であり，需要をすべて満たすことが求められているものとしよう．（プロジェクトが，発電所のような，企業内の一生産施設で行われ，かつ，生産施設の効率性から，稼働率がほぼ 100% で操業する以外は考慮の対象とならないようなケースでも同じことが言える．）歴史的なデータに基づく予想需要量は，x で与えられるが，その実現値は一定の確率分布に従って実現するものとする．このとき，ベースライン排出量を，[期待需要量 × 旧来技術の排出係数] で与えられると考えるのが，絶対ベースラインの考え方である．これに対して，実際に実現する需要量をもとに，実現値ベースでベースラインを評価する，すなわちベースライン＝[実現需要量 × 旧来技術の排出係数] で与えられるとするのが相対ベースラインである．

Laurikka (2002) の後半では，システムの管理の容易さを二つの手法の間で比較するために，相対ベースラインと絶対ベースラインそれぞれの変動可能性を比較している．E から e への減少が，50% 以上の場合を，劇的削減，それ未満の場合を非劇的削減であると呼ぶことにしてみよう．需要 x に不確実性がある場合，ベースライン方式を通じて，クレジットに不確実性が発生する．クレジットは，過剰排出がない場合，絶対ベースラインでは $Ex_0 - ex$，相対ベース

ラインでは $(E-e)x$ によって表される.このため,クレジットの分散は,絶対ベースラインでは $e^2 Var(x)$,相対ベースラインでは $(E-e)^2 Var(x)$ となるため,e と $E-e$ の大小関係,すなわち,削減が劇的か非劇的かによって,分散等の変動測度の大小関係が変わる.すなわち,非劇的削減の場合には,絶対ベースラインの下でのクレジットの変動が激しく,劇的削減の場合には,相対ベースラインの下でのクレジットの変動がより激しくなる.

この観察を受けて,Imai and Akita (2003) では,リスク回避的な選好を仮定し,途上国が現在の附属書Ⅰ国のような制約を受け入れるための指標が,いずれの方式の下でより大きくなるかを調べている.まず,CDM に携わる企業のリスク選好を,平均と分散で表される2次形式で表現される (quadratic) 選好であると仮定しておく.この場合,利潤の期待値が等しくなるように絶対ベースラインの値が設定されていれば,分散の差から,企業の CDM に対する評価は,劇的削減プロジェクトなら,絶対ベースラインのほうが,そして,非劇的削減プロジェクトなら相対ベースラインのほうがより採用されやすいことになる.

同じリスクにさらされているのに,方式によって投資側のリスクが変動するということは,残余のリスクがどこに吸収されるかという疑問をも生むであろう.このために,極端であるが,附属書Ⅰ国以外の排出にかかわる行為がすべて1つの CDM で表されていると想定してみる.CDM のクレジットは排出量取引市場において,附属書Ⅰ国の手に渡り,割り当て量の純増として作用する.ここで,絶対ベースラインが用いられると,附属書Ⅰ国の上限排出量に加えて,CDM のベースライン排出量が上限となり,その合計で世界全体の排出上限が定まる.バンキングという次期持ち越しや,対応する排出なしの償却がなく,また,CDM 側において,ベースラインを上回る排出がないという想定の下では,世界排出量は,途上国での産出量変動とかかわりなくこの上限と一致する.したがって,分散はゼロとなる.他方,相対ベースラインでは,ベースラインそのものが産出量とともに変動する.したがって,ベースラインの変化量がそのまま世界排出量の変化分となる.平均が両者で同じ場合,相対ベースラインは,世界排出量のリスク増として,リスクがシフトされる.(残余のリスクは,排出量市場において,需要側が受ける供給変動リスクとして作用し,ここでは取り

上げていないが，さらには，排出量価格に影響を与える場合には，クレジットの需要供給の両サイドに価格変動リスクをもたらす．)

以上では，プロジェクトの対象となる経済活動水準（上の例では生産量）は外生的に与えられるが，その水準が確率的であるというケースを見てきた．しかし，二つの方式の大きな差異は，利潤最大化において現れる，限界費用ないしは収入にある．すなわち，絶対ベースラインにおいては，クレジット収入は，負の限界収入として算入され，税効果を持つのに対して，相対ベースラインにおいては，クレジット収入は，正の限界収入として補助金効果を持つ．したがって，前者では生産量に対して減少させる効果を持つのに対して，後者では生産増大効果をもつ．この点は，Willems (2000) でも触れられており，対象が私企業であることなどから，相対ベースラインが現実的なオプションであると結論付けている．また，CDM に含まれる不確実性の分析を広範な側面から行った Janssen (2001) でも，この生産量が可変の場合のインセンティブの違いを指摘している．Laurikka (2002) は，この二つの手法の違いに焦点を当てて分析した論文であるが，相対ベースラインが正確かつ管理が容易であるという主張を行っており，もっぱら絶対ベースラインの作用としての過小生産による見せかけ排出削減の恐れが強調されている．Fischer (2005) にも相対ベースラインの可能性について言及があり，相対ベースラインがもたらす増産効果の影響が不完全競争市場では必ずしもマイナスの側面ばかりではないという議論が与えられている．

相対 vs 絶対ベースラインの重要差異は，絶対ベースラインが京都議定書の附属書 I 国のように，排出量制約を課された主体と同様の制約下に当該の主体が置かれるのに対して，相対ベースラインの下では，経済活動が上振れしたときには，参照ラインも同時に上にシフトするために，成長への制約となるよりもむしろ成長を促進する役割を果たす点にある．成長への制約を最大の懸念とする途上国が，コペンハーゲン合意において，排出係数の削減を約束しても，絶対量の制約にはコミットしない，という対応は，相対ベースラインをより好むという当然の利害関係として共通する側面を表している．(ただし，重要な違いとして，CDM では，絶対ベースラインの下で，結果として過剰排出に終

わったとしても，クレジットがゼロになるだけで，排出量市場などからの購入によってベースラインまで排出を下げる義務は発生しない.)

以下ではもっぱら，CDM のプロジェクト参加者が，利潤最大化をめざす主体であるものとして話を進める．可能性としては，ホスト側と投資家側の間の契約形態如何によって利害関係は変わり，プロジェクト実行にかかわる決定権をだれが持つか等の組織に関する問題が，分析の結果に影響しうる．しかし，他でも触れるように，ホスト側の主体が主な残余利益の受け手であるケースが一定比率存在するとみられていることなどから，この仮定は，決して非現実的なものではないであろう（Bohm and Carlen (2002) が懸念するような，途上国側がよりリスク回避的である事態は，少なくとも普遍的にはなっていない，また，逆にそれゆえ，リスクの高いプロジェクト，とくに，初期投資のかさむ高度な技術を採用するプロジェクトが少ないこともその表れであると言える.). Hagem (2009) でも同様の仮定と，正当化の議論が与えられている．

先行文献に対して，Akita, Imai, and Niizawa (2009) では，独占企業の利潤最大化行動を，直面する需要関数が固定弾力性をもつケースにおいて調べ，一定の条件を満たすときには，排出量自体が，CDM がない場合の利潤最大排出量よりも増大する可能性がありうることを示した．同じ関係は，さまざまな需要関数の下でこれを示すことができる．生産量を x，価格を p として逆需要関数が $p = P(x)$ で与えられ，単位当たり生産費用が c で，これは CDM プロジェクトによっては不変，排出係数のみが E から e に引き下げられるとしてみよう．利潤関数は，$P(x)x - cx$ から，相対ベースラインの場合，$P(x)x - cx + q(E-e)x - I$ に変化する．ただし，q はクレジット価格であり，I は CDM 投資費用である．利潤最大化条件は，限界収入 $= c$ が限界収入 $= c - q(E-e)$ に変わる．前者の解を x^M，後者を x^R とすれば，排出量の変化は，Ex^M から ex^R への変化である．したがって，生産量の増加が十分大きくなるような変化であれば，排出量の増加は十分起こりうる．たとえば，線形需要関数 $P(x) = A - Bx$ の下で，限界収入 $= A - 2Bx$ より，$x^M = (A-c)/2B$ であり，$x^R = (A-c+q(E-e))/2B$ となる．$ex^R - Ex^M = [eq - (A-c)](E-e)/2B$ となるため，排出価格 q が大きいとき，$eq - (A-c)$ は正となりえて，排出量が CDM によって増加する．

このような生産量決定インセンティブに対する効果は，相対ベースラインは補助金効果，絶対ベースラインは税効果として作用する．以前との比較で，より排出削減を実現する技術が用いられるのであるから，この生産増は，他の財サービスから当の財への需要の移転を表しており，したがって，この効果は問題ないという主張も可能であり，Fischer (2005) もそのような論旨を述べている．しかし，変わったのは相対的な費用構造であって，移転されてきた財が，より排出の多い財であったという保証は必ずしもない．これは，方法論の一部であるリーケージの分析として調べるべき効果の一つであろうが，現実には当事者がすべて納得するような調査はかなり困難であろう．もちろん，後述するように，実際には，多くのベースライン方法論が，このような増産効果を警戒して，生産量ないしは生産活動水準に上限を設けている．

もちろん，排出係数の低い技術に生産がシフトされ，排出量が増えたとしても，排出価格が社会的費用を反映しているものならば，排出増は必ずしも社会的に否定的な効果をもたらしているとは結論付けられない．周知のように，独占による過小生産の弊害がある市場では，生産量増加は社会厚生にプラスに寄与する可能性がある．これを明示的に示すには，消費者余剰をも含んだ比較が必要となる．需要関数をさらに単純化して $P(x) = 1 - x$ とすると，生産量 x に対応する消費者余剰 + 生産者収入は，$x(1+x/2)$ で与えられる．したがって，排出係数が e' の下での社会的余剰は，$x(1+x/2) - (c+qe')x$ となり，最大値は $x = 1 - (c+qe')$ で達成される．したがって，従来技術の下では $x^M = (1-c)/2$ が独占生産量であり，社会的最適生産量は $x^* = 1 - (c+qE)$ となるが，$x^M < x^*$ となるのは，$(1-c)/2 > qE$ となるときである．これを Case 1，それ以外の場合を Case 2 とする．CDM 投資が行われたのちの相対ベースラインの下での生産量は $x^R = (1-c+q(E-e))/2$ であり，社会的最適生産量は $x^{**} = 1 - (c+qe)$ となる．$x^R < x^{**}$ となるのは，$(1-c)/2 > q(E+e)/2$ のときであり，これは Case 1 を含む．Case 2 でこれを満たす時を Case 2-1 とし，これが満たされない場合を Case 2-2 とする．上述の排出量増加のケースは Case 2-2 に含まれ，社会的最適生産量がより低いケースに対応する．

社会的最適の比較のためには，投資そのものの是非も比較しなければならな

い．たとえば，x^M の下での社会厚生と x^R の下での社会厚生との比較が考えられる．独占企業が CDM 投資を選ぶ，すなわち，$\pi^M = (x^M)^2 > \pi^R = (x^R)^2 - I$ を仮定する．このとき，それぞれの生産量と技術の下での社会厚生は，x^M の下では $x^M(1-x^M/2) - (c+qE)x^M$，x^R の下では $x^R(1-x^R/2) - (c+qe)x^R - I$ であり，後者から前者を差し引くと，

$$\pi^M - \pi^R + q(E-e)((1-c)/4 + q(E-e)/8 - qe/2)$$

となり，Case 1 では，これは正となる．しかし Case 2 では，必ずしも正ではなく，たとえば，I が十分大きく，利潤の差がほぼ 0，そして qe の値が $(1-c)/2$ より十分大きいときには，負となりうる．すなわち，独占企業の利潤を基準とした投資選択が，社会厚生を低下させる．

他方，絶対ベースラインの下では，消費者余剰，排出量価格で推定される環境価値を用いて，CDM によって社会厚生が悪化する可能性があることを，再度例を用いて示している．ここではこれも上の線形需要の例で見てみよう．絶対ベースラインの下での独占企業の利潤は $(1-x)x - (cx - (Ex^M - ex))$，利潤最大化生産量は，$x^A = (1-c-qe)/2 < x^{**}$ であり，常に社会厚生の点では過小生産となる．投資後の x^A での社会厚生から投資前の x^M での社会厚生を差し引くと，

$$\pi^M - \pi^A + q(E - 2e - e/4)((1-c) + 5q^2e^2/8$$

となる．再び I が十分大きく $\pi^M - \pi^A$ が無視できる大きさで，削除が劇的と非劇的の中間で $E = 2e$ に近い値の時，Case 1 なら $(1-c)/4 > qE/2 \approx qe$ となりえて，厚生悪化となるケースがありうるし，Case 2 でも厚生悪化は生じうる[2]．これは，絶対ベースラインによる減産効果が独占による歪みをさらに悪化させるケースに相当する．

さらに，Imai, Akita, and Niizawa (2008) では，クールノー不完全競争市場を想定し，相対，絶対ベースラインのみならず，平均ベースラインを用いた場合などとの比較を行った．n 企業寡占において，1 企業のみが CDM を行う場合を考えると，ベースライン方式の差異による効果はその分だけ減衰する．した

---

[2]「$\approx$」は「近似」という意味の表記である．

がって，寡占産業では，方式の差はあまり重要でなくなる．また，平均ベースラインは，企業間に費用差がある場合などで，異なった効果を持ちうる．

具体例として，それぞれ単位当たり費用 c_i をもつ n 企業がクールノー競争を行い，直面する逆需要関数が $P(x) = 1 - x$ で与えられている，線形クールノー競争モデルを取り上げてみる．ただし，$x = \sum_{i=1}^{n} x_i$ で，x_i は i の生産量である．企業内点で与えられる場合のクールノー均衡生産量は

$$x_i = \frac{n(1-c_i) + C_{-i}}{1+n},$$

企業 i の利潤

$$\pi_i = \frac{(n(1-c_i) + C_{-i})^2}{(1+n)^2}$$

である．（ただし，$\sum_{i=1}^{n} c_i = C$，$C_{-i} = C - c_i$ と書く）絶対ベースラインと相対ベースラインの比較は，独占の場合と同じで，前者は当該企業の限界費用の実質上の増大，後者は減少に対応する．クールノー競争の場合，

$$\frac{\partial \pi_i}{\partial c_i} < 0; \quad \frac{\partial \pi_i}{\partial c_j} > 0; \quad \frac{\partial^2 \pi_i}{\partial c_i \partial c_j} < 0$$

となり，前者はやはり減産の，そして後者では増産が均衡でも生じ，すべての企業が CDM を行うのではない場合には，一部は，他企業からの需要の移転となる．先に述べた，需要移転のソースについてこれを利用して例証してみる．仮に CDM を行うのがもっとも排出係数の低い企業であり，他企業は用いていない新しい技術によって，自らの排出量を改善するものの，なお，他企業とは見劣りのする排出係数だとしよう．費用のランキングと排出係数のランキングは必ずしも対応しているとは限らない．(Hagem (2009) のように，費用のすべてがエネルギーコストだと想定する場合には，相関を想定できる．）クールノー競争の場合，相対ベースラインの下では，CDM によって費用が改善した企業は他企業の顧客を奪うことになるが，奪われた企業が排出係数のヨリ劣る企業であるとはかぎらない．したがって，Fischer (2005) のように，相対ベースラインがヨリすぐれた排出係数によって置き換えられていると想定することは必ずしも出来ないことを示唆する．

Imai, Akita, and Niizawa (2008) では，n 企業クールノー競争の設定を利用して，平均ベースラインの分析をも試みている．平均ベースラインの一つの可能性は，同国（地域）内のたとえば異なった地区での，同じ産業の企業を調べて，その排出量をベースラインとして参照する手法である．絶対ベースラインの場合，これは，ほぼ同じ立場の企業が見つかれば，歴史的ベースラインのケースと変わらないことになる．より興味あるのは，同一産業内の CDM に参加しない他企業をベースラインとして用いる場合である．この場合，クールノー競争ならば，産業内の別企業による CDM によって，CDM 企業の産出量は（絶対ベースラインのため）減少し，したがって他企業の産出量が増えてベースライン排出量も増加するという効果が生じる．この結果，クレジットの「過剰」発行の危険性が見出される．このほか，他企業の排出係数をベースライン排出係数とする手法も用いられる．（とくに，多種類の製品を作るような産業においては，製品のポートフォリオの変化に従って投入物の組み合わせも変動し，これを追跡するために，他企業の製品ミックスないしは総合された排出係数そのものを用いるという方式である．）

2.3 動学的設定

次に，動学的な見地からの CDM プロジェクトとベースラインの関係を見てみよう．ここでの関心は，1 企業による CDM プロジェクトの採用は，他の企業による CDM プロジェクトの申請を促進するか，それとも阻害要因となるかである．Imai, Akita and Niizawa(2007) で示された結果は，企業が互いに競合する製品を販売する場合には，クールノー競争の下では，促進効果は望めないというものである．促進効果を求めるためには，財の補完性，情報の不完備性などといった要因が必要となる．また，次々と CDM 申請が生じるという現象を理論上観察するためには，タイミングの制約や進化ゲームのような不完全な合理性を前提しなければならなくなる．これに対して，阻害効果は，ベースライン設定方式の問題とも関連してくる．n 企業が操業している寡占産業において，1 企業が CDM 登録したとする．相対ベースラインを前提とし，上限が十

分に高い水準にある場合,これは,クレジットからの限界収入が正,言い換えれば,実質的な限界費用低下を意味する.1企業の限界費用が低下した場合に,他企業に限界費用を同様に低下させる投資を行うインセンティブは増加するだろうか.クールノー競争を前提とる寡占モデルでは,結果は否定的である.したがって,1企業によるCDM登録は,完備情報の下で,少なくとも競合する合理的な他企業に対するCDM申請インセンティブを高めることにはならないと結論付けられる.これに対して,「ベルトラン」タイプの差別化価格競争モデルでは,この効果は逆転する.すなわち,他企業の限界費用減少は,自らの限界費用減少に伴う利潤増大効果を増幅させるため,他企業のCDMが,自らのCDM申請インセンティブを増大せしめる効果が期待できる.典型例としては,需要家が線分 $[0,1]$ 上に一様に分布しているときの,点0と点1に立地している企業の価格競争モデルが挙げられる.需要は価格が十分高い下で,需要家あたり1単位であるものとする.各企業の価格を p_0, p_1 とすると,企業0の財に対する需要は $(1+p_1-p_0)/2$, 企業1のそれは $(1+p_0-p_1)/2$ となり,単位費用を c_0, c_1 と書けば,均衡価格は $p_0 = 1+(2c_0+c_1)/3, p_1 = 1+(2c_1+c_0)/3$, (粗) 利潤はそれぞれ, $(3+2c_0+c_1)(3+2c_1-c_0)$ と $(3+2c_1+c_0)(3+2c_0-c_1)$ となる.したがって,

$$\frac{\partial^2 \pi_i}{\partial c_i \partial c_j} > 0$$

が成立し,上記のドミノ現象がときに可能となることが示される.しかしながら,このケースであっても,各企業は,他企業の投資への効果を承知の上で投資するのであるから,もし最初に同時に投資を選択できるならば,一斉に投資を選ぶことも均衡となりうる.

Imai, Akita and Niizawa(2007) では,上述の現象をCDMドミノと呼び,これが合理的主体によって,いつでもどの主体にとってもCDM登録が可能な状況でも生じうる可能性を挙げている.その一つは,不完備情報のケースである.n 企業が存在し,それぞれの初期単位費用が, $0 < \varepsilon < c_1 = c_2 = \cdots = c_n = c$ を満たすとする.$\gamma = (c_1, c_2, \ldots, c_n)$ とし,γ_{-i} は $(c_1, c_2, \ldots, c_{i-1}, c_{i+1}, \ldots, c_n)$ を表す

ものとする．企業 i の利潤は $\Pi_i(\gamma)$ で与えられているものとし，さらに一般に

$$\Pi_i(\gamma) = \Pi_i(\gamma_i, \gamma_{-i}) = \hat{\Pi}_i(\gamma_i, \Gamma_{-i})$$

(ただし $\Gamma_{-i} = \sum_{j \neq i} \gamma_j$) と書けるものとしよう．また，各企業が投資を行った後の費用水準は $c'_i = c - \varepsilon$ となるものとする．各企業の投資費用は，私的情報で，確率 μ_j でタイプ L ((投資費用 I_i))，残りの確率でタイプ H (投資費用 I'_i) であるものとする．各企業 i のタイプ L については

$$\hat{\Pi}_i(c'_i, (n-1)c - (i-1)\varepsilon) - \hat{\Pi}_i(c_i, (n-1)c - (i-1)\varepsilon)$$
$$> I_i > \hat{\Pi}_i(c'_i, (n-1)c - (i-2)\varepsilon) - \hat{\Pi}_i(c_i, (n-1)c - (i-2)\varepsilon)$$

が成立し，タイプ H については

$$\hat{\Pi}_i(c'_i, (n-1)c) - \hat{\Pi}_i(c_i, (n-1)c) < I'_i$$

が成り立つものとする．さらに，各 j について

$$\mu_j \{\hat{\Pi}_j(c'_j, (n-1)c - (i-1)\varepsilon) - \hat{\Pi}_j(c_j, (n-1)c - (i-1)\varepsilon)\}$$
$$+ (1-\mu_j) \{\hat{\Pi}_j(c'_j, (n-1)c - (i-2)\varepsilon) - \hat{\Pi}_j(c_j, (n-1)c - (i-2)\varepsilon)\} < I'_j$$

が成立するものとする．

　以上の設定の下で，各企業は，n 期間のゲームをプレイする．各企業はこれらの期間において，一度だけ，すなわち不可逆的な CDM プロジェクトを始めるという行動をとることが出来る．他企業の選択はすべて次の期までには明らかになる．これらの仮定から直ちに以下の関係が導かれる．まず，すべての L タイプ企業が同時に冒頭に CDM を選ぶのは均衡ではない．実際，企業 1 のタイプ L が最初に投資を選んでも損失はないが，それ以外の企業のタイプ L が投資を選べば期待利得は負となる．同様に，企業 i のタイプ L にとって，$i-1$ までのすべての企業が CDM を行っているとき，自身の投資は損失にならないが，残りの企業にとっては期待利得は負になる．さらに，どの企業のタイプ L も投資の期待利得が正となったときに，即座に投資するのが最適となる．以上をふまえると以下の観察が導かれる．

命題 1. 以下の戦略と信念が完全ベイジアン均衡（*Perfect Bayesian Equilibrium*）を構成する：各企業のタイプ H は投資しない．企業 i のタイプ L は，$i-1$ 社かそれ以上の企業がすでに投資しているとき，投資する $j-1$ 社が投資するまでの投資を行っていない場合の企業 j に対する信念は μ_j であり，以降，投資すれば 1，しなければ 0 となる．また，投資した場合には企業 i に対する信念は 1 となる．

ここでの設定を用いて，潜在的参入企業の参入について考察することができる．参入問題は，技術開発が気候変動問題に対する究極的な解決であるという認識が広く共有されている点を考慮すると，より高い排出削減技術への開発インセンティブを与える機会に対応するという意味で，重要な課題である．既存企業によって独占状態にある産業に，より高い排出削減技術によって参入を図る潜在的参入企業が存在するとしよう．参入は，CDM 利益によってはじめて実現可能だとしてみる．独占企業にも CDM を行える技術が利用可能であるが，参入企業よりも排出削減と利益の意味で，より劣る技術であるとする．しかし，既存独占企業が先行して CDM を実施してしまうと，参入企業が CDM の登録申請を行う際に，比較対象が，既存の CDM プロジェクトになる公算が高い．すなわち，既存企業の当初の排出係数が e，既存独占のもつ技術による CDM 実施後の排出係数を $e'(<e)$，潜在的参入企業のもつ技術の排出係数を $e''(<e')$ とすると，相対ベースラインの下でのベースライン排出係数は，既存企業の場合は e であるが，そのあとに参入すれば，ベースライン排出係数が e' となることになる．（また，参入企業が，既存企業のシェアを奪って参入するという図式の場合，相対ベースラインに上限制約が設けられていても，影響が出ない．）この関係から，かりに既存独占企業にとって，自身の CDM が採算上見合わないものであっても，これによって，参入企業による CDM の採算が悪化し，参入を取りやめることがありうるなら，参入阻止行動としての CDM 実施の可能性がありうる．

このような問題を解決するためには，ベースライン排出係数を既存独占企業の初期状態である e にとる必要がある．しかし，CDM 理事会にこのような

産業組織論的な判断を下す作業をゆだねるのは現実的ではないであろう．さらに，より根本的に，すべての CDM プロジェクトを，ベースラインの対象に含めるかという原理的な課題も考えられなければならない課題となる．この点は，Wara and Victor (2008) について触れた際に述べたように，CDM 理事会が個別案件に対する審査では判断を下せない問題がありうるという CDM 批判もしくは CDM 改革に共通する課題である．

このほかに，以下でもふれる途上国の附属書 I 国の地位からの「卒業」問題は，動学的問題となるが，この際に，CDM によって，有利な削減プロジェクトが先取りされてしまうのではないかという懸念が抱かれていた．これは LHF (low hanging fruit) 問題と呼ばれ，Akita (2003)，Narain and Van t'Veld (2008) などで取扱われている．

2.4 途上国の参加インセンティブ

最後に理論的な観点から，前の節で用いた簡単なリスクモデルに即して，ベースライン方式がもたらす，途上国の附属書 I 国同様の地位への移行インセンティブについて，Imai and Akita (2003) に基づいた結果を示す．

以前の設定に基づいて，独占企業を考え，需要量 x が不確実である状況を考える．需要の期待値を x^0 とし，絶対ベースラインは Ex^0，相対ベースラインは需要の実現値 x に基づいて Ex で与えられる．ここで，企業は，需要の実現値 x を観察したのちに，排出を削減する最適技術を選ぶ余地があるとしよう．すなわち，従来技術の排出量 Ex を出発点として，費用 $k(R)$ をかけて，排出量を $Ex-R$ にすることができるものとする．このようなプロジェクトとしては，エネルギーのロスを減らせる装置を複数設置するが，それら全部の稼働は生産効率にマイナスの要因をもたらすため，排出価格に応じて調整するようなケースが想定される．排出権価格 q を所与とすると，$k(\cdot)$ が $k(0)=0$ を満たす厳密に増加かつ厳密な凸関数であるとして，$q=k'(R)$ を満たす削減量 R が一意に与えられる．x を所与として，$Ex-R=ex$ として，これまでの CDM 後の排出係数 e が与えられると考えてもよい．さらに，企業の CDM におけるクレジット

収入を投資家と一定比率で分け合う契約を結んでいて，その分配比率が s だとしよう．この企業の相対ベースラインの下での利潤は，$\pi^R = sqR + (p-c)x - I$，絶対ベースラインの下での利潤は $\pi^A = sq(Ex^0 - ex) + (p-c)x - I$ となる．これに対して，排出に対する割り当て量 Q が与えられた企業の排出量取引市場へ直接参加する場合の利潤は，利潤最大化排出削減量が上と同じ条件から R の削減となるので，最大化利潤は $\pi^T = sq(Q-ex) + (p-c)x - I$ によって与えられる．

ここで，途上国がこの企業によって代表されると考え，規制もしくは競争によって $p = c$ となっているとしよう．かつ，前の節で想定したような，リスク回避選好を持ち，かつ，それが平均と分散とによる 2 つのパラメータによって選好が表されるとしよう．需要 x が不確実な下では，利潤も不確実となりうる．x が実現する以前の時点での，それぞれのケースの利潤の期待値は，CDM のそれぞれのケースは $sqR - I$ となり一致し，排出量取引への直接参加の場合は，$sq(Q-ex^0) - I$ となり，当然ながら，Q が高いほど期待値は上がる．

これに対して，分散は，相対ベースラインの下では 0 であるのに対して，絶対ベースラインの下，ならびに排出量取引への直接参加の場合には $(sqe)^2 Var(x)$ となり，より分散が高くなる．したがって，絶対ベースラインの方がより低い期待効用水準をもたらすことになる．この途上国を，附属書 I 国のように，排出量取引に参加させるために最低限必要な排出割当量は，それぞれのベースラインの下での期待利得が等しくなるような Q の値である．絶対ベースラインに対するこの値を Q^A，相対ベースラインの場合の値を Q^R と記せば，上記のケースでは，$Q^A < Q^R$ となり，相対ベースラインを認める方が，途上国を説得する条件がより厳しくなることを示唆する．もちろん，このような単純な結果は，マクロへの CDM の読み替えにかかわる仮定や，削減技術についての想定，価格その他の不確実性要因の捨象など多数の仮定の変更によって容易に異なった答えとなりうる．しかし，ポスト京都問題の重要性に照らせば，こういった分析枠組みや結論は，現在ならびに将来の国際交渉の戦術上，有用な視点を与えるであろう．

参考文献
references

AKITA, J. (2003): "A simple model of CDM low-hanging fruit," In T. Sawa ed. *International Frameworks and Technological Strategies to Prevent Climate Change*, 66-96, Springer Verlag, Tokyo.

AKITA, J., IMAI, H. AND H. NIIZAWA (2009): "The impact of ex-ante versus ex-post CDM baselines on a monopoly firm," In R. S. Anderssen, R. D. Braddock and L. T. H. Newham eds. *18th World IMACS Congress and MODSIM 09 International Congress on Modelling and Simulation*, Modelling and Simulation Society of Australia and New Zealand and International Association for Mathematics and Computers in Simulation, 2178–2184. http://www.mssanz.org.au/modsim09/F7/akita.pdf

ASUKA, J. AND K. TAKEUCHI (2004): "Additionality reconsidered: Lax criteria may not benefit developing countries," *Climate Policy*, 4, 177–192.

BOHM, P., AND CARLEN, B. (2002): "A cost-effective approach to attracting low-income countries to international emissions trading: Theory and experiments," *Environmental and Resource Economics*, 23, 187–211.

ELLIS, J. AND BOSI, M. (1999): "Options for project emission baselines," OECD and IEA Information Paper.

FISCHER, C. (2005): "Project based mechanisms for emission reductions: balancing trade-offs with baselines," *Energy Policy*, 33, 1807–23.

FLUES, F., A. MICHAELOWA, AND K. MICHAELOWA (2008): "UN approval of greenhouse gas emission reduction projects in developing countries: The political economy of the CDM executive board," CIS, University of Zurich.

HAGEM, C. (2009): "The clean development mechanism versus international permit trading: the effect on technological change," *Resource and Energy Economics*, 31, 1–12.

IMAI, H. AND J. AKITA (2003): "On the incentive consequences of alternative CDM baseline schemes," In T. Sawa ed. *International Frameworks and Technological Strategies to Prevent Climate Change*, 110–26, Springer Verlag, Tokyo.

IMAI, H., AKITA, J. AND NIIZAWA, H. (2007): "CDM domino," In L. Petrosjan and N. Zenkevich eds., *Contributions to Game Theory and Management 2007*, Graduate School of Management, St. Petersburg State University, 177–188.

Imai, H., J. Akita and H. Niizawa (2008): "Effects of alternative CDM baseline schemes under imperfectly competitive market structure," In A. Dinar, J. Albiac and J.S. Soriano eds. *Game Theory and Policy Making in Natural Resources and the Environment*, Routledge.

JANSSEN, D. (2001): "Risk Management of investments in joint implementation and clean development mechanism projects," Ph.D. thesis, University of St. Gallen, Switzerland.

LAURIKKA, H. (2002): "Absolute or relative baselines for JI/CDM projects in the energy sector?" *Climate Policy*, 2, 19–33.

MICHAELOWA, A. AND PUROHIT, P. (2007): "Additionality determination of Indian CDM projects. Can Indian CDM project developers outwit the CDM executive board?," mimeo., University of Zurich, Switzerland.

NARAIN, U. AND K. VAN'T VELD (2008): "The clean development mechanism's low-hanging fruit problem: When might it arise, and how might it be solved?" *Environmental and Resource Economics*, 40, 445–65.

ROSENDAHL, K. AND J. STRAND (2009): "Simple model frameworks for explaining inefficiency of the clean development mechanism," Resource for the Future.

SCHNEIDER, L. (2009): "Assessing the Additionality of CDM Projects: Practical Experiences and Lessons Learned," Climate Policy, 9, 242–254.

WARA, M., AND VICTOR, D.G. (2008): "A Realistic Policy on International Carbon Offsets," WP 74, Stanford, CA.

WILLEMS, S. (2000): "Framework for baseline guidelines," OECD Information Paper.

第3章
ベイジアン遂行理論

国本　隆

3.1　はじめに

　社会を構成する人々の**私的情報**（private information）に基づいて，どのような帰結を社会が選ぶべきかを記述したものを**社会選択ルール**（social choice rule）と呼ぶ．ある社会選択ルールを実現するために，**メカニズム**（mechanism）を設計し，そのメカニズム内で各主体にメッセージの申告を要求し，最終的に報告されたメッセージに基づいて帰結を選ぶ仮想的人物である**メカニズム設計者**（mechanism designer）を考える．設計者は各主体が保持する私的情報（タイプ）をメカニズムを通じて抽出する．当然，各主体は自分の利益に適うならば，虚偽の申告も積極的に行うであろうし，その事実に対して設計者は自覚的であるとする．このようにすべての主体の戦略的行動を考慮に入れた上でメカニズムを設計し，各主体の真のタイプを抽出することができれば，その社会的選択ルールは**遂行可能**（implementable）であるという．どのような社会選択ルールが遂行可能か，あるいは不可能かという色分けを行う分野が**遂行理論**（inplementation theory）である．また，メカニズムの設計に焦点が当てられることが多いことから，この分野は**メカニズムデザイン**（mechanism design）とも呼ばれる．

　ここで紹介するフレームワークは非常に一般的であり，経済学で考えられている問題のかなり多くが考察可能である。さらに，メカニズムデザインは様々な現実問題への応用研究も生み出している．たとえば，携帯電話などで使用す

る周波数帯を売買する電波オークション（ミルグロム (2007) を参照），病院と研修医とのマッチング問題（坂井 (2013) を参照），腎臓交換メカニズム（一橋大学経済学部編 (2013, 2-5 章) を参照），学校選択制（安田編 (2010) を参照）などはメカニズムデザイン（これらはマーケットデザイン（market design）と呼ばれることが多い）の応用例である．また，メカニズムデザインを理解するための非専門家向けの書物として，マクミラン (2007) を薦める．この本では，人類の歴史の中で市場（マーケット）がどのように発展してきたかを概観している．

3.2 代表例：オークション

遂行理論を具体的な文脈で理解する手助けとしてオークションを取上げる．1 単位の非分割財を保有する売手を考え，この売手がメカニズム設計者とする．この非分割財の所有を望む n 人の潜在的買手が，ここで考察する社会を構成する．各買手 i は，財に支払ってもよい最高額 (以後，単純に「価値」と呼ぶ) をもつ．設計者は，各買手 i の価値が確率変数 X_i であり，かつ X_i は閉区間 $[0,1]$ 上の確率独立同分布 (independent and identical distribution (i.i.d.))$F:[0,1] \to [0,1]$ に従って選ばれることを知っている．ここで，$F(x)$ は，確率変数 X_i が x 以下となる確率を表す．確率変数 X_i の実現値を $x_i \in [0,1]$ と表記すると，その実現値は買手 i のみが知る私的情報 (タイプ) である．ここで売手は，第一位価格 (封印) オークションをメカニズムとして採用する．すなわち，各買手 i は入札額 $b_i \in [0,1]$ をメッセージとして設計者に報告し，最も高い入札額を提示した買手が，財を獲得し，申告した入札額を売手に支払う．それ以外の買手は，財を獲得できず，そして支払いもする必要はない．特に売手は，第一位価格オークションを使用して，最も高い価値をもつ買手に財を配分したいと考えている．これが売手の実現したい社会選択ルールである．すべての買手が同じ入札戦略 $\beta:[0,1] \to [0,1]$ を採用すると仮定する．ここで，$\beta(x)$ は x の価値を持つ買手の入札額を表し，さらに，β は x に関して増加関数であるとする．

もしすべての買手が上記で説明した同じ入札戦略 β を採用する場合，その戦略的帰結としての対称均衡が存在することが知られている (詳しくはミルグ

ロム (2007) を参照). この対称均衡の下では，最も高い価値を持つ買手が必ずオークションの勝者になり，売手の社会選択ルールを実現できる．しかしながら，すべてのプレイヤーが同じ入札戦略を採用しない非対称均衡がプレイされると，売手の社会選択ルールを実現できない可能性もある．もしどのような均衡がプレイされたとしても，最も高い価値をもつ買手が必ず勝者になる場合，売手の社会選択ルールは遂行可能という．ここで考えたい問題は，「第一位価格オークションによって，あるいはそれを修正することによって，売手の社会選択ルールが遂行可能か．」である．さらに，第一位価格オークションのみではなく，様々なメカニズムを考察することによって，遂行可能性のための一般的な条件を探求することが遂行理論の主テーマである．

3.3 本格的な分析に入るまえに

読者には遂行理論の射程範囲は広いということを信じてもらいながら，本稿では，遂行可能性のための一般的な条件を考察する．特に以下の3つの視点から既存文献を概観したい．

1. 確実遂行（exact implementation）か実質的遂行（virtual implementation）か．

2. 純粋戦略（pure strategy）か混合戦略（mixed strategy）か．

3. 完備情報（complete information）か不完備情報（incomplete information）か？

社会選択ルールを確実に遂行するか，あるいは実質的に(高い確率で)遂行することのみを目的にするかによって，その遂行可能性は非常に異なる．特に，第5節は確実遂行，第6節は実質的遂行の特徴付けについて議論する．次に，混合戦略の取り扱いについて第7節で議論する．驚くべきことに既存文献中のほとんどの論文では，プレイヤーが混合戦略を使用する可能性を予め排除している．この仮定がもたらす遂行理論への含意を探ることも，本稿の一つの目的

である.最後に,情報構造についての考察を行う.完備情報とは,プレイヤー同士は情報を対称的に共有するが,設計者とプレイヤーとの間には非対称情報が存在するケースである.不完備情報とは,プレイヤー同士にも非対称情報が存在するケースである.本稿では,この不完備情報のケースを主に扱う.しかしMaskin(1999) に始まるナッシュ遂行では,不完備情報の特殊ケースである完備情報に大きな関心が傾けられている.この重要な特別ケースは第8節で扱う.

本稿は Serrano-Vohra (2010) 及び Kunimoto (2014) からの多くのインプットに負っている.できる限り自己完結的な構成を目標としたが,戦略形ゲーム,**ナッシュ均衡**(Nash equilibrium),不完備情報ゲーム,ベイジアン・ナッシュ均衡などの基本的な概念はゲーム理論のテキストを参照されたい.従って,本稿はゲーム理論に関しての最低限の知識を仮定している.ゲーム理論のテキストとしては,例えば,岡田 (2011),ギボンズ (1995) を薦める.

3.4 (比較的長めの) 準備

本節では,以後の議論に必要な定義および基本概念を準備する.主体 (agent) の集合を $N = \{1, 2, ..., n\}$ とする.ただし,$n \geq 2$.各主体の私的情報を**タイプ**(type)と呼び,主体が持つ能力や選好 (preference),情報や信念 (belief) を表すものとする.主体 i の (有限) タイプ集合を $T_i (T \equiv T_1 \times \cdots \times T_n, T_{-i} \equiv T_1 \times \cdots \times T_{i-1} \times T_{i+1} \times \cdots \times T_n)$ とする.[1] 各主体 i は T の上で定義される**事前確率**(ex ante probability)測度 q_i を持っている.どのような不確実性に直面したとしても,その不確実性を状態空間 (state space) として記述し,その状態空間上に確率的信念を持ち,さらに自身のタイプを所与とした条件付確率の下での期待効用最大化を目的とする主体をベイジアン・プレイヤーと呼ぶ.本稿では,各主体 i は状態空間 T そして T 上の確率的信念 q_i とをもつベイジアン・プレイヤーであると仮定する.これ故に「ベイジアン遂行理論」が本章のタイトルとなる.これらの信念は実現確率ゼロのタイプに関して一致すると仮定する.言い換えると任意の2人の主体 $i, j \in N$ と任意の状態 $t \in T$ について,$q_i(t) = 0$ な

---
[1] 他の集合の直積にも同様の表記が使用される.

らば，またそのときのみ $q_j(t) = 0$ である．そして

$$T^* = \{t \in T \mid q_i(t) > 0 \; \forall i \in N\}$$

を正の実現確率を持つタイプの集合とする[2]．$((T_i),(q_i))_{i \in N}$ を**タイプ空間**（type space）と呼び，それは各プレイヤーの私的情報を表現する便宜的な記法である．以後，略してタイプ空間 T と呼ぶ．

純粋な帰結 (pure outcome) の有限集合を $A = \{a_1,\ldots,a_K\}$ とし，タイプとは独立しているものと仮定する．A の上で定義される確率分布の集合を $\Delta(A) = \{(p_1,\ldots,p_K) \in \mathbb{R}_+^K \mid \sum_{k=1}^K p_k = 1\}$ とする．ここで，p_k は帰結 a_k の実現確率を表す[3]．$\Delta(A)$ 上の任意の要素を「くじ」(lottery) と呼ぶ．

主体 i の状態に依存したフォンノイマン-モルゲンシュテルン効用関数を $u_i : \Delta(A) \times T \to \mathbb{R}$ とする．

環境を $\mathcal{E} = (A, \{u_i, T_i, q_i\}_{i \in N})$ と定義でき，この環境は主体間で**共有知識** (common knowledge) とする．環境とはメカニズム設計問題にとって与えられたパラメータである．

（確率的）**社会選択関数**（(stocastic) social choice function）とは関数 $f : T \to \Delta(A)$ のことである．$\tilde{\mathcal{F}}$ を社会選択関数全体の集合とする．**社会選択集合** (social choice set) F とは $\tilde{\mathcal{F}}$ の非空な部分集合である．社会選択関数上の距離を次のように考える：任意の 2 つの社会選択関数 $f, h \in \tilde{\mathcal{F}}$ について，

$$d(f,h) = \sup\{ |f(a|t) - h(a|t)| \mid a \in A, \; t \in T^* \}.$$

$f(a|t)$ は帰結 $a \in A$ が状態 $t \in T^*$ において実現される確率とする．$\varepsilon \geq 0$ において，$d(f,h) \leq \varepsilon$ であれば 2 つの社会選択関数 f, h は ε-近似 (ε-approximate) であるという ($f \approx_\varepsilon h$ と表記)．もし 2 つの社会選択関数 f, h が 0-近似であれば f, h は同値 (equivalent) であり，$f \approx h$ と表記する．このことは 2 つの社会選択関数が全ての $t \in T^*$ で「一致」していることを意味する．

主体 i の効用は全ての主体のタイプについて彼がどういう情報を持っているかに依存する．ここでは 3 つの評価時点，事前 (ex-ante)，中間時点 (interim)，

---
[2]「$\forall$」は「すべての (for all)」という意味で使用される表記である．
[3] 以後，任意の可算集合 X 上の確率分布の集合を $\Delta(X)$ と表記する．

事後 (ex-post) が考えられる．事前とは主体 i が私的情報 $t_i \in T_i$ を受け取る前であり，その時点での彼の社会選択関数 f に対応する期待効用は，

$$U_i(f) = \sum_{t \in T} q_i(t) u_i(f(t); t)$$

である．中間時点とは各主体 i が自分のタイプ t_i を受け取り，他の主体のタイプは知らない時点である．その時点での主体 i の期待効用は

$$U_i(f|t_i) = \sum_{t_{-i} \in T_{-i}} q_i(t_{-i}|t_i) u_i(f(t_i, t_{-i}); (t_i, t_{-i}))$$

である．ただし，条件付確率 $q_i(t_{-i}|t_i)$ は

$$q_i(t_{-i}|t_i) = \begin{cases} q_i(t_{-i}, t_i) \big/ \left[\sum_{\tilde{t}_{-i} \in T_{-i}} q(\tilde{t}_{-i}, t_i)\right] & \sum_{\tilde{t}_{-i} \in T_{-i}} q(\tilde{t}_{-i}, t_i) > 0 \text{ のとき} \\ 0 & \text{それ以外} \end{cases}$$

と定義される．事後とは各主体 i が全ての主体のタイプ $t \in T$ を知っている時点であり，その時点での社会選択関数 f に対応する彼の効用は，

$$U_i(f|t) = u_i(f(t); t)$$

である．各主体が一方で私的情報を保有しながら，他方，完全な情報は持ち得ない場合が最も興味深い不完備情報の状況である．これは中間時点が重要な効用評価時点であることを意味し，以下，中間時点に焦点を絞る．タイプ t_i は主体 i の私的情報であり，主体 i は自身のタイプを偽って申告することによって，実現する帰結を操作するインセンティヴをもつ．タイプ t_i をもつ主体 i が，自身のタイプを t_i' と偽ったときの社会選択関数 f に対応する期待効用を次のように定義する：

$$U_i(f; t_i'|t_i) \equiv \sum_{t_{-i} \in T_{-i}} q_i(t_{-i}|t_i) u_i(f(t_i', t_{-i}); (t_i, t_{-i})).$$

ここで，他のすべての主体は正直に彼らのタイプを申告することを主体 i は仮定している．特に $U_i(f|t_i) = U_i(f; t_i|t_i)$ と表記する．

メカニズム（またはゲーム形式（game form））$\Gamma = ((M_i)_{i \in N}, g)$ は，（非空かつ可算な）主体 i のメッセージ空間（message space）M_i と帰結関数（outcome function) $g : M \to \Delta(A)$ ($M = \times_{i \in N} M_i$) によって構成される．設計者にとってパラメータである「環境」とは異なり，メッセージ空間と帰結関数とはメカニズム設計問題にとっての選択変数である．

主体 i の混合戦略を $\sigma_i : T_i \to \Delta(M_i)$ と定義し，主体 i の混合戦略の集合を $\tilde{\Sigma}_i$ とする．$\sigma_i(m_i|t_i)$ をタイプ t_i をもつ主体 i がメッセージ m_i を選ぶ確率とする．さらに，$\sigma(m|t) = \prod_{j \in N} \sigma_j(m_j|t_j)$ と表記する．メカニズム Γ の下で，戦略 σ がプレイされた場合，タイプ t_i をもつ主体 i の期待利得は

$$U_i(g \circ \sigma | t_i) \equiv \sum_{t_{-i} \in T_{-i}} q_i(t_{-i}|t_i) \sum_{m \in M} \sigma(m|t_i, t_{-i}) u_i(g(m); (t_i, t_{-i}))$$

で表される．$g(\sigma(t)) = \sum_{m \in M} \sigma(m|t) g(m) \in \Delta(A)$ とは混合メッセージプロファイル $\sigma(t) \in \Delta(M)$ によって導かれた「くじ」のことである．なお，主体 i のメッセージ空間が彼のタイプ集合そのもの，すなわち全ての $i \in N$ について $M_i = T_i$ であり，社会選択関数 f を帰結関数とするメカニズムを**直接表明メカニズム**（direct revelation mechanism）と呼ぶ．与えられたメカニズム $\Gamma = (M, g)$ において，タイプ空間 T をもつ**不完備情報ゲーム**（incomplete information game）を $\Gamma(T)$ とする．

ここで $\Gamma(T)$ を用いて，不完備情報ゲームについて復習する．まず各主体 i の純粋戦略を $\sigma_i : T_i \to M_i$ と表記し，その集合を Σ_i と定義する．次に均衡概念である（純粋戦略）ベイジアン・ナッシュ均衡 (Bayesian Nash equilibrium) を定義する．

定義 1.（ベイジアン・ナッシュ均衡（*Bayesian-Nash equilibrium*））　任意の主体 $i \in N$ とその任意のタイプ $t_i \in T_i$，そして任意の純粋戦略 $\sigma'_i \in \Sigma_i$ において

$$U_i(g \circ \sigma | t_i) \geq U_i(g \circ (\sigma'_i, \sigma_{-i}) | t_i)$$

が成り立つとき，戦略プロファイル $\sigma \in \Sigma$ は（純粋戦略）ベイジアン・ナッシュ均衡であるという．

不完備情報ゲーム $\Gamma(T)$ が与えられたとき，すべての主体はひとつのベイジアン・ナッシュ均衡に従ってゲームをプレイすることを本稿は想定する．与えられ

たゲーム $\Gamma(T)$ において，ベイジアン・ナッシュ均衡の全体集合を $BNE(\Gamma(T))$ とおく．以下，例を用いて具体的に $BNE(\Gamma(T))$ を求める．

例 1. $N = \{1,2\}$; $T_1 = \{t_1, t_1'\}$; $T_2 = \{t_2\}$; $M_1 = M_2 = \{C, D\}$; $A = \{\alpha, \beta, \delta, \phi\}$; $g : M_1 \times M_2 \to \Delta(A)$.

$g(C,C) = (1,0,0,0)$; $g(C,D) = (0,1,0,0)$; $g(D,C) = (0,0,1,0)$; $g(D,D) = (0,0,0,1)$.

(括弧内の数字は左から順にそれぞれ $\alpha, \beta, \delta, \phi$ が実現する確率である)．

主体 2 の信念はそれぞれ $q_2(t_1|t_2) = q_2(t_1'|t_2) = 1/2$ であり，帰結に対する主体 1, 2 の効用はそれぞれ

$u_1(\alpha; (t_1, t_2)) = u_1(\phi; (t_1', t_2)) = u_2(\alpha; (t_1, t_2)) = u_2(\phi; (t_1', t_2)) = 0,$

$u_1(\beta; (t_1, t_2)) = u_1(\delta; (t_1', t_2)) = u_2(\delta; (t_1, t_2)) = u_2(\beta; (t_1', t_2)) = 6,$

$u_1(\delta; (t_1, t_2)) = u_1(\beta; (t_1', t_2)) = u_2(\beta; (t_1, t_2)) = u_2(\delta; (t_1', t_2)) = -2,$

$u_1(\phi; (t_1, t_2)) = u_1(\alpha; (t_1', t_2)) = u_2(\phi; (t_1, t_2)) = u_2(\alpha; (t_1', t_2)) = 4$ である．

タイプ t_1 の主体 1 の**最適反応**（best response）から確認する．主体 2 はタイプが 1 種類しかないので，主体 2 が送るメッセージにのみ注目すればよい．$m_2 = C$ でも $m_2 = D$ でも，$\sigma_1^*(t_1) = C$ が最適反応である．タイプ t_1' の主体 1 の最適反応は $m_2 = C$ でも $m_2 = D$ でも，$\sigma_1^*(t_1') = D$ が最適反応である．次に主体 2 の最適反応を確認する．主体 2 は主体 1 の真のタイプを知らないので，中間時点での期待効用によって評価する必要があり，次のように表現できる；

$U_2(g \circ \sigma \mid t_2)$		$(\sigma_1(t_1), \sigma_1(t_1'))$			
		(C,C)	(C,D)	(D,C)	(D,D)
$\sigma_2(t_2)$	C	2	3	5	2
	D	2	3	1	2

よって，このゲームでのベイジアン・ナッシュ均衡は，

$$BNE(\Gamma(T)) = \left\{((\sigma_1^*(t_1),\sigma_1^*(t_1')),\sigma_2^*(t_2)) \in M_1 \times M_1 \times M_2\right\} = \underbrace{((C,D),C)}_{(\lozenge)}, \underbrace{((C,D),D)}_{(\blacklozenge)}\}.$$

の二つであり，対応する帰結はそれぞれ

$$(\lozenge) \quad g(\sigma^*(t)) = \begin{cases} (1,0,0,0) & t=(t_1,t_2) \text{ のとき} \\ (0,0,1,0) & t=(t_1',t_2) \text{ のとき} \end{cases}$$

$$(\blacklozenge) \quad g(\sigma^*(t)) = \begin{cases} (0,1,0,0) & t=(t_1,t_2) \text{ のとき} \\ (0,0,0,1) & t=(t_1',t_2) \text{ のとき} \end{cases}$$

である．次に，混合戦略におけるベイジアン・ナッシュ均衡を定義する．

定義 2.（混合ベイジアン・ナッシュ均衡（*mixed Bayesian Nash Equilibrium*））
任意の主体 $i \in N$ とその任意のタイプ $t_i \in T_i$，そして任意の純粋戦略 $\sigma_i' \in \Sigma_i$ において

$$U_i(g \circ \sigma | t_i) \geq U_i(g \circ (\sigma_i', \sigma_{-i}) | t_i)$$

が成り立つとき，戦略プロファイル $\sigma \in \tilde{\Sigma}$ は混合ベイジアン・ナッシュ均衡であるという．

与えられた不完備情報ゲーム $\Gamma(T)$ において，$\Gamma(T)$ の混合ベイジアン・ナッシュ均衡の全体集合を $mBNE(\Gamma(T))$ と表記する．先程挙げたゲームでの混合戦略を含めた最適反応を確認すると，主体 1 ではそれぞれ $(\sigma_1^*(t_1),\sigma_1^*(t_1')) = (1,0)$（数字はメッセージ C を提出する確率）であり，主体 2 では上記の表より $(\sigma_1^*(t_1),\sigma_1^*(t_1'))$ に対する最適反応は $\sigma_2^*(t_2) = \alpha \in [0,1]$ である．よってこのゲームでの混合戦略ベイジアン・ナッシュ均衡の集合は，

$$mBNE(\Gamma(T)) = \{((\sigma_1^*(t_1),\sigma_1^*(t_1')),\sigma_2^*(t_2)) \in ((1,0),\alpha) \mid 0 \leq \alpha \leq 1\}$$

であり，その帰結は

$$g(\sigma^*(t)) = \begin{cases} (\alpha, 1-\alpha, 0, 0) & t=(t_1,t_2) \text{ のとき} \\ (0,0,\alpha,1-\alpha) & t=(t_1',t_2) \text{ のとき} \end{cases} \quad (\alpha \in [0,1])$$

であるので,均衡に対応する帰結は無数に存在する.よって混合戦略均衡による帰結と社会選択関数の帰結とを一致させることが困難であることが分かる.さらに,純粋戦略均衡による帰結が混合戦略均衡による帰結によってパレート支配される可能性を Jackson(1992) は指摘した.この場合,混合戦略均衡がプレイされる蓋然性は非常に高くなり,混合戦略の排除は時として遂行可能性への深刻な問題となる.この例は Jackson(1992) からの引用であり,完備情報を扱っている.完備情報とは,すべての主体がタイプに関して完全な情報を共有している状態である.完備情報の正確な定義は第 8 節を参照されたい.

例 2. $N = \{1,2\}; T = \{t, t'\}; M_1 = \{m_1, \tilde{m}_1, \bar{m}_1\}; M_2 = \{m_2, \tilde{m}_2, \bar{m}_2\}; A = \{a,b,c,d\}$.

$f : T \to \Delta(A); f(t) = (1,0,0,0); f(t') = (0,0,1,0)$.

(括弧内の数字は左から順にそれぞれ a,b,c,d が実現する確率である)

$\Gamma = (M, g); g : M_1 \times M_2 \to \Delta(A)$,帰結関数 g は次のように純粋な帰結を選ぶ:

$g(m)$	m_2	$\tilde{m}_2$	$\bar{m}_2$
m_1	c	d	d
$\tilde{m}_1$	d	a	b
$\bar{m}_1$	d	b	a

また,主体 1, 2 の効用は以下の通り:

$u_1(a;t) = u_1(a;t') = u_2(a;t) = u_2(b;t') = 4,$

$u_1(b;t) = u_1(b;t') = u_2(b;t) = u_2(a;t') = 3,$

$u_1(c;t) = u_1(d;t) = u_1(c;t') = u_1(d;t') = 2,$

$u_2(d;t) = u_2(c;t') = u_2(d;t') = 2, \ u_2(c;t) = 1.$

$\Gamma(t), \Gamma(t')$ のもとでの利得行列はそれぞれ次のようになる:

$(u_1(g(m);t), u_2(g(m);t))$	m_2	$\tilde{m}_2$	$\bar{m}_2$
m_1	2,1	2,2	2,2
$\tilde{m}_1$	2,2	4,4	3,3
$\bar{m}_1$	2,2	3,3	4,4

$(u_1(g(m);t'), u_2(g(m);t'))$	m_2	$\tilde{m}_2$	$\bar{m}_2$
m_1	2,2	2,2	2,2
$\tilde{m}_1$	2,2	4,3	3,4
$\bar{m}_1$	2,2	3,4	4,3

$\Gamma(t)$ のもとでの純粋戦略ナッシュ均衡は $(\tilde{m}_1, \tilde{m}_2)$ と $(\bar{m}_1, \bar{m}_2)$ の2つであるが，その帰結は両方とも a である．$\Gamma(t')$ の下では (m_1, m_2) のみが純粋戦略ナッシュ均衡となり，帰結は c である．よってこのメカニズム (M, g) における純粋戦略ナッシュ均衡による帰結と社会選択関数 f の帰結は一致する．しかし，t' の下でのゲームにおける混合戦略も含めたナッシュ均衡を考慮すると，主体1が確率 $1/2$ でそれぞれ $\tilde{m}_1$ と $\bar{m}_1$ を，主体2は確率 $1/2$ でそれぞれ $\tilde{m}_2$ と $\bar{m}_2$ をそれぞれ選択する戦略の組が混合戦略ナッシュ均衡である．この時の帰結は $g(\sigma^*(t')) = (1/2, 1/2, 0, 0)$ となり，純粋戦略のみ考慮したナッシュ均衡での帰結 c よりも主体1，2ともに強く好む．よって混合戦略ナッシュ均衡での帰結が純粋戦略ナッシュ均衡での帰結をパレート支配する．

　上記の例が示すように，ゲームは複数の均衡をもつことが多い．これはゲームがどのようにプレイされるかという予測を困難なものとし，「複数均衡の問題」と呼ばれる．ゲーム理論では，均衡の精緻化，あるいは均衡選択理論を提案しつつ，この問題の解決に向けて様々な試みが行われている．本稿は，「メカニズム設計者は，実際にどの均衡がプレイされるかについては無知である」と仮定する．したがって，設計者はどの均衡も同様に起こりうるという保守的な

立場に立ち，どの均衡が実現したとしても，社会選択ルールが指定する帰結を導くことを遂行可能性の条件として要請する．

社会選択関数 f が導く帰結と均衡によるそれとの一致を確実遂行の定義として導入する．

定義 3.（混合ベイジアン遂行可能性（*mixed Bayesian implementability*））　社会選択関数 f が (混合戦略で) 確実にベイジアン遂行可能であるとは，次の二つの性質を満たすメカニズム $\Gamma = (M, g)$ が存在することをいう：*(1)* $BNE(\Gamma(T)) \neq \emptyset$;*(2)* 任意の $\sigma \in mBNE(\Gamma(T))$ について，$f \approx g \circ \sigma$ である．

注意　確実遂行の定義は社会選択集合に拡張できる．社会選択集合 F が確実にベイジアン遂行可能であるとは，次の二つの性質を満たすメカニズム $\Gamma = (M, g)$ が存在することをいう：(1) 任意の $f \in F$ について，ある $\sigma \in BNE(\Gamma(T))$ が存在して $f \approx g \circ \sigma$ を満たす；(2) 任意の $\sigma \in mBNE(\Gamma(T))$ について $g \circ \sigma \approx f$ を満たす $f \in F$ が存在する．最初の要求は社会選択関数のケースよりも論理の意味で強いが，この違いは全く本質的ではない．他方，二つ目の要求は，メカニズムによって選ばれる帰結が社会選択集合のなかの「ある」社会選択関数と一致することしか求めておらず，社会選択関数のケースよりもかなり弱い要請となる．

確実遂行の要請を「高い確率」による遂行へと緩めた実質的遂行の定義は次のように与えられる[4]．

定義 4.（実質的混合ベイジアン遂行可能性（*virtually mixed Bayesian implementability*））　任意の $\varepsilon > 0$ について次の二つの条件を満たす社会選択関数 f^ε が存在するとき，社会選択関数 $f: T \to \Delta(A)$ が（混合戦略で）実質的ベイジアン遂行可能という：*(1)* $f \approx_\varepsilon f^\varepsilon$ (f と f^ε とが ε-近似である) となる．;*(2)* 混合戦略で f^ε が確実にベイジアン遂行可能である．

---

[4] 定義そのものをみると，実質的遂行 (virtual implementation) ではなく「近似遂行」(approximate implementation) がヨリ正確な表現であると著者は考える．しかしながら，文献での慣習に従って，実質的遂行という用語を本稿では用いる．

注意 実質的遂行の定義も社会選択集合に拡張できる．社会選択集合 F が実質的に混合戦略でベイジアン遂行可能であるとは，任意の小さい ε に関して次の二つの性質を満たすメカニズム $\Gamma = (M, g)$ が存在することをいう：(1) 任意の $f \in F$ について，$f \approx_\varepsilon g \circ \sigma$ を満たす $\sigma \in BNE(\Gamma(T))$ が存在する；(2) 任意の $\sigma \in mBNE(\Gamma(T))$ において，$f \approx_\varepsilon g \circ \sigma$ を満たす $f \in F$ が存在する．確実遂行のケースと同様のコメントがここでも該当する．

3.5 確実遂行

この節では確実遂行の特徴付けを議論する．

確実遂行の必要条件

次の定義は情報の経済学の中で最も重要な概念の一つである．

定義 5.（誘因両立性（*incentive compatibility*））　任意の $i \in N$, $t_i, t_i' \in T_i$ について

$$U_i(f|t_i) \geq U_i(f; t_i'|t_i)$$

ならば，社会選択関数 f は誘因両立性を満たすという．換言すると，直接表明メカニズムにおいて，すべての主体が真のタイプを申告することが均衡となることを要請している．

注意 社会選択集合 F が誘因両立性を満たすとは，全ての $f \in F$ が上記の要請を満たしていることをいう．誘因両立性は社会選択関数から社会選択集合に変わっても弱い制約とはならないことは明記すべきである．後に扱う (混合) ベイジアン単調性と全く対照的である．

確実遂行の特徴付けにおいて，誘因両立性と共に重要となるベイジアン単調性を定義する．まずいくつかの準備をする．主体 i に関して，以下の関数 α_i を

定義する：

$$\alpha_i : T_i \to \Delta(T_i).$$

関数の組 $\alpha = (\alpha_i)_{i \in N}$ が**混合虚偽申告** (mixed deception) であるとは，ある $i \in N$ と $t_i \in T_i$ とについて $\alpha_i(t_i|t_i) < 1$ を満たしていることである．ここで，$\alpha_i(t_i'|t_i)$ は $\alpha_i(t_i)$ が t_i' に割り当てる確率である．すなわち恒等関数 (identity function)

$$I_i : T_i \to T_i, \quad \text{全ての } t_i \text{ について } I_i(t_i) = t_i$$

の組 $(I_i)_{i \in N}$ は，虚偽申告には含めない．$\tilde{\mathscr{A}}$ を全ての混合虚偽申告の集合とする．$\alpha \in \tilde{\mathscr{A}}$ が**純粋虚偽申告**（pure deception）であるとは，各 $i \in N$, $t_i \in T_i$ について，$\alpha_i(t_i'|t_i) = 1$ を満たす $t_i' \in T_i$ が存在するときである．$\mathscr{A}$ をすべての純粋虚偽申告の集合とする．当然，$\mathscr{A} \subset \tilde{\mathscr{A}}$ の関係が成り立つ．社会選択関数 $f \in \tilde{\mathscr{F}}$ と混合虚偽申告 $\alpha \in \tilde{\mathscr{A}}$ とについて，

$$[f \circ \alpha](t) = \sum_{t' \in T} \alpha(t'|t) f(t') \quad \forall t \in T$$

であるような社会選択関数を $f \circ \alpha$ と表記する．$\alpha(t'|t) = \prod_{i \in N} \alpha_i(t_i'|t_i) \in \prod_{j \in N} \Delta(T_j)$ を α によって導かれる，状態 t での確率測度とする．任意の社会選択関数 f と混合虚偽申告 α を固定する．もし，ある $t \in T^*$ について $f(t) \neq [f \circ \alpha](t)$ であるとき，$f \circ \alpha \not\approx f$ と表記する．タイプ $t_i \in T_i$, 社会選択関数 $f \in \tilde{\mathscr{F}}$, 混合虚偽申告 $\alpha \in \tilde{\mathscr{A}}$ とについて，

$$f_{\alpha_i(t_i)}(t') = \sum_{t_i' \in T_i} \alpha_i(t_i'|t_i) f(t_i', t_{-i}')$$

を任意の $t' \in T$ について設定する．

誘因両立性と共に重要な条件となる単調性条件を導入する．

定義 6.（**混合ベイジアン単調性**（*mixed Bayesian monotonicity*））　社会選択関数 f が混合ベイジアン単調性を満たすとは，$f \circ \alpha \not\approx f$ となる任意の混合虚偽申告 $\alpha \in \tilde{\mathscr{A}}$ について，以下の条件を満たす主体 $i \in N$, $t_i \in T_i$, そして社会選択関数 $y \in \tilde{\mathscr{F}}$ が存在するときをいう：

$$U_i(y \circ \alpha | t_i) > U_i(f \circ \alpha | t_i) \text{ かつ } U_i(f|t_i') \geq U_i(y_{\alpha_i(t_i)}|t_i') \; \forall t_i' \in T_i. \; (*)$$

注意 純粋虚偽申告のみを考察する場合,上記の定義は,*Jackson (1991)* のそれと同値である.以後,純粋虚偽申告のみを許容する場合の混合ベイジアン単調性を(通常の)ベイジアン単調性と呼ぶ.社会選択集合の場合に混合ベイジアン単調性を定義するとき,「$f \not\approx f \circ \alpha$ である任意の混合虚偽申告 α について」を「任意の $f \in F$ について $f \circ \alpha \notin F$ となる混合虚偽申告 α が存在するときは常に」に置き替える必要がある.この変更は該当する虚偽申告が存在する可能性を(論理の意味で)ヨリ少なくする.したがって混合ベイジアン単調性は社会選択集合の場合,ヨリ弱い要求になる.

次の命題は,誘因両立性,混合ベイジアン単調性ともに確実遂行のための必要条件であることを示している.

命題 2. 社会選択関数 f が確実にベイジアン遂行可能ならば,誘因両立性と混合ベイジアン単調性を満たす社会選択関数 $\tilde{f}$ が存在し,かつそれは f と同値である.

命題 1 の証明 社会選択関数 f をベイジアン遂行するメカニズム $\Gamma = (M, g)$ を考える.$\hat{F} = \{\hat{f} \in \tilde{\mathscr{F}} \mid \hat{f} \approx f\}$ とする.

誘因両立性:全ての $t \in T^*$ について $g(\sigma(t)) = \hat{f}(t)$ となる均衡 σ を考える.任意の主体 $i \in N$ とタイプ $t_i \in T_i$ について考える.任意の $\tilde{t}_i$ について $\tilde{\sigma}_i(\tilde{t}_i) = \sigma_i(t_i)$ であるような逸脱戦略を $\tilde{\sigma}_i$ により定義する.σ は均衡であることより

$$U_i(g \circ \sigma | t'_i) \geq U_i(g \circ (\tilde{\sigma}_i, \sigma_{-i}) | t'_i) \ \forall t'_i \in T_i$$

となる.これは次のように書くことができる.

$$U_i(\hat{f} | t'_i) \geq U_i(\hat{f}_{t_i} | t'_i) \ \forall t'_i \in T_i.$$

i と t_i は任意に選べるので,$\hat{f}$ は誘因両立性を満たす.

混合ベイジアン単調性:任意の $\hat{f} \in \hat{F}$ を固定する.$\hat{f} \approx g \circ \sigma$ であるような均衡 σ を考える.$\hat{f} \not\approx \hat{f} \circ \alpha$ となる混合虚偽申告 α の存在を仮定する.

ベイジアン遂行の定義より,ある $t \in T^*$ において $\sigma \circ \alpha$ が(混合戦略)均衡であるべきではない.ゆえに,ある主体 $i \in N$ とメッセージ $\tilde{m}_i \in M_i$ が存在し,

$$U_i(g \circ ((\tilde{\sigma}_i, \sigma_{-i}) \circ \alpha)|t_i) > U_i(g \circ (\sigma \circ \alpha)|t_i) \underbrace{=}_{\because \hat{f} \approx g \circ \sigma} U_i(\hat{f} \circ \alpha|t_i)$$

となる.但し,$\tilde{\sigma}_i$ は,全ての $\tilde{t}_i \in T_i$ について $\tilde{\sigma}_i(\tilde{t}_i) \equiv \tilde{m}_i$ となる純粋戦略である.$y = g \circ (\tilde{\sigma}_i, \sigma_{-i}) \in \tilde{\mathscr{F}}$ とする.ゆえに

$$U_i(y \circ \alpha|t_i) > U_i(\hat{f} \circ \alpha|t_i).$$

$\tilde{\sigma}_i$ はどのタイプでも同じメッセージを申告するので,$y_{\alpha_i(t_i)} = y = g \circ (\tilde{\sigma}_i, \sigma_{-i})$ である.σ は均衡なので,全ての $t'_i \in T_i$ について $U_i(\hat{f}|t'_i) \geq U_i(y_{\alpha_i(t_i)}|t'_i)$ である.ゆえに $\hat{f}$ は混合ベイジアン単調性を満たしていることが証明された.∎

確実遂行の十分条件

確実遂行を可能とするメカニズム構築のため,新たな表記を導入する.任意の社会選択関数 $f \in \tilde{\mathscr{F}}$ と $f \not\approx f \circ \alpha$ となるような任意の混合虚偽申告 $\alpha \in \mathscr{A}$ とについて,混合ベイジアン単調性の定義における条件 (∗) を満たす主体 $i \in N$ を**試行主体 (test agent)** と呼ぶことにする.試行主体 i の社会選択関数 f における混合虚偽申告の集合を $D_i(f)$ とする.全ての試行主体 i,混合虚偽申告 $\alpha \in D_i(f)$,タイプ t_i をもつ主体 i について (∗) をみたす社会選択関数 y_i^α を固定しておく.条件 (∗) が社会選択関数 y に影響するのは主体 i のタイプが $\alpha_i(t_i)$ のときのみであることに気をつけてほしい.それゆえ一般性を失うことなく y_i^α について次のことを仮定する:

$$y_i^\alpha(t_{-i}, t'_i) = y_i^\alpha(t_{-i}, t_i) \quad \forall t_{-i} \in T_{-i}, \forall t_i, t'_i \in T_i.$$

すなわち y_i^α は T_i 上で一定である.

各 $f \in \tilde{\mathscr{F}}$ と $i \in N$ について，次のように定める：

$$C_i^f = \{f\} \cup \bigcup_{\alpha \in D_i(f)} \{y_i^\alpha\}.$$

もちろん，任意の $f \in \tilde{\mathscr{F}}$ 及び混合虚偽申告 α において，主体 i が試行主体でないとき，$C_i^f = \{f\}$ となる．

以下では環境に対して二つの仮定を設ける．はじめに，「非完全無差別 (no-total-indifference)」条件を導入する．

定義 7. 環境 $\mathscr{E}$ が非完全無差別 (条件 NTI) を満たすとは，任意の主体 $i \in N$，タイプ $t_i \in T_i$，そして $q_i(T'_{-i}|t_i) > 0$ を満たす任意の $T'_{-i} \subseteq T_{-i}$ について，

$$\sum_{t_{-i} \in T'_{-i}} q_i(t_{-i}|t_i) u_i(a; t_{-i}, t_i) \neq \sum_{t_{-i} \in T'_{-i}} q_i(t_{-i}|t_i) u_i(a'; t_{-i}, t_i)$$

であるような二つの帰結 $a, a' \in A$ が存在することをいう[5]．

以下，非完全無差別条件を単に条件 NTI と呼ぶ．NTI が満たされている環境では，どの主体にとって，その彼がどのような信念を持っていたとしても，A 上の彼の選好が全く無差別となることはない．その意味では，かなり弱い制約と考えられる．加えて Jackson (1991) が考察した経済環境 (economic environment)（以下では条件 E と呼ぶ）を条件を導入する．条件 E を定義する前に，集合 $S \subseteq T$ に関して二つの社会選択関数 $x, z \in \tilde{\mathscr{F}}$ を組み合わせたものを定義する．まず社会選択関数 $x/_S z$ を次のように定義する：任意の $t \in T$ について，

$$x/_S z(t) = \begin{cases} x(t) & t \in S \text{ のとき} \\ z(t) & t \in T \setminus S \text{ のとき}. \end{cases}$$

定義 8. （条件 E）任意の社会選択関数 $f \in \tilde{\mathscr{F}}$ と $t \in T^*$ について

$$U_i(x/_S f|t_i) > U_i(f|t_i) \text{ かつ } U_j(y/_S f|t_j) > U_j(f|t_j) \quad \forall S \subseteq T \text{ (但し，} t \in S)$$

を満たす少なくとも 2 人の主体 $i, j \in N$ と 2 つの社会選択関数 $x, y \in \tilde{\mathscr{F}}$ とが存在するとき，環境 $\mathscr{E}$ は条件 E を満たすという．

---
[5] ここでは，$q_i(T'_{-i}|t_i) \equiv \sum_{t_{-i} \in T'_{-i}} q_i(t_{-i}|t_i)$ と表記している．

注意 条件 E は,任意の社会選択関数と状態 $t \in T^*$ の下で,社会選択関数が導く帰結よりも好ましい帰結をもつ主体が少なくとも 2 人いることを要請する.純粋交換経済のように,任意の 2 人の主体が同時に最も満足する帰結が存在しない環境は条件 E を自動的に満たす.さらに,金銭のやり取りが可能であり,各主体がより多くの金銭の受け取りを望む経済においても,条件 E は自動的に満たされる.

次の結果は確実遂行に関する必要十分条件を特定化した本節の主定理である.

定理 1. 環境 $\mathscr{E}$ が条件 NTI と E を満たすと仮定する.社会選択関数 f が**確実にベイジアン遂行可能**(*exactly Bayesian implementable*)であるための必要十分条件は f と同値の $\hat{f}$ が存在し,かつ $\hat{f}$ は誘因両立性と混合ベイジアン単調性を満たすことである.

注意 この結果は主体の数に関わらず成立する.これは社会選択関数を考察しているためである.ここで紹介する証明は Serrano-Vohra(2010) の Theorem 2 で提案されたメカニズムを修正したものに基づいている.

定理 1 の証明 : 既に命題 1 で必要条件の部分は証明した.したがって十分条件の部分に焦点を当てる.$\hat{F} = \{\hat{f} \in \tilde{\mathscr{F}} | \hat{f} \approx f\}$ とする.任意の $\hat{f} \in \hat{F}$ を固定し,$\hat{f}$ が誘因両立性と混合ベイジアン単調性とを満たすと仮定する.この後の議論では,メカニズムを具体的に提示し,それによって社会選択関数 f を確実にベイジアン遂行することを証明する.各主体 $i \in N$ について M_i を

$$M_i = T_i \times \{0, 1\} \times C_i^{\hat{f}} \times \tilde{\mathscr{F}} \times \mathbb{Z}_+$$

と定義する (非負の整数の集合を $\mathbb{Z}_+ = \{0, 1, 2, ...\}$ と表記する).主体 i のメッセージ $m_i \in M_i$ は $(m_i^1, m_i^2, m_i^3, m_i^4, m_i^5)$ に分解できる.$M = M_1 \times \cdots \times M_n$, $M = M^1 \times M^2 \times M^3 \times M^4 \times M^5$ と定義する.メッセージの組を $m \in M$ と定義する.定数 $\delta \in (0, 1)$ を固定し,A 上の一様な「くじ」を $\bar{a}$ とする.帰結関数 $g : M \to \Delta(A)$ は次のルールに従って定義される:

- ルール (1)：全ての主体 $i \in N$ について，$m_i^2 = 0$ かつ $m_i^3 = \hat{f}$ ならば，
$$g(m) = \hat{f}(m^1).$$

- ルール (2)：$m_i^2 = 1$ かつ，主体 i を除く全ての主体 $j \neq i$ について $m_j^2 = 0$ と $m_j^3 = \hat{f}$ を満たすならば，
$$g(m) = (1-\delta)\hat{f}(m^1) + \frac{\delta}{n}\left[(n-1)\hat{f}(m^1) + m_i^3(m^1)\right].$$

- ルール (3)：最も大きい整数 m_j^5 を言った主体の中で番号が最も小さい主体を j とする．ルール (1)，(2) が適用できない場合，
$$g(m) = (1-\delta)\hat{f}(m^1) + \delta\left[\frac{m_j^5}{m_j^5+1}m_j^4(m^1) + \frac{1}{m_j^5+1}\bar{a}\right].$$

ちなみに，ルール (3) で用いられている「大きな整数を叫んだ人が勝ち」であるゲームを**整数ゲーム** (*integer game*) と呼ぶ．ただし整数ゲームにおいて各プレイヤーには申告できる整数に最大値がなく，他のプレイヤーが申告した数よりもいくらでも大きい数を常に申告できる．

この定理の証明は 4 つの補題によって完成される．

補題 1 各 $i \in N$，各 $t_i \in T_i$ について，$\sigma_i(t_i) = (t_i, 0, \hat{f}, h_i, 0)$ となる均衡 $\sigma \in BNE(\Gamma(T))$ が存在する．

補題 1 の証明：上記の補題で定義した戦略の組を σ とする．この戦略の組のもとでは，ルール (1) がプレイされ，$g \circ \sigma \approx \hat{f}$ となる．1 人の主体のみによる逸脱によって，ルール (3) がプレイされることは無いので，m_i^4 と m_i^5 は結果への影響は無い．したがって m_i^1 か m_i^2 かあるいは m_i^3 かを変えることによってのみ主体 i が結果を変更できる．$\hat{f}$ が誘因両立性を満たしているので，任意の主体 i について m_i^1 でのみ間違ったタイプを報告することで利得はあがらない．混合ベイジアン単調性の定義での条件 $(*)$ と $C_i^{\hat{f}}$ の定義より，m_i^2 と m_i^3 のみを変えることで利得は増えない (すなわち，$U_i(f|t_i') \geq U_i(y_{\alpha_i(t_i)}|t_i') \; \forall t_i' \in T_i)$．誘因両立性と混合ベイジアン単調性の定

義の条件 (∗) により $y_i^\alpha \in C_i^{\hat{f}}$ は T_i 上で一定なので，m_i^1, m_i^2, m_i^3 全てを変えることで利得をあげることは不可能である．より具体的に説明する．タイプ t_i をもつ主体 i を考える．任意の逸脱戦略 σ_i' は次のように定義できる：全ての $\tilde{t}_i \in T_i$ について，

$$\sigma_i'(\tilde{t}_i) = \begin{cases} (\alpha_i(t_i), 1, y_i^\alpha, \sigma_i^4(t_i), \sigma_i^5(t_i)) & \tilde{t}_i = t_i \text{ のとき} \\ \sigma_i(\tilde{t}_i) & \text{それ以外．} \end{cases}$$

前述の通り m_i^4 と m_i^5 は結果に影響を与えない．$\hat{f}$ は誘因両立性と混合ベイジアン単調性とを満たすので，任意の $t_i' \in T_i$ について，

$$\underbrace{U_i(f \mid t_i') \geq U_i(f_{\alpha_i(t_i)} \mid t_i')}_{\because \hat{f} \text{ が誘因両立性}} \text{ かつ } \underbrace{U_i(f \mid t_i') \geq U_i(y_i^\alpha \mid t_i')}_{\because \text{混合ベイジアン単調性の条件 } (*) \text{ の一部}}$$

であることがわかる．かくして，全ての σ_i' において $U_i(g \circ \sigma \mid t_i) \geq U_i(g \circ (\sigma_i', \sigma_{-i}) \mid t_i)$ であることが示せる．i の選択と t_i は任意なので，m_i^1, m_i^2, m_i^3 全てを変える逸脱戦略による利得の増加はないことが証明された．ゆえに σ は均衡であり，$\hat{f} \approx g \circ \sigma$ である．∎

補題 2 正の確率でルール (3) がプレイされる均衡 $\sigma \in mBNE(\Gamma(T))$ は存在しない．

補題 2 の証明：背理法によって証明する．σ の下で正の確率でルール (3) がプレイされる非空な状態の集合を $\hat{T} \subseteq T^*$ とし，その σ を均衡とする．いくつかの表記法を導入する．$\sigma_k^5(t_k)[m_k^5]$ を $\sigma_k^5(t_k)$ が整数 $m_k^5 \in M_k^5$ に割り当てる確率とする．このとき，

$$\operatorname{supp} \sigma_k^5(t_k) = \left\{ m_k^5 \in M_k^5 \mid \sigma_k^5(t_k)[m_k^5] > 0 \right\}$$

をタイプ t_k をもつ主体 k が行動 $\sigma_k(t_k)$ をとったとき，正の確率で選ばれる整数の集合とする．任意の $\mu > 0$，任意の $t \in \hat{T}$，任意の $k \in N$ について，次の性質を満たす $\operatorname{supp} \sigma_k^5(t_k)$ の有界部分集合 $\hat{M}_k^5(t_k)$ を選ぶ：

$$\sum_{m_k^5 \in \hat{M}_k^5(t_k)} \sigma_k^5(t_k)[m_k^5] \geq 1 - \mu.$$

このとき，μ を十分小さく取ることによって，$\tilde{z}$ を

$$\tilde{z} = \sup_{t \in \hat{T}} \max_{k \in N} \sup\{m_k^5 \in \mathbb{Z}_+ | m_k^5 \in \hat{M}_k^5(t_k)\}$$

と定義する．$\hat{M}_k^5(t_k)$ が有界なので $\tilde{z}$ は well-defined である．一般性を失うことなく，$\hat{T}$ 内の状態で，$\tilde{z}$ を報告する主体の中で最も番号の小さい主体を j とする．かくして，正の確率で整数ゲームがプレイされ，$\tilde{z}$ と報告したタイプ t_j が (確率 $1-\mu$ 以上で) 勝者となる状態 $t \in \hat{T}$ が存在する．$\hat{T}_{-j}$ を

$$\hat{T}_{-j} = \{\hat{t}_{-j} \in T_{-j} | (t_j, \hat{t}_{-j}) \in \hat{T}\}$$

と定義する．構成より，タイプ t_j は $\{t_j\} \times \hat{T}_{-j}$ 内の各状態で $\tilde{z}$ を報告するなかで最も番号の小さい主体で，$z_j = \tilde{z}$ と報告することにより $\{t_j\} \times \hat{T}_{-j}$ 内の各状態で (確率 $1-\mu$ 以上で) 整数ゲームの勝者となる．もしタイプ t_j がメッセージ内の整数を $z'_j > \tilde{z}$ に変えたとしても，彼は $\{t_j\} \times \hat{T}_{-j}$ 内の各状態で (確率 $1-\mu$ で) 整数ゲームの勝者であり続ける．主体 j の次のような逸脱戦略 σ'_j を考える：任意の $\tilde{t}_j \in T_j$ について，

$$\sigma'_j(\tilde{t}_j) = \begin{cases} (\sigma_j^1(t_j), \sigma_j^2(t_j), \sigma_j^3(t_j), h'_j, z'_j) & \tilde{t}_j = t_j \text{ のとき} \\ \sigma_j(\tilde{t}_j) & \text{それ以外．} \end{cases}$$

社会選択関数 h'_j はタイプ t_j の主体 j が整数ゲームの勝者となる $\{t_j\} \times \hat{T}_{-j}$ 内の各状態で強く選好される「くじ」を作るために条件 NTI を使い，適切に選ばれたものである[6]．σ のもとでは，正の確率でルール (3) をプレイし，そして μ を十分小さく取れるので，この戦略はタイプ t_j の期待効用を大きくする．つまり

$$U_j(g \circ (\sigma'_j, \sigma_{-j}) | t_j) > U_j(g \circ \sigma | t_j)$$

であり，これは σ が均衡であるという仮定に矛盾する．∎

---

[6] ここで条件 NTI は重要な役割を持つ．条件 NTI がなければ，強く好まれる社会選択関数 h'_j を見つけられないかもしれない．

補題 3 正の確率でルール (2) がプレイされる均衡 $\sigma \in mBNE(\Gamma(T))$ は存在しない.

補題 3 の証明 ：背理法で示す。正の確率でルール (2) をプレイする均衡が存在すると仮定し，それを均衡 σ と表す．正の確率で $m_i^2 = 1$ かつ全ての $j \neq i$ について $m_j^2 = 0$ かつ $m_j^3 = \hat{f}$ であるような非空な状態の集合 $\hat{T} \subseteq T^*$ が存在すると仮定しよう．タイプ $t_i \in \hat{T}_i$ をもつ主体 i が $m_i^2 = 1$ と申告する．$\{t_i\} \times \hat{T}_{-i}$ 内の全ての状態において，対応する帰結は

$$g(m) = (1-\delta)\hat{f}(m^1) + \frac{\delta}{n}\left[(n-1)\hat{f}(m^1) + m_i^3(m^1)\right]$$

である．仮定により，この帰結が実現する確率は正である．条件 E により，この均衡での帰結を最も好ましいとは思わないタイプ t_j をもつ主体 $j \neq i$ が必ず存在する[7]．その場合，タイプ t_j をもつ主体 j は $m_j^2 = 1$ と報告するかもしれない．そういうタイプ $t_j \in \hat{T}_j$ をもつ主体 j を固定しよう．$\hat{T}_{-j} = \{(t_i, \hat{t}_{-ij}) \in T_{-j} | (t_i, t_j, \hat{t}_{-ij}) \in \hat{T}\}$ と定義する．補題 2 の証明と同じように $\tilde{z}$ を

$$\tilde{z} = \sup_{t \in \hat{T}} \max_{k \in N} \sup\{m_k^5 \in \mathbb{R}_+ | m_k^5 \in \hat{M}_k^5(t_k)\}$$

と定義する．一般性を失うこと無く，$\{t_j\} \times \hat{T}_{-j}$ 内の全ての状態において $\tilde{z}$ を報告する主体の中で最も番号の小さい主体を主体 j と仮定できる．次のような逸脱戦略 σ_j' について考えよう：全ての $\tilde{t}_j \in T_j$ について，

$$\sigma_j'(\tilde{t}_j) = \begin{cases} (\sigma_j^1(t_j), 1, \hat{f}, h_j', z_j') & \tilde{t}_j = t_j \text{ のとき} \\ \sigma_j(\tilde{t}_j) & \text{それ以外.} \end{cases}$$

ここでは $z_j' > \tilde{z}$ であり，h_j' は社会選択関数である．次はどのように z_j' と h_j' を選択するかを説明する．十分に大きい z_j' を報告することで $\{t_j\} \times \hat{T}_{-j}$ 内の全ての状態において (確率 $1 - \mu$ 以上で) j は整数ゲームの勝者であり

---

[7] ここで均衡の帰結より好ましい帰結をもつ主体が少なくとも 2 人存在することを要請している条件 E は非常に重要である．そのような主体が一人しか保証されていなければ，$j = i$ となる可能性を排除できず，ここで証明は頓挫してしまう．

続ける. $g \circ (\sigma'_j, \sigma_{-j})$ は次のような「くじ」を導く:

$$g(m) = (1-\delta)\hat{f}(m^1) + \delta\left[\frac{z'_j}{z'_j+1}h'_j(m^1) + \frac{1}{z'_j+1}\bar{a}\right]$$

条件 E より,主体 j にとって最適な帰結を近似する社会選択関数 h'_j を選べることに注意.μ は十分小さく取れるので,期待効用の線形性より,

$$U_j(g \circ (\sigma'_j, \sigma_{-j})|t_j) > U_j(g \circ \sigma|t_j)$$

を得られる.しかし,これは σ が均衡であるという仮定に矛盾する.∎

補題 4 各 $i \in N$ と $t_i \in T_i$ について,$\sigma_i(t_i) = (\alpha_i(t_i), 0, \cdot, \cdot, \cdot)$ であり,ルール (1) がプレイされる均衡 $\sigma \in mBNE(\Gamma(T))$ を考える ($\alpha \in \tilde{\mathscr{A}}$ は σ の下での混合虚偽申告である).すると,$\hat{f} \approx \hat{f} \circ \alpha$ である.

補題 4 の証明 :背理法で示す。σ はルール (1) を実現させるものの,$\hat{f} \not\approx \hat{f} \circ \alpha$ となると仮定しよう.この場合,全ての $t \in T^*$ について以下のことが言える:

$$g(\sigma(t)) = \hat{f}(\alpha(t)).$$

$\hat{f}$ は混合ベイジアン単調性を満たすので,次の条件 $(*)$ を満たしている主体 $i \in N$, タイプ $t_i \in T_i$, 社会選択関数 y とが存在する:

$$U_i(y \circ \alpha|t_i) > U_i(\hat{f} \circ \alpha|t_i) \quad \text{かつ} \quad U_i(\hat{f}|t'_i) \geq U_i(y_{\alpha_i(t_i)}|t'_i) \; \forall t'_i \in T_i. \quad (*)$$

次のような逸脱戦略 σ'_i を考えよう.:全ての $\tilde{t}_i \in T_i$ について,

$$\sigma'_i(\tilde{t}_i) = \begin{cases} (\alpha_i(t_i), 1, y, \hat{f}, 0) & \tilde{t}_i = t_i \text{ のとき} \\ \sigma_i(\tilde{t}_i) & \text{それ以外}. \end{cases}$$

ここで $\hat{T}_{-i} = \{\hat{t}_{-i} \in T_{-i} | (t_i, \hat{t}_{-i}) \in T^*\}$ としよう.$g \circ (\sigma'_i, \sigma_{-i})$ は任意の状態 $t \in \{t_i\} \times \hat{T}_{-i}$ において次のような「くじ」を導く:

$$g(\sigma'_i(t_i), \sigma_{-i}(t_{-i})) = (1-\delta)\hat{f}(\alpha(t)) + \frac{\delta}{n}\left((n-1)\hat{f}(\alpha(t)) + y(\alpha(t))\right).$$

他方, $g(\sigma(t))$ は次のような「くじ」を生成する：

$$g(\sigma(t)) = (1-\delta)\hat{f}(\alpha(t)) + \frac{\delta}{n}\left((n-1)\hat{f}(\alpha(t)) + \hat{f}(\alpha(t))\right).$$

期待効用の線形性の仮定より,

$$U_i(g \circ (\sigma'_i, \sigma_{-i})|t_i) > U_i(g \circ \sigma|t_i)$$

を得られるが, これは σ が均衡であるという仮定に矛盾する. ∎

補題 1, 2, 3 そして 4 により, $\hat{f}$ は確実に遂行可能であることが証明される. これで定理 1 が証明できた. ∎

社会選択集合への拡張

ここでは社会選択関数に関する遂行結果をどのようにして社会選択集合へ拡張するかについて簡潔に議論したい.

前の結果を社会選択集合の場合へ拡張する際, ベイジアン遂行の特徴付けに関するもう一つの条件が必要である. この条件の説明のために, いくつか追加の表記を導入する. 各主体 $i \in N$ とタイプ $t_i \in E_i$ とについて $q_i(E_{-i}|t_i) = 1$ であるとき, 事象 (event) $E = E_1 \times \cdots \times E_n \subseteq T$ は信念に関して閉じた部分空間 (belief-closed subspace) であるという. 信念に関して閉じた部分空間 E について, $F(E)$ を F によって E に割り当てられる値域 (range) とする.

社会選択集合 F が閉包 (closure) を満たすとは, 任意の信念に関して閉じた部分集合の組 E, E' について $F(E \times E') = F(E) \times F(E')$ であることをいう. 証明を省略し, ここでは結果のみを報告する[8].

定理 2. 環境 $\mathscr{E}$ が条件 NTI と E を満たし, 3 人以上 $(n \geq 3)$ の主体が存在する. 社会選択集合 F が確実に混合戦略でベイジアン遂行可能であれば, またそのときのみ F と同値な $\hat{F}$ が存在し, かつ $\hat{F}$ は誘因両立性と混合ベイジアン単調性, 閉包を満たす.

---
[8]証明は Serrano-Vohra (2010) の Theorem 1 を参照されたい.

3.6 実質的遂行

この節では確実遂行の条件を緩めた実質的遂行の特徴づけを議論する．まず混合ベイジアン単調性に対応する条件を導入する．

定義 9. 社会選択関数 f が実質的混合単調性を満たすとは，ある誘因両立的な社会選択関数 $x \in \tilde{\mathcal{F}}$ が存在して，任意の混合虚偽申告 $\alpha \in \tilde{\mathcal{A}}$ について，$f \not\approx f \circ \alpha$ のときは常に以下の条件を満たす主体 $i \in N$，タイプ $t_i \in T_i$，社会選択関数 $y \in \tilde{\mathcal{F}}$ が存在する：

$$U_i(y \circ \alpha | t_i) > U_i(x \circ \alpha | t_i) \text{ かつ } U_i(x|t_i') \geq U_i(y_{\alpha_i(t_i)}|t_i') \quad \forall t_i' \in T_i. \quad (**)$$

注意 社会選択関数 f が誘因両立性を満たすと仮定する．そのとき，f が混合ベイジアン単調性をみたすとき，それは実質的混合単調性も満たす．この定義は社会選択集合の場合に拡張できる．社会選択集合 F が実質的混合単調性を満たすとは，任意の $f \in F$ について，ある誘因整合的な社会選択関数 $x \in \tilde{\mathcal{F}}$ が存在し，もしある混合虚偽申告 $\alpha \in \tilde{\mathcal{A}}$ に関して $f \circ \alpha \notin F$ の場合は常に以下のような条件を満たす $i \in N$, $t_i \in T_i$, $y \in \tilde{\mathcal{F}}$ とが存在する：

$$U_i(y \circ \alpha | t_i) > U_i(x \circ \alpha | t_i) \text{ かつ } U_i(x|t_i') \geq U_i(y_{\alpha_i(t_i)}|t_i') \quad \forall t_i' \in T_i. \quad (**)$$

次に，実質的遂行についての主定理を示す．

定理 3. 環境 $\mathcal{E}$ が条件 *NTI* と *E* を満たすと仮定する．社会選択関数 f が混合戦略で実質的ベイジアン遂行可能であることと，f が誘因両立性かつ実質的混合単調性を満たす社会選択関数 $\hat{f}$ と同値であることは等価である．

注意 社会選択関数 f が誘因両立性を満たす場合，f が混合ベイジアン単調性を満たすことは，それが実質的混合単調性を満たすことの十分条件であることは容易に確認できる．言い換えると，確実なベイジアン遂行は実質的ベイジアン遂行の特殊ケースである．この定理の証明は Serrano-Vohra(2010) の Theorem 4 の証明に従っている．

定理3の証明 (必要性)：任意の社会選択関数 $f \in \tilde{\mathscr{F}}$ を固定する．仮定より，全ての $\varepsilon > 0$ について確実にベイジアン遂行可能確実な社会選択関数 f^ε が存在する．定理1より，f^ε は誘因両立性を満たす．期待効用の連続性により，任意の十分に小さい $\varepsilon > 0$ について，f^ε が誘因両立性を満たすならば，またそのときのみ f が誘因両立性を満たす．

$f \not\approx f \circ \alpha$ であるような任意の混合虚偽申告 $\alpha \in \tilde{\mathscr{A}}$ について考える．仮定より f^ε は確実にベイジアン遂行可能なので，f^ε は混合ベイジアン単調性を満たす．もし十分小さい $\varepsilon > 0$ を選べば，$f^\varepsilon \not\approx f^\varepsilon \circ \alpha$ を保証できる．f^ε が混合ベイジアン単調性を満たすならば，以下の条件を満たす $i \in N$, $t_i \in T_i$, 社会選択関数 $y \in \tilde{\mathscr{F}}$ が存在する：

$$U_i(y \circ \alpha | t_i) > U_i(f^\varepsilon \circ \alpha | t_i) \quad \text{かつ} \quad U_i(f^\varepsilon | t_i') \geq U_i(y_{\alpha_i(t_i)} | t_i') \quad \forall t_i' \in T_i.$$

f^ε が誘因両立性を満たしていることは既に証明した．ここで定義9での x を f^ε に置き換えると，f は実質的混合単調性を満たしている．

(十分性)：$\hat{F} = \{\hat{f} \in \tilde{\mathscr{F}} | \hat{f} \approx f\}$ とする．任意の $\hat{f} \in \hat{F}$ を固定する．社会選択関数 $\hat{f}$ が誘因両立性と実質的混合単調性を満たすと仮定する．この証明は仮定された性質と定理1とをフルに利用する．すなわち，任意の $\varepsilon > 0$ について，$\hat{f} \approx_\varepsilon \hat{f}^\varepsilon$ かつ誘因両立性と混合ベイジアン単調性をみたす社会選択関数 $\hat{f}^\varepsilon$ が存在することを示す．

実質的混合単調性より，誘因両立的な社会選択関数 x と社会選択関数 y とが存在し，$f \not\approx f \circ \alpha$ を満たす全ての混合虚偽申告 $\alpha \in \tilde{\mathscr{A}}$ について (**) で示される適切な選好の逆転 (preference reversal) が存在する．$\hat{f}^\varepsilon = (1 - \varepsilon)\hat{f} + \varepsilon x$, $y' = (1 - \varepsilon)\hat{f} + \varepsilon y$ と定義する．$\hat{f}$ と x 両方とも誘因両立性を満たしているので，$\hat{f}^\varepsilon$ も誘因両立性を満たしている．

任意の $\varepsilon > 0$ について，$\hat{f}^\varepsilon$ は混合ベイジアン単調性を満たすことを証明する．期待効用の線形性より，

$$U_i(y' \circ \alpha | t_i) - U_i(\hat{f}^\varepsilon \circ \alpha | t_i) = \varepsilon \left[U_i(y \circ \alpha | t_i) - U_i(x \circ \alpha | t_i) \right].$$

$(**)$ より，
$$U_i(y' \circ \alpha | t_i) > U_i(\hat{f}^\varepsilon \circ \alpha | t_i).$$

また $(**)$ より，
$$U_i(x|t_i') \geq U_i(y_{\alpha_i(t_i)}|t_i') \ \forall t_i' \in T_i.$$

$(1-\varepsilon)U_i(\hat{f}|t_i')$ を上の不等式の両辺を ε 倍したものに加えると，

$$(1-\varepsilon)U_i(\hat{f}|t_i') + \varepsilon U_i(x|t_i') \geq (1-\varepsilon)U_i(\hat{f}|t_i') + \varepsilon U_i(y_{\alpha_i(t_i)}|t_i') \ \forall t_i' \in T_i$$

が得られる．さらに $\hat{f}$ の誘因両立性より，

$$U_i(\hat{f}|t_i') \geq U_i(\hat{f}_{\alpha_i(t_i)}|t_i') \ \forall t_i' \in T_i.$$

前の不等式の中にこの結果を挿入すると，

$$(1-\varepsilon)U_i(\hat{f}|t_i') + \varepsilon U_i(x|t_i') \geq (1-\varepsilon)U_i(\hat{f}_{\alpha_i(t_i)}|t_i') + \varepsilon U_i(y_{\alpha_i(t_i)}|t_i') \ \forall t_i' \in T_i$$

が得られる．期待効用の線形性及び $\hat{f}^\varepsilon$ と y' の定義を考慮に入れると，この不等式は以下のように表現できる：

$$U_i(\hat{f}^\varepsilon|t_i') \geq U_i(y'_{\alpha_i(t_i)}|t_i') \ \forall t_i' \in T_i.$$

まとめると，次のことが言える：任意の混合虚偽申告 $\alpha \in \tilde{\mathscr{A}}$ について，$\hat{f}^\varepsilon \not\approx \hat{f}^\varepsilon \circ \alpha$ のときは常に次の条件を満たす $i \in N$, $t_i \in T_i$, 社会選択関数 $y' \in \tilde{\mathscr{F}}$ とが存在する：

$$U_i(y' \circ \alpha | t_i) > U_i(\hat{f}^\varepsilon \circ \alpha | t_i) \ \text{かつ} \ U_i(\hat{f}^\varepsilon|t_i') \geq U_i(y'_{\alpha_i(t_i)}|t_i') \ \forall t_i' \in T_i.$$

これは $\hat{f}^\varepsilon$ が混合ベイジアン単調性を満たすことを意味する．加えて，構成により $\hat{f}^\varepsilon \approx_\varepsilon \hat{f}$ である．したがって定理 1 により，$\hat{f}^\varepsilon$ は混合戦略で確実にベイジアン遂行可能である．∎

3.7 純粋戦略と混合戦略

　この節では与えられた社会選択関数が誘因両立性を満たす下では，混合ベイジアン単調性と（通常の）ベイジアン単調性とが同等であることを証明する．ベイジアン単調性は，許容される虚偽申告を純粋虚偽申告に制限した混合ベイジアン単調性である．このことは，遂行可能性の点で純粋戦略から混合戦略へと戦略集合が拡大されることによる追加の制約は存在しないことを意味する[9]．

命題 3. 誘因両立性を満たす社会選択関数を f とする．f がベイジアン単調性を満たすことと混合ベイジアン単調性を満たすことは等しい[10]．

命題 2 の証明 定義より，混合ベイジアン単調性を満たしていればベイジアン単調性も満たしている．なぜならば混合ベイジアン単調性は混合虚偽申告全体における適切な選好の逆転の要求を課しており，特殊ケースとして純粋虚偽申告 (pure deception) を含んでいるからである．

　次にベイジアン単調性をみたしていれば混合ベイジアン単調性を満たしていることを証明する．$f \not\approx f \circ \alpha$ であるような，純粋虚偽申告では表現できない混合虚偽申告 $\alpha \in \tilde{\mathscr{A}}$ を考える．まず，α を次のような表現に書き換える。すべての主体 $k \in N$ について，$\beta_k : T_k \to 2^{T_k} \setminus \{\emptyset\}$ が存在し，次の性質を満たす：すべての $t_k, t'_k \in T_k$ について

$$\alpha_k(t'_k | t_k) > 0 \Leftrightarrow t'_k \in \beta_k(t_k).$$

このとき必ず，$f \circ \beta^0 \not\approx f$ を満たす純粋虚偽申告 β^0 が存在する．f は通常のベイジアン単調性を満たすので，以下の条件を満たす主体 $i \in N$，タイプ $t_i \in T_i^*$，社会選択関数 $y^0 : T \to \Delta(A)$ が存在する：

$$U_i(y^0 \circ \beta^0 | t_i) > U_i(f \circ \beta^0 | t_i),$$

---

　[9] もちろん，ここでは条件 *NTI* と *E* を満たす環境を考えなければならない．
　[10] 一般的には，この結果は社会選択集合へは拡張できない．たとえば，Serrano-Vohra (2010) の Example 1 を参照されたい．

かつ，すべての $\tilde{t}_i \in T_i^*$ について，

$$U_i(f|t_i) \geq U_i(y^0_{\beta^0(t_i)}|t_i).$$

まず，β は純粋虚偽申告の集まりとして表現されることに注意する．すなわち，有限のインデックス集合 Λ が存在し，すべての $\lambda \in \Lambda$ について，β^λ は純粋虚偽申告であり，かつ，すべての $t \in T^*$ について，$\beta(t) = \bigcup_{\lambda \in \Lambda} \beta^\lambda(t)$ が成り立つ．さらに，一般性を失うことなく，次を仮定できる：ある二つの異なる $\lambda, \lambda' \in \Lambda$ が存在し，$\beta^\lambda(t) = \beta^{\lambda'}(t)$ となるある状態 $t \in T^*$ は存在しない．この仮定の下，任意の $(t'_i, t'_{-i}) \in T$ について，次の社会選択関数 y^* を定義する：

$$y^*(t'_i, t'_{-i}) \equiv \begin{cases} y^0(t'_i, t'_{-i}) & t'_i = \beta^0_i(t_i) \text{ and } t'_{-i} = \beta^0_{-i}(t_{-i}) \text{ のとき} \\ f(t'_i, t'_{-i}) & \text{それ以外のとき} \end{cases}$$

y^* の構成の仕方，そして β^0 について通常のベイジアン単調性が満たされていることにより，次の不等式を得られる．

$$U_i(y^* \circ \alpha|t_i) > U_i(f \circ \alpha|t_i).$$

また f が誘因両立性を満たすことに注意する．すると，先ほどと同様に，y^* の構成の仕方，そして β^0 について通常のベイジアン単調性が満たされていることにより，次の不等式を得られる：すべてのタイプ $\tilde{t}_i \in T_i^*$ について，

$$U_i(f|\tilde{t}_i) \geq U_i(y^*_{\alpha_i(t_i)}|\tilde{t}_i).$$

これで証明が完成した．■

3.8　完備情報

ここでは，完備情報の環境を扱う．遂行理論の文献では，例えば Maskin(1999) のように完備情報の仮定を満たしているケースも数多く取り扱われている．

定義 10. 環境 $\mathscr{E}$ が**完備情報**（*complete information*）の仮定を満たしているとは，すべての $t \in T^*$ が信念に関して閉じている部分空間であるときをいう．

不完備情報ゲーム $\Gamma(T)$ の下で，σ がベイジアン・ナッシュ均衡とする．完備情報の下では，すべての状態 $t \in T^*$ で，$\sigma(t)$ は完備情報ゲーム $\Gamma(t)$ のナッシュ均衡となることが容易に確認できる．したがって，完備情報の下では，Maskin(1999) が導入したナッシュ遂行は，混合ベイジアン遂行と等しい．

定義 11.（**ナッシュ遂行**（*(mixed) Nash Implementation*））　社会選択関数 f が（混合戦略で）確実に**ナッシュ遂行可能**（*Nash implementable*）とは，次の 2 つの性質を満たすメカニズム $\Gamma = (M, g)$ が存在することをいう：すべての $t \in T^*$ について，*(1)* $NE(\Gamma(t)) \neq \emptyset$；*(2)*　任意の $\sigma \in mNE(\Gamma(t))$ について，$f \approx g \circ \sigma$ である．但し，$mNE(\Gamma(t))$ は，完備情報ゲーム $\Gamma(t)$ の下での，混合戦略ナッシュ均衡の全体集合を表わし，$NE(\Gamma(t))$ は純粋戦略均衡の全体集合を表わす．

ベイジアン遂行がそうであったように，ナッシュ遂行の定義も社会選択集合の場合に拡張できる．しかしながら，ここではその拡張の議論は省略する．Maskin(1999) はナッシュ遂行のための必要条件を導入した．

定義 12. 社会選択関数 f が**マスキン単調性**（*Maskin monotonicity*）を満たすとは，任意の $t, t' \in T^*$ について，もし $f(t) \neq f(t')$ ならば，次の条件を満たす主体 $i \in N$ と「くじ」$y \in \Delta(A)$ とが存在するときをいう：

$$u_i(y; t) > u_i(f(t'); t) \quad \text{かつ} \quad u_i(f(t'); t') \geq u_i(y; t').$$

マスキン単調性は社会選択集合へも拡張できる．社会選択集合 F がマスキン単調性を満たすとは，任意の $f \in F$ と $t, t' \in T^*$ とについて，もし $f(t') \notin F(t)$ ならば常に以下の条件を満たす主体 $i \in N$ と「くじ」$y \in \Delta(A)$ とが存在するときをいう：

$$u_i(y; t) > u_i(f(t'); t) \quad \text{かつ} \quad u_i(f(t'); t') \geq u_i(y; t').$$

完備情報の下では，社会選択集合は『**社会選択対応** (social choice correspondence)』と等しい．$F : T \rightrightarrows \Delta(A)$ が社会選択対応とは，任意の状態 $t \in T$ について，$F(t)$

は $\Delta(A)$ の非空な部分集合を指定するものである.例えば,Maskin(1999) では社会選択対応を用いて分析が行われている.

次の結果は,本稿の主要定理と Maskin(1999) の主定理との関係を明らかにするものである.

補題 5 環境 $\mathscr{E}$ が完備情報の仮定を満たしており,f を誘因両立性を満たす社会選択関数とする.f が混合ベイジアン単調性を満たすことと f がマスキン単調性を満たすことは等しいである.

注意:この結果は混合戦略まで戦略集合を拡張したとしても,誘因両立性とマスキン単調性以外に,遂行可能性にとって必要な条件は無いということを示している.この結果は Maskin(1999) の Theorem 3 と整合的である.さらに,この結果は社会選択集合へと拡張できる.

補題 5 の証明:Kunimoto (2014, Proposition 6 の証明) を参照. ∎

次の結果はよく知られている.

命題 6 環境 $\mathscr{E}$ が完備情報の仮定を満たしていて,少なくとも 3 人の主体がいるとする.任意の社会選択関数 $f \in \tilde{\mathscr{F}}$ について,f と同値かつ誘因両立性を満たす社会選択関数 $\hat{f} \in \tilde{\mathscr{F}}$ が存在する.

命題 6 の証明: 証明略. ∎

命題 2, 6, そして定理 1 の結果を使うと,次の系を得られる.

系 1 環境 $\mathscr{E}$ が条件 NTI, E, そして完備情報の仮定を満たしているとする.加えて主体が少なくとも 3 人以上いることも仮定する ($n \geq 3$).もし社会選択関数 f がマスキン単調性を満たしていれば,f は混合戦略でナッシュ遂行可能である.

この結果も社会選択集合 (対応) に拡張できる．

3.9 おわりに

遂行理論あるいはメカニズムデザインは非常に活発な研究が続いている分野である．この分野を概観，さらには多くの応用例をみるには，日本語文献では坂井・藤中・若山 (2008)，フェルドマン・セラーノ (2009) を参照されたい．英語文献では Jackson (2001)，Serrano (2004) などが参考になる．

謝辞：元原稿 (Notes on Exact and Approximate Bayesian Implementation) からの日本語への翻訳作業およびいくつかの重要なインプットを頂いた一橋大学大学院経済学研究科 (当時) の津川修一君に深く感謝します．本原稿を非常に注意深く読んで頂き，多くのコメントを頂いた龍谷大学の若山琢磨さんに感謝します．そして元原稿に基づいた授業中にコメントを頂いた，シンガポール国立大学の Yi-Chun Chen，Xiao Luo，大学院生，一橋大学の学生にも感謝します．最後に，日本経済研究センター及び山田信託学術研究奨励基金からの研究助成に感謝致します．

参考文献
references

JACKSON, M. (1991): "Bayesian implementation," *Econometrica*, 59, 461–477.

JACKSON, M. (1992): "Implementation in undominated strategies: A Look at bounded mechanisms," *Reveiw of Economic Studies*, 59, 757–775.

JACKSON, M. (2001): "A crash course in implementation theory," *Social Choice and Welfare*, 18, 655–708.

KUNIMOTO, T. (2012): "Notes on exact and approximate Bayesian implementation," mimeo.

KUNIMOTO, T. (2014), "Interim equilibrium implementation," mimeo.

MASKIN, E. (1999), "Nash equilibrium and welfare optimality," *Reveiw of Economic Studies*, 66, 23–38.

SERRANO, R. (2004): "The theory of implementation of social choice rules," *SIAM Review*, 46, 377–414.

SERRANO, R. AND R. VOHRA (2010), "Multiplicity of mixed equilibria in mechanisms: A unified approach to exact and approximate implementation," *Journal of Mathematical Economics*, 46, 775–785.

アラン・フェルドマン，ロベルト・セラーノ (2009):「厚生経済学と社会選択論 (第 2 版)」，飯島大邦・川島康男・福住多一　訳，シーエーピー出版.

岡田章 (2011):「ゲーム理論」，新版（第 1 版，1996 年），有斐閣.

ロバート・ギボンズ (1995):「経済学のためのゲーム理論入門」，福岡正夫，須田伸一　訳，創文社.

ジョン・マクミラン (2007):「市場を創る：バザールからネット取引まで」，瀧澤弘和，木村友二　訳，NTT 出版.

ポール・ミルグロム (2007):「オークション：理論とデザイン」，川又邦雄，奥野正寛　監訳，東洋経済新報社.

坂井豊貴，藤中裕二，若山琢磨 (2008):「メカニズムデザイン—資源配分制度の設計とインセンティブ」，ミネルヴァ書房.

坂井豊貴 (2013)「マーケットデザイン: 最先端の実用的な経済学」，ちくま新書.

一橋大学経済学部編 (2013):「教養としての経済学–生き抜く力を培うために–」，有斐閣.

安田洋祐編著 (2010):「学校選択制のデザイン:ゲーム理論アプローチ」, NTT出版.

第4章
市場のミクロ構造理論における情報ベースモデル

石井良輔

4.1 はじめに

　近年，市場での価格形成において，制度，規制，情報などが果たす役割を対象とする研究領域として，マーケットマイクロストラクチャー（market microstructure）分析は発展してきた．大学の講義で教えられる標準的なミクロ経済学の価格理論では，「需要と供給が等しくなる価格で取引が行われる」という前提の下で議論が進められており，価格決定者が誰なのか，その価格決定者はどのようにして需要と供給に関する情報を集めるのか，といった取引の仕組みは捨象されている．言葉をかえれば，伝統的な価格理論は，決定された価格そのものには興味があっても，価格決定をとりまく制度・環境が価格形成に及ぼす影響をメインの分析対象とすることは稀だった．しかし，最近になって，特に金融資産市場において，個々の投資家の出した注文や取引価格などの詳細な市場データが大量に，場合によってはリアルタイムで利用できる機会が増えたため，市場制度分析への実証研究面からの関心が高まっている．短い単位時間の取引を無数に繰り返す状況で最適化をはかる市場参加者の行動に関する知識は十分ではなく，理論面での整備は急務といえる．本稿では，市場参加者の取引行動を説明する理論の発展過程を概略する．

　当初は在庫ベースの問題に注目した研究が多かったが，最近では情報の経済学に関連した問題が重視されている．本稿で紹介する論文は，一見すると，何

の共通点も見いだせないモデルをランダムに提示しているだけに思えるかもしれないが，実は，市場に偏在する情報が，取引を通じて価格に反映されていく学習過程が共通の関心事となっているのである．

まず，取引所立会場での価格形成メカニズムを分類しよう．大きく分けて，競争売買システム，**マーケットメーカー**（market maker）システム，スペシャリストシステムがある．競争売買システムは，売買注文を一個所に集中させ，価格優先，時間優先等の原則にしたがって機械的にマッチング・取引を行うものである．東京証券取引所が採用しているのはこの方式であり，我々にもなじみ深い．マーケットメーカーシステムは，マーケットメーカーが気配値（価格）(quotation) を提示して投資家からの売買注文を募り自己勘定で応じる方式である．アメリカの店頭市場のNASDAQ，ロンドン証券取引所などが採用しているのがこれである．スペシャリストシステムは，折衷案的なシステムである．スペシャリストは，競争売買システムを基本にしつつ，注文が売り・買いのいずれか一方向に大きく振れたときには自己勘定で買い・売り向かうことができる（向わなければならない）．

ほとんどの取引所における売買は，連続オークション方式という，連続的に約定（execution），取引される形態を採用しているが，注文をすぐには約定させず，一日に何回か一括して約定価格を決定するコールオークション方式が行われているところもある．もちろん，各市場がただ一つの方式を採用しているというわけではなく，取引時間帯によって異なる方式が採用されていることもある．東京証券取引所やニューヨーク証券取引所での取引開始（寄り付き）はコールオークション，寄り付きの約定の後（ザラバ）は連続オークションで取引がなされる．証券市場の制度的な仕組みについてさらに知りたい読者は，東京証券取引所が発行している「東証公式株式サポーター」(2012) という解説書を薦める．

こうした制度の違いはその結果形成される価格の違いにつながるのだろうか．つながるのであれば，その差異は個々の市場参加者がもつ情報や投資家が直面している制約などをどのように反映しているのだろうか．もし何らかの傾向があるのならば，それを利用して高い収益をあげられるかもしれない．

実証研究では様々な「傾向」が観察されている．例えば，始値のボラティリティは終値のそれよりも高い．これと並んでよく知られる現象は，出来高（turnover, trading volumes），ボラティリティ，スプレッドのU字型パターンである．寄り付きが一番高く，その後のザラバでは低下して，取引終了（引け）で再び上昇するのが一般的である．「デイトレードは午前9時半までの最初の30分間が勝負」などという俗説は，この現象をよく反映しているといえよう．こうした「傾向」には，近年，高い学術的関心が集まっているが，まだ理論的に明確な結論が得られたとはいえない状況である．

マーケットメーカーには，各々が担当する銘柄について，いつでも投資家の売買注文の相手方になる義務がある．これは市場で投資家の注文が約定されやすくするためである．マーケットメーカーの提示する買いの価格（bid）と売り（ask）の価格は異なる．ビッド・アスクはそれぞれマーケットメーカーの買い取り額・売却額を示すので，売りたい・買いたいと思っている投資家に提示される．通常マーケットメーカーは，ビッドに比べてアスクを高く提示する．この差が**ビッド・アスク・スプレッド**（bid-ask spread）であり，即時性提供にかかわる手数料といえる．

仮に，提示価格での売り手と買い手が同時に現れるならマーケットメーカーは株式と現金を右から左へ受け流すだけで確実に正の利益を得られるが，一方のみしかない状況が続くと，在庫（株式）を過剰に抱えたり，在庫不足になったりという状況に陥ってしまう．例えば，売り手だけしか来なくて在庫過剰になったときにはビッド・アスクをともに下げ，売り手を減らし買い手の登場を待つ．こういった，抱えている在庫を平準化する動きからスプレッドの変動を説明するのが在庫アプローチであり，初期のマーケットマイクロストラクチャーモデルで主に分析されていたものである．

近年のモデルには，投資家のタイプをさらに細分化して，それぞれが自らのもつ選好・情報の下で合理的に行動した結果としての価格の形成を考察しているものが多い．よくある分類は，市場価格に反映されていない情報をもつ投資家を**情報投資家**（informed trader），それ以外の投資家を**非情報投資家**（uninformed trader）と呼ぶというものである．さらに，なんらかの流動性理由

によってやむなく取引せざるを得ない流動投資家を導入することもある．もし市場に情報投資家がいるなら，非情報投資家は情報投資家と取引をしてしまうと，その情報の非対称性からカモにされ損失を被るので，情報投資家がいないであろう市場，取引時点を選んで取引しようとするだろう．これに対して情報投資家は，自らの情報を基にどのように取引を行えば利益を最大化できるだろうか．直観的には，できるだけ自らの情報・行動を隠しておくことを好みそうであるが，その術はあるのだろうか．また，情報投資家が隠れたがっているという事実を前提として，（これに加えて情報投資家がいない市場は他に存在しないとして，）非情報投資家はどう対応すればよいのだろうか．情報ベースのマーケットマイクロストラクチャーの一連の研究では，このような状況における戦略的行動が様々な設定の下で分析されている．

4.2 逐次取引モデル

在庫コストと取引コストは重要な要因であるが，情報コストも価格に影響を与えている．本節では初期の情報ベースモデルと，そこから派生した逐次取引モデルと呼ばれる一連の研究を紹介する．

Copeland and Galai (1983)

情報コストを導入したモデルを最初に分析したのは Copeland and Galai (1983) である．そこで分析されているモデルでは，一部の投資家が情報優位にあることを所与として一人のリスク中立で競争的なマーケットメーカーが価格を設定する．株価 P は密度関数 $f(P)$ で外生的に与えられている．一部の投資家は真の資産価値を知っており（情報投資家），他の投資家は特に有利な情報をもっているわけではない（非情報投資家）．価格とは独立な確率過程にしたがって投資家が市場に現れる．この投資家が情報投資家である確率は π_1，非情報投資家である確率は $1-\pi_1$ である．マーケットメーカーが気配値を提示するときに

は,実際に市場に来て注文を出しているのが情報投資家なのか非情報投資家なのか分からない.市場に来たのが非情報投資家の場合,提示されている気配値に関係なく,確率 π_{BL} で1単位買い,確率 π_{SL} で1単位売り,確率 π_{NL} で全く取引しない.情報投資家は自らの利益を最大にするように,1単位買い,1単位売り,無取引から選択する.

このとき,マーケットメーカーの損益は次のように計算可能である.対情報投資家の取引では

$$\int_{P_A}^{\infty}(P-P_A)f(P)dP + \int_0^{P_B}(P_B-P)f(P)dP$$

の損失を被る.ただし,P_A, P_B はそれぞれマーケットメーカーのビッドとアスクとである.これに対して,対非情報投資家の取引では

$$\pi_{BL}(P_A-P) + \pi_{SL}(P-P_B) + \pi_{NL}(0)$$

の利益がある.

マーケットメーカーには取引相手が情報投資家であるか否かが分からないので,期待損益を次のように計算する.

$$-\pi_1 \left[\int_{P_A}^{\infty}(P-P_A)f(P)dP + \int_0^{P_B}(P_B-P)f(P)dP\right]$$
$$+(1-\pi_1)\int_0^{\infty}[\pi_{BL}(P_A-P) + \pi_{SL}(P-P_B) + \pi_{NL}(0)]f(P)dP$$

これがマーケットメーカーの目的関数であり,それを最大化する P_A, P_B が最適な気配値になる.競争的な状況を考えるならば利潤ゼロである.

ここで注意すべきことは,マーケットメーカーがリスク中立で競争的であるにもかかわらず,正のビッド・アスク・スプレッドが設定される点である.初期の在庫モデルにおいてスプレッドの源泉とされたリスク回避性やマーケットメーカーの市場支配力,在庫効果,取引コストはこのモデルでは仮定されていない.この,静学的な1期間の取引モデルに動学を導入すると,「取引が行われることそれ自体によって情報が漏れ出ていく」ことになる.この発想は,以降

の研究につながっていく．

Glosten and Milgrom (1985)

Glosten and Milgrom (1985) は Copeland and Galai (1983) と似た設定での動学を考えている．マーケットメーカーや投資家はリスク中立的かつ競争的と仮定され，取引される資産価値は V（確率変数）である．どの取引もマーケットメーカーを介しており，1単位の売買である．再び，取引コストや在庫コストの類は存在しない．

このモデルで仮定されている情報の非対称性から，非情報投資家はある問題に直面している．モデルの構造上，情報投資家が自らの私的情報から得る利益の源泉は非情報投資家のはずである．仮に非情報投資家が取引を行う理由が投機的なものであるならば，取引をすると確実に損をすることは分かっていることなので，非情報投資家は常に取引を行わないのが最適である．すなわち，非情報投資家は投機以外の目的で取引することが必要であり，なんらかの外生的な理由で取引せざるを得ない流動投資家を導入する．

モデルでは一人ずつ投資家が市場にやってきて取引する．もし情報投資家が一度にで好きなだけ多くの取引をできるならば，それを察知したマーケットメーカーにより情報投資家の私的情報は瞬時に価格に反映されるはずである．こうならないよう，Glosten and Milgorm (1985) では，確率的に逐次選ばれた投資家が高々1単位しか取引できないと設定している．さらなる取引をしたい投資家は，一旦投資家集団のプールに戻り，再び選ばれるのを待つことになる．

マーケットメーカーの提示する気配値では，どの取引の（条件付き）期待利潤もゼロになっている．もう少し詳細には，その取引が実際に生じたときの資産価値の条件付き期待値と等しくなるように価格を設定する．これは，「もしその取引が生じたとすれば結果として妥当な価格」という意味で「後悔しない」気配値になっている．例えばビッドは，投資家がマーケットメーカーの提示した価格で売りたくなることを所与としたときにマーケットメーカーにとっての

資産価値の期待値である．投資家から売買注文があったという事実が**シグナル**（signal）として機能し，このシグナルを織り込んでマーケットメーカーは自らの信念を更新し，次の気配値を設定する．

時間を通じた価格の調整はマーケットメーカーの信念の更新と並行する．したがって，逐次取引モデルにおける価格過程の考察はマーケットメーカーの情報取得過程と学習の分析と同じことである．

Glosten and Milgrom (1985) はかなり一般的なモデルを考えているが，ここではより単純なモデルで簡潔に結果を示すことにする．資産の真の価値は L（低い）または H（高い）のいずれかとする．情報投資家は真の価値（それぞれ $\underline{V}, \overline{V}$）を知っている．$S_1$ は時点1で投資家が売り注文を出す事象，B_1 は時点1で投資家が買い注文を出す事象とする．このとき，時点1でマーケットメーカーが設定する気配値は次のようになる．

$$a_1 = E[V|B_1] = \underline{V}\Pr\{V=\underline{V}|B_1\} + \overline{V}\Pr\{V=\overline{V}|B_1\}$$
$$b_1 = E[V|S_1] = \underline{V}\Pr\{V=\underline{V}|S_1\} + \overline{V}\Pr\{V=\overline{V}|S_1\}$$

マーケットメーカーはベイズ学習を行っているので，ここで出ている確率はベイズの公式（Bayes rule）の適用により求められる．例えば

$$\Pr\{V=\underline{V}|B_1\} = \frac{\Pr\{V=\underline{V}\}\Pr\{B_1|V=\underline{V}\}}{\Pr\{V=\underline{V}\}\Pr\{B_1|V=\underline{V}\} + \Pr\{V=\overline{V}\}\Pr\{B_1|V=\overline{V}\}}$$

である．図4.1を見ながら取引の手順を詳細に見ていこう．

まず最初に良いニュースまたは悪いニュースのいずれかが生じる．次に投資家集団のうち μ の割合の人が，その情報を学習する．その後，投資家プールの中から選ばれた投資家が取引を行う．情報投資家は，良いニュースが生じていれば確率1で買う（悪いニュースが生じていれば確率1で売る）．非情報投資家は，情報面ではマーケットメーカーと全く同一のものをもっており，投機的注文は損をするだけなので出さない．ただ，なんらかの流動的理由により，非常に小さい確率で取引をせざるを得ない状況に陥ることがあり，その場合は嫌々売買する．

98　第 1 部：制度設計の諸問題：環境条約，ベイジアン遂行，取引構造

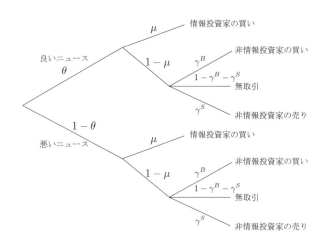

図 4.1: 逐次取引のツリー

　ある特定の取引が行われる確率の計算は，対応するツリーの経路上の数字の積で計算される確率を足し算すればよい．例えば売りの取引を観察する確率は

$$\theta(1-\mu)\gamma^S + (1-\theta)\mu + (1-\theta)(1-\mu)\gamma^S = (1-\mu)\gamma^S + (1-\theta)\mu$$

である．逐次取引モデルで，より複雑な取引を考えたければ，追加的な意思決定をツリーに書き加えればよい．

　時点 1 での気配値に応じて正の確率で取引が発生する．例えば買いであったとすると，マーケットメーカーは，その取引が発生したという情報を基に $V = \overline{V}$ である**事後確率**（posterior probability）を計算する．これは最初に気配値を計算する際に用いた $\Pr\{V = \overline{V}|B_1\}$ のことであるが，マーケットメーカーは**事前確率**（prior probability）のかわりにこの事後確率を用いて資産価値の期待値を計算し，時点 2 の気配値を設定する．次期以降の信念，気配値の更新・設定も同様の方法で逐次行われる．ベイズ学習を通して，最終的には価格が真の資産価値に収束する．

　Glosten and Milgrom (1985) は，Copeland and Galai (1983) と同様，取引コストや在庫コストがなくとも正のスプレッドが生じることを示し，さらに情報が

どのようにスプレッドに影響を与えるかを特徴づけた.

　次に重要な点は取引価格が**マーチンゲール**（Martingale）であることである. これは直観的には,「将来価格の予想には, 現在価格を用いるだけで十分で, 過去の価格変化には一切の情報価値がない」ということを意味する. このモデルでの価格過程はマーチンゲールなので, 価格過程の一次階差は系列相関をもたない. これは, 在庫コスト, マーケットメーカーのリスク回避性や市場支配力を仮定したときに生じる負の系列相関とは対照的な結果である.

　また, Glosten and Milgrom (1985) のモデルは, ある条件下では情報の非対称性によって**アドヴァースセレクション**（adverse selection）が生じ, 市場の崩壊・閉鎖につながる可能性も示している. 情報投資家の比率があまりにも高いと, マーケットメーカーの設定するスプレッドが大きくなりすぎ, すべての投資家が取引を躊躇するようになりかねない. しかし, 取引がないと情報が価格に反映されることはなく, すなわち, スプレッドが縮小することはありえず, 市場システム自体が機能しなくなってしまう. 今考えているものとは別の市場構造を採用すればこのような事態を回避できるか否かの考察は, 将来の検討課題といえそうである.

　これら2つのモデルでは, 情報の非対称性がスプレッドの源泉であるという帰結を導いた. ここからまず浮かんでくる疑問は頑健性についてである. この結果は他の様々な取引環境にも適用可能なのだろうか. また, その他の市場現象も, 情報の非対称性によって上と同様に説明できるのだろうか. Glosten and Milgrom (1985) に続く逐次取引モデルは, こういった疑問に答えるようにモデルの拡張がなされている.

Easley and O'Hara (1987)

　Easley and O'Hara (1987) のモデルは, 基本的には Glosten and Milgrom (1985) と同様であるが, 二つの面で大きく異なっている. 第1に, 投資家が取引規模（大口, 小口）(trade quantities (larger sell / buy size, smaller sell / buy size) を選べ

るため，取引規模に関する情報投資家の戦略的行動が証券価格に及ぼす影響を分析できる．第2に，新たな情報の存在に関する不確実性が加わる．Glosten and Milgrom(1985) とは違い，新たな情報が存在するとは限らない．取引前に，確率 α で資産価値に関するシグナルが生じ，生じたならば，シグナルは L, H の2つの値をそれぞれ確率 δ, $1-\delta$ でとり，全投資家のうち μ の割合の投資家がシグナルを受け取る．シグナルが生じなければすべての投資家は非情報投資家である．存在すること自体は広く知られているものの詳細については知られていない情報のほとんどはインサイダー情報（企業のトップによる臨時記者会見直前の関係者のもつ私的情報など）であり，そこでの取引は禁止されているだろう．その観点から，この二重の不確実性は実際の証券市場を考える際には自然な仮定と考えられる．

Glosten and Milgrom (1985) と同様に，取引は逐次的に発生する．マーケットメーカーは，新たな情報があるのかどうか知らない．投資家には小口か大口の買い注文（それぞれ B_1, B_2）を出すか，小口か大口の売り注文（S_1, S_2）を出すか，取引しないという選択肢がある．情報投資家は情報優位性を最大限活用して行動するため，非情報投資家が大口取引を行うとき，そしてそのときに限り，自らも大口取引を行うはずである．そうでなければ，大口取引が行われたときには，マーケットメーカーは，この取引が情報投資家によってなされたものであると知ってしまうことになり，気配値は情報投資家の私的情報を完全に反映した値になるだろう．

各取引または無取引の後にマーケットメーカーは次の気配値を設定する．情報投資家はリスク中立的であるとする．情報投資家にとって，他の条件が同じなら取引規模は大きければ大きいほどよい．そのため，合理的なマーケットメーカーにとっては，大口注文は情報投資家のもつ私的情報のシグナルにほかならないので，注文規模に応じて異なる気配値を提示する．

均衡の形は，情報投資家が大口取引をしたがるかどうか（というマーケットメーカーの予想）に依存する．もちろん，情報投資家の行動はマーケットメーカーの提示する気配値に左右される．ここで，一つ重要な仮定を置く．情報投資家は，一旦選ばれると，将来再び自分の番が回ってくる可能性がゼロに近い

ため,確実に取引を行うこととする.これを「情報投資家の競争的行動」と呼ぼう.そうでないならば,意思決定問題が複雑すぎ,均衡が存在するにしても導出が困難になる.次節以降の一括取引モデルでは,情報投資家の戦略的意思決定が分析されるが,本節では競争的と仮定する.

このモデルには**部分分離均衡**(partially-separating equilibrium)と**一括均衡**(pooling equilibrium)の2種類の均衡が存在する.部分分離均衡では,情報投資家は大口の取引のみを行う.一括均衡では,情報投資家は大口注文も小口注文もともに出すことで,その行動は非情報投資家の行動と「一括に」される.

部分分離均衡の解き方は次の通り.まず情報投資家が必ず大口注文を出すと仮定する.非情報投資家の意思決定は外生的に与えられているので,この時点でマーケットメーカーの気配値設定問題を解くことができる.今度は,そのマーケットメーカーの気配値を所与として情報投資家が,小口注文を出すのに比べて,大口注文を出すことが最適になっていることを確認すればよい.

情報投資家が大口注文しか出さないとすると,小口の取引は非情報投資家しか行わないことがわかり,非情報投資家と同じだけの情報をもつマーケットメーカーにはスプレッドを設定する理由はない.つまり小口取引にスプレッドは存在しない.

大口取引にはスプレッドがある.

$$b^* = V^* - \frac{\sigma_V^2}{\overline{V} - \underline{V}} \left[\frac{\alpha\mu}{X_S^2(1-\alpha\mu) + \alpha\mu\delta} \right]$$

$$a^* = V^* - \frac{\sigma_V^2}{\overline{V} - \underline{V}} \left[\frac{\alpha\mu}{X_B^2(1-\alpha\mu) + \alpha\mu(1-\delta)} \right]$$

ただし,V^* は $V \in \{\underline{V}, \overline{V}\}$ の条件付き期待値,X_S, X_B はそれぞれ大口の売り注文,買い注文をする非情報投資家の割合,σ_V^2 は V の分散,$\alpha\mu$ は情報投資家の取引確率(情報事象が起こる確率 α と事象が生じたときの情報投資家の割合 μ の積)である.この気配値下で,情報投資家は小口取引よりも大口取引の利益が小さくならないときだけ,大口取引を行うことになる.大口取引の方が価格面では不利であり,この不利さを取引量の多さによって補わなければならない.

つまり，上式が均衡気配値となるためには，以下の条件が成り立つ必要がある．

$$\frac{S_1}{S_2} \geq 1 + \frac{\alpha\mu\delta}{X_S^2(1-\alpha\mu)}$$

$$\frac{B_1}{B_2} \geq 1 + \frac{\alpha\mu(1-\delta)}{X_B^2(1-\alpha\mu)}$$

この式は，大口の取引規模が十分に大きいか，情報投資家の比率が十分に小さいことを表している．

　この条件が満たされないと，そのときの市場は部分分離均衡になり得ない．しかし，一括均衡にはなり得る．ここでは詳しく述べないが，解き方は部分分離均衡の場合と同様である．情報投資家が大口と小口の取引をともに行うと，今度はマーケットメーカーが大口の取引だけでなく，小口の取引にもスプレッドを設定することになる．しかし両者のスプレッドの大きさは異なるので，部分分離均衡の場合と同様に，有利な価格と大量取引との間のトレードオフが発生る．また，小口取引量に対する大口取引量の水準は気配値に影響し，相対的に大口買い取引量が大きい場合には，アスクはより低く，ビッドはより高く設定される．

　Easley and O'Hara (1987) のモデルでは，新たな情報が存在するか否かとその情報が良いか悪いかに関して二重の不確実性があり，Glosten and Milgrom (1985) とは異なる価格経路を示す．例えば，部分分離均衡下で，マーケットメーカーが小口気配値を設定する意思決定問題を考えよう．ここでは小口の取引がなされたという事実のみからマーケットメーカーは学習することができるのである．それは取引が売りであっても買いであっても同じである．非情報投資家の取引であっても，「新たな情報がない」というシグナルになるのである．新たな情報がないときには，市場に情報投資家がいないので，小口取引の比率が高くなる．これを踏まえると，追加的に1回の小口取引注文があると，「新たな情報がある」というマーケットメーカーの信念は低下する．大口売り注文の直後に小口取引が続くときの価格経路を例に考えてみよう．売りの大口取引は低い価格で約定するが，直後の小口注文に関する気配値は，新たな情報の存在に関する不確実性の有無によって異なる．確実に新情報が存在する場合には，

小口取引はマーケットメーカーの信念に影響しないので，大口取引後の気配値は下がったままで小口取引前後で変わらない．新たな大口取引により信念を更新するまでは気配値はこの水準を保つ．新たな情報の存在が不確実な場合はどうだろうか．大口売り注文が約定した価格水準と比べると，直後の小口取引の後に気配値が小幅に反発するのである．これは情報の存在に関するマーケットメーカーの信念が更新された結果であり，この小口取引が売りか買いかを問わず反発する．この現象は，実際に観察されている値動きと整合的である．

この情報の存在に関する不確実性により，取引価格は，現在の取引のみでなく，過去の一連の取引にも左右されることが分かる．つまり価格はマーチンゲールではあるかもしれないが決して**マルコフ過程**（Markov process）ではないのである．つまり，将来の値動きが過去に実現した値動きとは無関係に，現在値のみに依存するというわけではないのである．価格がマルコフ過程でないことを前提とすると，関連する経済現象の実証研究は困難を極める．価格に対する情報の影響は，初期のモデルにおける，単に「バランスをとる」だけにとどまらず，はるかに複雑になる．

逐次取引モデルの長所と短所

逐次取引モデルによって，ビッド・アスク・スプレッドを特徴付けることができる．すなわち，市場規模や大口・小口取引の比率などによって気配値やスプレッドがどのように変化するかが明らかになり，情報の非対称性と価格過程との関係を分析できるのである．

逐次取引モデルでは，価格が最終的には完全情報値に収束することが示されているが，具体的な収束に「どれくらい長い時間がかかるのか」という問題については何も述べられていない．情報が価格に織り込まれていくスピードが分かれば，応用面では，市場制度のデザイン次第で，より市場の効率性の達成が促進されるための手掛かりになるかもしれない．この問題に関する研究は色々となされているものの，現実の価格調整スピードの特徴付けは引き続き難しい

課題として残されている.

　上で詳細に紹介した両モデルでは,投資家は所謂**待ち行列**（queue）をつくって順番に取引が生じている.選ばれた投資家は一度だけ取引でき,さらなる取引を望むならば待ち行列（のおそらく最後尾）から再出発しなければならない.この定式化には次のような問題が考えられる.現実の市場における情報投資家は価格が完全に調整されるまではいくらでも取引したがるはずである.モデル内においてこれが可能ならば,情報投資家が一度取引を始めれば,売買の一方向のみで大量の取引が行われるため,マーケットメーカーは注文状況から情報投資家の私的情報を直ちに知ることができ,価格は一瞬で調整されてしまうだろう.この問題の解消には,例えば,どんなに大量の取引が生じるとしても情報投資家から生じるのは取引の中の一定比率に過ぎないといった仮定が必要になるが,こうした仮定によって,情報の非対称性が取引を通じて徐々に解消されるという結果を導出することが可能になる一方で,現実の市場の説明を放棄することにもつながりかねない.

　それに関連して,情報投資家と非情報投資家がともに何回でも取引したがっているという仮定も問題である.確かに情報投資家にとっては取引を可能な限り多く行うことが最適であるが,何らかの流動的な理由により選ばれた非情報投資家の取引意欲が不変であるとは考えがたい.しかし,非情報投資家が取引後に市場から完全に消えてしまうものとすれば,情報投資家と非情報投資家の比率が時間を通じて一定というモデルの枠組みは現実を反映していないことになる.

　情報投資家の競争的行動を仮定することで,他の様々な状況下では合理的と解釈され得る,取引を遅らせたり偽装したりといったような行動があらかじめ排除されてしまっている.

　こういった問題（の一部）を取り扱うために,次節では,取引が逐次発生するという状況を一旦忘れて,取引が単一価格で行われる一括取引モデルを考察する.そこでは,（情報）投資家の戦略的行動とそれに対する損益を分析することができる.しかし,単一価格をとる構造の採用によって,個々の投資家の注文やマーケットメーカーの気配値設定などは必然的に捨象されてしまう.この

点を検討する研究も存在するが，本稿では省略する．

4.3 一括取引モデル

多くの場合，情報投資家は，利益最大化のために戦略的に行動する．本節で検討する一連のモデルは，合理的期待理論と深く関係しており，どの市場参加者も，他の市場参加者のもつ情報に関して自分の観察できる市場データを基に推論を行う．最初に，唯一の情報投資家が自らの情報優位性を活用して利益を最大化する問題を Kyle (1985) を基に検討する．その後，非情報投資家の戦略的行動を導入するなど，Kyle (1985) モデルの拡張を行う．

Kyle (1985)

ただ一人の情報投資家が情報を占有している場合,「情報独占者」の立場を最大限活用し，自分の取引がどのように価格変動に影響するかを考慮して取引規模・頻度を決定するだろう．このため，情報投資家は，非情報投資家のとるであろう行動や，マーケットメーカーの価格戦略を正しく予測しつつ，自らの利益を最大化するように行動する．

Kyle (1984,1985) が，こういった戦略的状況を分析した最初のモデルである．Kyle (1984) は先物市場での投機家の行動分析が主目的であり，かなり複雑なモデルが考えられているが，Kyle (1985) の枠組みは比較的単純で，ある一種類の資産を売買する市場において，リスク中立な情報投資家一人と情報をもたない流動投資家多数が，成行注文を出し，リスク中立なマーケットメーカーが，単一価格で全取引の相手方になる．このモデルでは，情報投資家による，私的情報を最大限活用した取引戦略が詳細に特徴付けられている．この情報投資家の戦略的行動を所与として，今度は，情報が時間を通じて証券価格の中に織り込まれる過程を分析できるのである．

Kyle (1985) モデルでは，取引開始前に，唯一のリスク中立な情報投資家が，真の資産価値 v を知る．他の市場参加者は，資産価値 v は平均 p_0，分散 Σ_0 の

正規分布に従うことのみを知っている．まず Kyle (1985) が分析したのは取引機会が一度限りのモデルである．そこでは，投資家たちは同時に成行注文を出し，マーケットメーカーが純注文量に応じて取引価格を決める．その後，時間に関してモデルを拡張し，逐次オークション（有限多期間モデル）と連続オークション（連続期間モデル）の枠組みを分析している．これらは直観的には同一視可能なので，本小節では単純な単一期間モデルを中心に取り扱う．

マーケットメーカーは個々の注文は観察不可能であり，集計された純注文量のみに基づいて市場清算価格を決定する．この純注文量を見るだけでは，情報投資家の注文量や非情報投資家の注文量が個別にいくらなのか分からないが，情報投資家の私的情報に関するシグナルにはなっている．

逐次取引モデルと同様に，投機以外の理由で取引する非情報投資家が存在しなければ，そもそも情報投資家にとって正の利益があるような取引は成立しない．Kyle (1985) では，ノイズトレーダー（noise trader）をここでの非情報投資家としている．ノイズトレーダーは戦略的に行動せず，平均 0，分散 σ_u^2 の正規分布に従う確率変数 u だけの注文量を出す．u と v は独立である．このノイズトレーダーは，無数にいる非情報投資家を集計して一人と表したものと解釈できる．

情報投資家は u の実現値は知らないものの，その確率分布は知っており，u と合算させることで自分の取引をマーケットメーカーに「隠す」ことができる．

取引手順は以下の通り．まず，真の資産価値 v とノイズトレーダーの注文量 u が実現し，情報投資家は自らの取引量 x を決定する．次に，マーケットメーカーは純注文量 $x+u$ を観察し，取引価格 p を設定する．均衡における情報投資家の利益は $(v-p)x$ である．

均衡では，マーケットメーカーは，注文量 $x+u$ を所与としたときの条件付き期待資産価値に等しくなるように価格を設定する．この条件は逐次取引モデルでの気配値設定と似ている．実は Kyle (1984) では，同様の単一期間取引で，マーケットメーカーが「不完全競争的」なモデルを考察しており，そこでは，複数人のマーケットメーカーが自らの期待利益を最大化するように指値注文 (limit order) 計画（価格水準がいくらであったら自分は何単位を上限に売買

する意思がある，という行動計画）を提示し，純成行注文 (market order) 量が
マーケットメーカーの指値注文の合計と等しくなるように価格が決定される．
この文脈に照らし合わせてみると，本モデルでの価格付けは，指値注文を行う
マーケットメーカーが無限人存在して，結果的に各マーケットメーカーの期待
利益がゼロになるような状況であると解釈することもできる．

マーケットメーカーの価格戦略を $P(x+u)$ とすると，均衡価格は

$$P(x+u) = E[v|x+u]$$

を満たしているはずである．これを所与として，情報投資家の最適な注文戦略
X は，すべての可能な注文戦略 X' に対して

$$E[\pi(X(\cdot),P)|v] \geq E[\pi(X'(\cdot),P)|v]$$

を満たさなければならない．このとき，価格は情報投資家の私的情報を完全に
は反映せず，情報投資家の期待利益は正である．

このモデルの均衡は次のようになる．

$$X(v) = \beta(v - p_0)$$
$$P(x+u) = p_0 + \lambda(x+u)$$

ただし

$$\beta = \sqrt{\frac{\sigma_u^2}{\Sigma_0}}, \ \lambda = \frac{1}{2}\sqrt{\frac{\Sigma_0}{\sigma_u^2}}$$

である．この均衡は，直後に述べる，正規分布に従う確率変数の条件付き分布
の公式を利用して導出される．$\theta = (\theta(1), \theta(2))$ が正規分布 $N_2(\mu, \Sigma)$ に従い，Σ
が正則ならば次が成立する．

$$E[\theta(1)|\theta(2)] = \mu(1) + \Sigma_{12}\Sigma_{22}^{-1}(\theta(2) - \mu(2))$$

ただし

$$\Sigma = \begin{pmatrix} \Sigma_{11} & \Sigma_{12} \\ \Sigma_{21} & \Sigma_{22} \end{pmatrix}$$

である．

　均衡導出の手順を詳細に見てみよう．取引前のマーケットメーカーにとっての資産価値は正規分布 $N(p_0, \Sigma_0)$ に従っている．情報投資家が $x = \beta(v - p_0)$ という線形の注文戦略をとるならば，純注文量 θ は

$$\theta = x + u = \beta(v - p_0) + u$$

となるので

$$\frac{\theta}{\beta} + p_0 = v + \frac{u}{\beta} \equiv Z$$

である．ここで Z は正規分布 $N(v, \sigma_u^2/\beta^2)$ に従う．Z を観察したマーケットメーカーは，上の公式で信念を更新し，事後信念は平均

$$p_1 = \frac{\frac{p_0}{\Sigma_0} + Z\frac{\beta^2}{\sigma_u^2}}{\frac{1}{\Sigma_0} + \frac{\beta^2}{\sigma_u^2}},$$

分散

$$\Sigma_1 = \frac{1}{\frac{1}{\Sigma_0} + \frac{\beta^2}{\sigma_u^2}}$$

の正規分布となる．さらに $\theta = x + u$ を踏まえて式を整理すると次のようになる．

$$p_1 = p_0 + \lambda(x + u)$$

こうして，確かに価格は純注文量に関して線形になる．情報投資家はこのことを正しく予測しており，自らの目的関数は取引量の二次関数になり，最適注文戦略は資産価値に関して線形になる．マーケットメーカーは情報投資家の意思決定問題及びそこから得られるであろう均衡結果を正しく予想しており，β に当該式を代入することができる．

　価格と売買高の線形関係から，事前におけるノイズトレーダーの期待注文量が倍になると，情報投資家の注文量も倍になる．興味深いことに，これらが価格に与える影響は相殺されて，価格に事前の意味で変化はなくなってしまう．この事実は

$$p_1 = p_0 + \frac{1}{2}\sqrt{\frac{\Sigma_0}{\sigma_u^2}}\left(\sqrt{\frac{\sigma_u^2}{\Sigma_0}}(v - p_0) + u\right)$$

であることに注意すると簡単にわかる.σ_u^2 の大小変化は,均衡における x と λ の両方に影響し,結果,相殺される.これは,市場における価格変動の要因は出来高にはないということを意味している.

取引によって情報投資家の私的情報のうち一部のみがマーケットメーカーの新たな信念に反映される.しかし,新しい市場価格 p_1 が必ずしも真の資産価値 v に近付くとは限らない.取引価格は,実際の純注文量に線形に変化するので,ノイズトレーダーの注文の比率が非常に高い場合には,価格が v から遠ざかってしまう可能性は大いにある.「情報の顕示」を考えるには,平均ではなく分散を見る必要がある.事後分布の分散は

$$\Sigma_1 = \frac{1}{\frac{1}{\Sigma_0} + \frac{\beta^2}{\sigma_u^2}} = \frac{\Sigma_0 \sigma_u^2}{\sigma_u^2 + \sigma_u^2} = \frac{1}{2}\Sigma_0$$

となる.つまり,情報投資家の注文戦略により市場価格が顕示するのは情報のちょうど半分,というわけである.

この資産について同様の取引が十分な回数の取引が行われると,分散が急速にゼロに収束するようにも思われる.しかし,一度限りのモデルでの結果が,取引が何度も行われるときに,各期の取引で成立するとは限らない.取引が一度限りのモデルでは,情報投資家が考慮しなければならないのは,自分の取引がその期の価格に及ぼす影響だけだったのに対し,取引機会が何度もやってくる場合には,取引が顕示する情報によって変化する,以降の多期間に及ぼす影響も考えなければならなくなる.仮に,情報投資家が早い段階で大量の取引を行うと,自らのもつ私的情報の多くを顕示してしまい,その後に自分にとって不利な気配値の実現という「ペナルティ」がある.

Kyle (1985) では,一日の間に N 回の取引が行われる多期間モデルについても考察されている.ノイズトレーダーのポジション $\tilde{u}(t)$ が**ブラウン運動**(Brownian motion)に従う,すなわち,各期 n のノイズトレーダーの注文 $\Delta \tilde{u}_n$ が平均 0,分散 $\sigma_u^2 \Delta t_n$ の正規分布に従うと仮定する.どの期のノイズトレーダーの取引量も,他の期のノイズトレーダーの取引量と独立であると仮定する.

第 n 期以降の情報投資家の利益は

$$\tilde{\pi}_n = \sum_{k=n}^{N} (\tilde{v} - \tilde{p}_k) \Delta \tilde{x}_k$$

である．この多期間モデルでも，単一期間モデルと同様，情報投資家の注文戦略と真の資産価値，価格と注文量がそれぞれ線形になる均衡を求めることができる．

$$\Delta \tilde{x}_n = \beta_n (\tilde{v} - \tilde{p}_{n-1}) \Delta t_n$$

$$\tilde{p}_n = \lambda_n (\Delta \tilde{x}_n + \Delta \tilde{u}_n)$$

各期の取引後に，純注文量を観察したマーケットメーカーは自らの信念を更新し，事後信念に基づいた条件付き期待資産価値と同じ値に価格を設定する．情報投資家の期待利益は

$$E[\tilde{\pi}_n | p_1, \ldots, p_{n-1}, v] = \alpha_{n-1} (v - p_{n-1})^2 + \delta_{n-1}$$

である．上の一連の式で登場したギリシャ文字で表された係数は以下の差分方程式の一意な解である．

$$\lambda_n = \frac{\beta_n \Sigma_n}{\sigma_u^2}$$

$$\beta_n \Delta t_n = \frac{1 - 2\alpha_n \lambda_n}{2\lambda_n (1 - \alpha_n \lambda_n)}$$

$$\alpha_{n-1} = \frac{1}{4\lambda_n (1 - \alpha_n \lambda_n)}$$

$$\delta_{n-1} = \delta_n + \alpha_n \lambda_n^2 \sigma_u^2 \Delta t_n$$

この多期間モデルでの均衡は，単一期間モデルでの均衡よりも複雑であり，情報投資家の注文戦略における β_n と価格の係数 λ_n は期を通じて一定ではなく変化している．

取引が一回限りの場合の情報投資家は，自らの情報の半分を顕示するのが最適だが，これは多期間では均衡行動ではない．多期間モデルの均衡における条件付き分散の推移は次のようになる．

$$\Sigma_n = (1 - \beta_n \lambda_n \Delta t_n) \Sigma_{n-1}$$

多期間モデルにおける時間幅の刻みを細かくしていくと $(\max_{n=1,\ldots,N} \Delta t_n \to 0)$，均衡における真の資産価値に関する条件付き分散の減少スピード（ひいては，価格のボラティリティ）は期間を通じて一定になる．この価格経路においてもやはり，価格はマーチンゲールに従い，(マーケットメーカーと同等の情報をもつ) 観察者にとっての条件付き期待資産価格は現在の価格である．この意味で価格は「効率的」である．Kyle (1985) では，連続期間モデルにおいては，価格が情報投資家の私的情報を徐々に織り込んでいき，最終期には情報が完全に顕示されることが示されている．

Kyle (1985) の連続期間モデルにおいて価格のボラティリティが一定になるという性質は，実証研究で観察されるU字型と非整合であるが，以降の Kyle (1985) 型のモデルの拡張ないし改変において，実証研究との整合性が議論されている．

Bondarenko (2001)

Kyle (1985) では，マーケットメーカーは競争的であり，自らの期待利潤がゼロになるように価格付けを行うと仮定されていたが，Bondarenko (2001) は，マーケットメーカーが多期間にわたって戦略的に意思決定を行うように拡張されたモデルを分析している．競争的なマーケットメーカーという仮定は，分析を簡単にするには非常に使い勝手のよいものであるが，反面，現実の証券市場においては，何らかの形でマーケットメーカーは正の利潤を得ており，現実的な仮定とは言い難い．Kyle(1985) 以降の研究においても，アドヴァースセレクション下の証券市場での不完全競争のもとでの流動性供給主体の戦略的行動を分析するものはあったが，著者の知る限り，その多くは静学的な分析であった．これらとは対照的に，Bondarenko(2001) は非対称情報下でのマーケットメーカーの動学的意思決定を分析している

Bondarenko (2001) の設定は，簡単に述べるならば，前小節で軽く触れた Kyle (1984) の単一期間モデルを多期間モデルに拡張したものである．前小節での多

期間モデルとの違いは，市場に有限 M 人のリスク中立なマーケットメーカーが存在する点である．そこでは，情報投資家のみならず，マーケットメーカーも，他の市場参加者の戦略を所与として期待利潤最大化を行う．各期のオークションにおいて，情報投資家は前小節と同じく，成行注文しか行えないが，マーケットメーカーは指値注文を出せる．第 n 回のオークションでマーケットメーカー m が行う取引量を Δd_{mn} としよう．この取引量は，このオークションで定まる価格 p_n に依存している．ここでの取引価格 p_n は，情報投資家と非情報投資家から出された純注文量を，マーケットメーカーから出された指値注文でちょうど清算するように決まる．

均衡における情報投資家の最適注文戦略は前小節と同様である．それに加えて，均衡ではマーケットメーカーの利潤最大化が要求される．この，追加的な利潤最大化条件を考慮しつつ，Kyle (1985) と同様，次のような線形均衡を求めることができる．$\mu_n = E[v|p_1,\ldots,p_n]$ かつ $\kappa = (M-2)/(M-1)$ とすると

$$\Delta x_n = \beta_n (v - \mu_{n-1}) \Delta t_n$$

$$\Delta d_{mn} = \frac{1}{M\lambda_n} (\mu_{n-1} - p_n)$$

$$\Sigma_n = Var[\tilde{v}|p_1,\ldots,p_n]$$

$$E[\tilde{\pi}_n|p_1,\ldots,p_{n-1},v] = \alpha_{n-1}(v - \mu_{n-1})^2 + \delta_{n-1}$$

である．ただし，上の一連の式で登場したギリシャ文字で表された係数は以下の差分方程式体系の一意な解である．

$$\lambda_n = \frac{1}{\kappa} \frac{\beta_n \Sigma_n}{\sigma_u^2}$$

$$\beta_n \Delta t_n = \frac{1 - 2\kappa \alpha_n \lambda_n}{2\lambda_n (1 - \kappa^2 \alpha_n \lambda_n)}$$

$$\alpha_{n-1} = \frac{1 + 4(1-\kappa)\alpha_n \lambda_n}{4\lambda_n (1 - \kappa^2 \alpha_n \lambda_n)}$$

$$\delta_{n-1} = \delta_n + \kappa^2 \alpha_n \lambda_n^2 \sigma_u^2 \Delta t_n$$

$$\Sigma_n = (1 - \kappa \beta_n \lambda_n \Delta t_n) \Sigma_{n-1}$$

ここで定義された κ はマーケットメーカーの競争の程度を示すパラメータと考えられる.マーケットメーカーの数を無限に大きくしていった場合,κ は増加しつつ 1 に近付き,均衡は Kyle (1985) モデルでの結果に収束する.

マーケットメーカーが競争的な場合に比べて,不完全競争的な場合は,純注文量に対する価格の感応度 λ_n は大きくなる.これは,情報投資家の利潤が削られ,その一部をマーケットメーカーに移転する効果をもつ.結果として,価格に負の系列相関が観察されることになる.均衡では,マーケットメーカーは,クールノー競争と似たような意思決定問題に直面しており,あたかも情報投資家の利潤最大化行動と他のマーケットメーカーの指値注文から導き出される残余需要関数のようなものに対して独占的供給者として流動性を供給しているかのような行動をとる.マーケットメーカー間の競争が激しくなると,個々のマーケットメーカーの利潤が減少し,完全競争水準に近付いて行く.

情報投資家が存在することがモデルの構造上本質的である.もし非対称情報が存在しないのであれば,残余需要関数は無限に弾力的で,マーケットメーカーが二人いるだけでベルトラン競争に陥り,正の利潤をあげることはできないだろう.実際,情報の非対称性の程度が激しくなればなるほど,マーケットメーカーの利潤は大きくなる傾向にある.言い換えれば,マーケットメーカーは,非対称情報がある状況をより「好んで」いる.この事実は,情報投資家の利益の源泉はマーケットメーカーにあるではなく,流動的な理由から取引せざるを得ない非情報投資家側にあることとも関係している.

非情報取引が時間を通じて一定の場合,情報取引の積極さ,市場流動性(この場合は λ_n の逆数),価格ボラティリティは時間に関して単調に減少する.これは Kyle (1985) では見られなかった特徴であり,マーケットメーカーの競争が各変数に及ぼす影響を示していると考えられる.

均衡におけるマーケットメーカーの行動は近視眼的である.すなわち,各期において,現時点以降のすべての取引の損益を考慮して価格設定行動が決定されているのであるが,その行動はあたかも当該時点のみの期待利潤を最大化しているかのようにみえるのである.そうなると,このモデルは,例えばあるマーケットメーカーが最初の 2,3 回のオークションにのみ参加し,その後は

(他のマーケットメーカーと交代するなどして)参加しないといった状況をも考慮していると解釈できるようになり，もはやマーケットメーカーの数がすべてのオークションを通じて一定である理由はない．この点については，次々小節で詳細にみていくことにしよう．

Mendelson and Tunca (2004)

Mendelson and Tunca (2004) はまた異なった形で Kyle (1985) 型のモデルの改変を行っている．もっとも大きな違いは，非情報投資家の流動取引を「内生化」した点である．それまでの研究では，非情報投資家は何らかの流動的な理由により，機械的に正規分布に従う注文を出しているにすぎず，非情報投資家の役割は，単に情報投資家の「カモになる」だけのものであった．ここでは，複数のリスク回避的な非情報投資家が特異な選好の下に戦略的な行動を行うようにモデルを設定している．

具体的な非情報投資家の行動は次のとおりである．第 n 回のオークションに H_n 人の非情報投資家が存在し，好きな量だけの成行注文ができるとする．非情報投資家 h の選好は平均分散効用

$$E[W_{hn}|b_{hn},p_1,\ldots,p_{n-1}] - \frac{a_n}{2} Var[W_{hn}|b_{hn},p_1,\ldots,p_{n-1}]$$

$$W_{hn} = (v+b_n-p_n)\Delta z_{hn}$$

で表される．ただし，Δz_{hn} は非情報投資家 h の成行注文量であり，b_{hn} は平均 0，分散 $\sigma_n^2 \Delta t_n$ の正規分布に従う確率変数である．b_{hn} は非情報投資家 h の情報バイアスあるいは即時性であると解釈できる．このモデルの中の非情報投資家は，真の情報をもっていないにもかかわらず自分ではもっているつもりであったり，何らかの流動性理由があるものの実際の取引量には裁量がきいたりといった性質を満たしている．b_{hn} は非情報投資家 h の私的情報であり，他の市場参加者は具体的な b_{hn} の実現値を知らず，その分布を知っているのみである．

このように改変されたモデルにおける非情報投資家の意思決定問題を考え

てみよう．第 n 回のオークションにおいて，非情報投資家 h が，情報投資家や（競争的な）マーケットメーカーが Kyle (1985) 同様線形戦略をとり，他の非情報投資家 $j \neq h$ が線形戦略

$$\Delta z_{jn} = \gamma_n b_{jn}$$

をとることを所与として効用を最大化することを考える．自らの成行注文量が Δz_{hn} だったときの，ポジション W_{hn} の平均と分散は次のように計算できる．

$$E[W_{hn}|b_{hn},p_1,\ldots,p_{n-1}] = (b_{hn} - \lambda_n \Delta z_{hn})\Delta z_{hn}$$

$$Var[W_{hn}|b_{hn},p_1,\ldots,p_{n-1}] = \{1 - \lambda_n \beta_n \Delta t_n + (H_n - 1)\lambda_n^2 \gamma_n^2 \sigma_n^2 \Delta t_n\}\Delta z_{hn}^2$$

これらを上記効用に代入し，Δz_{hn} で微分してゼロとおき，整理すると

$$\Delta z_{hn} = \frac{1}{2\lambda_n + a_n\{1 - \lambda_n \beta_n \Delta t_n + (H_n - 1)\lambda_n^2 \gamma_n^2 \sigma_n^2 \Delta t_n\}} b_{hn}$$

と，線形戦略が最適になる．結果的に，非情報投資家の注文を集計したものは，平均 0，分散 $H_n \gamma_n^2 \sigma_n^2$ の正規分布に従うことになり，Kyle (1985) のモデルの非情報投資家の注文をこの集計分に置き換えることができる．

　この流動取引の内生化により，情報投資家のもつ私的情報が価格に織り込まれるスピードは相当ゆっくりになる．つまり早い段階では情報投資家が取引に消極的であり，時間が経つに従って急速に積極的になっていくのである．これに伴って，マーケットメーカーらの抱く，情報投資家の私的情報に関する信念の条件付き分散値の減り方が，早期には少なく，時間が経つに従って多くなっていく．横軸に時間を，縦軸にこの条件付き分散をとったグラフは，Kyle (1985)のモデルでは（ほぼ）線形になるのに対して，流動取引を内生化したモデルでは $(1-t)^{1/3}$ で近似できる．これは非情報投資家の投資意欲が，取引期末に近付くにつれ増加することが主因と考えられる．情報投資家としては，早期にあまり積極的に取引を行ってしまうと，非情報投資家からの比較的少ない注文では，自らの私的情報を十分に「隠す」ことができない．取引の終わりが近づいてくると，非情報投資家の注文が増え，かつ私的情報を市場に漏れだすことから将来的になされるであろう不利な価格付けからの損失が減るため，より積極

的に取引しようと考えるのである．

Ishii and Nishide (2013)

　Ishii and Nishide (2013) では，前二小節の要素を取り入れ，潜在的なマーケットメーカーによる流動性供給主体としての参入問題を考慮したモデルを考えている．

　Bondarenko (2001) で言及されているように，マーケットメーカーが市場に流動性を供給するには有形無形の費用がかかる．もし非対称情報が存在せず，マーケットメーカーの期待利潤がゼロであるならば，どのマーケットメーカーも費用を払ってまで市場に参入しようとしないだろう．Bondarenko (2001) では，市場の機能が維持されるためには一定水準以上の非対称情報が必要であることが示唆されている．ただし，モデルにおいて，参入しているマーケットメーカーの数は外生的に一定であると仮定されており，参入自体の是非にかかわる意思決定問題は明示的に取り入れていない．Ishii and Nishide (2013) では，各期の流動性供給には $c>0$ だけの (機会) 費用がかかるものとし，自分一人の追加的な参入後の期待利益が c を上回るときには参入を行う，という各取引直前のマーケットメーカーの意思決定問題が分析されている．

　Mendelson and Tunca (2004) は非情報投資家の意思決定を内生化したのであるが，これは Kyle (1985) のモデルを単に拡張したというよりもむしろ，まったく異なった選好をもつ非情報投資家の行動を分析していると解釈することが可能である．Kyle (1985) での非情報投資家は，当該時点に当該量ぴったりの資産を売買せざるを得ないのに対して Mendelson and Tunca (2004) での非情報投資家は，認知誤差のようなものはあるにしても，強制的な売買の必要は感じていない．実際の市場への適用を考えると，一方が他方の拡張という解釈は適切でなく，両者が入り混じった形での非情報取引が行われていると考えるのが妥当かもしれない．Ishii and Nishide (2013) では，どちらのタイプの非情報投資家も市場に存在するという設定を行っている．

また，Ishii and Nishide (2013) では，第 1 回のオークションでの Kyle (1985) 型の非情報取引が他の期に比べて若干多いと仮定されている．前回の市場が閉まった後，再び市場が開くまでの間に，強制的な売買が必要となるニュースが蓄積していると考えられるからである．

流動性供給にかかる費用がゼロの場合（$c=0$），マーケットメーカーは利潤がゼロになるまで参入し，結果は Kyle (1985) と Mendelson and Tunca (2004) の中間的なものになる．期が下るにつれ，認知誤差のある非情報投資家の取引が活発になり，それに伴い，情報投資家の取引意欲も大きくなる．適当なパラメータ下では，$c=0$ のケースでは事前の期待出来高，価格ボラティリティは時間に関して単調増加になる．$c>0$ のときには，最初と最後のオークションで参入するマーケットメーカーの数は，それぞれその直後，直前のそれとくらべて若干多い．これに伴って，事前の期待出来高と価格ボラティリティはともにU字型になるのである．これは実証研究結果と整合的である．

4.4 おわりに

本稿では，逐次取引モデル，一括取引モデルに関する理論分析を紹介してきた．そこでは，情報に重要な役割が置かれており，非対称情報下での価格過程などが分析されている．

Kyle (1985) やその後の一連の一括取引モデルは，マーケットメーカー間の不完全競争の程度が大きくなればなるほど，また，非情報投資家の意思決定が内生化されるほど，価格の情報性が低下する，という特性をもっていることが分かる．投資家は自らの取引がどのように市場価格に影響するかを正しく予測しているので，この効果を織り込んだ上で取引を行う．このことから，情報投資家が自らの情報優位性を利用して，自らの取引を隠すことによって，最大限の利益をあげるという含意が得られる．マーケット・マイクロストラクチャーの観点からは，この結果は有用である．というのも，そのような結果をもたらすモデルの前提となっている取引メカニズムが，実際の市場の特徴を多少なりともとらえているからである．

もちろん，モデル設定上での問題点も残されている．例えば，前小節で，均衡結果として日次取引の期待出来高，価格ボラティリティのU字型が得られるモデルを見てきたが，特に寄り付きの取引集中については，モデル設定の段階で結論を仮定してしまっているような印象をもたれるかもしれない．「流動的な理由から来る取引需要が昨夕以降蓄積されて寄り付きに特に多く成行注文がなされるから，寄り付きには取引が集中する」ことが，この結果を導く主因になっている可能性が否定できないからである．本稿では注目されていない，市場参加者による何らかの戦略的な意思決定が，寄り付きの取引集中を説明できるかどうか，さらなる検討が必要かもしれない．

　価格がブラウン運動に従うようなモデルの設定は現実的でないかもしれない．実証的には二週間程度の時間幅で見ると正規分布で近似できなくもないが，本稿で主に分析対象としている日次の取引などより短い時間幅においては，正規分布と比べてすそ野の分厚い分布が実証的に観察されている．もちろん，背後に正規分布を考えなければ，本稿で考えたような線形均衡の議論が成り立たないなどモデルの解析的な取り扱いが非常に難しくなるが，それでも異なった前提の下で実証研究と整合的な結果をもたらすモデルの設定が行えないか検討する余地はあるだろう．関連する問題として，実証的には大口投資家の売買が価格に及ぼす影響は非線形，特に凹やS字型になることが多いと言われているが，このことは，効用最大化を行う投資家行動の帰結から導かれるなどの理論的裏付けなしに残されたままである．

　それにもかかわらず，本稿のモデル群が示したように，投資家の行動に関する戦略モデルは取引過程にかなりの考察をもたらすので，これらのモデルは，少なくとも特定の市場の問題分析には有用である．上に挙げたような問題点に着目したゲーム理論や一般均衡理論の枠組みでの研究は未整備であり，様々な観点からの研究を複合させていく事が重要であろう．

参考文献
references

O'HARA, M. (1995): *Market Microstructure Theory*, Blackwell.

BANZHAF, J. F. (1965): "Competing market makers, liquidity, provision, and bid-ask spreads," *Journal of Financial Markets*, 4, 269–308.

COPELAND, T. AND D. GALAI (1983): "Information effects on the bid-ask spread," *Journal of Finance*, 38, 1453–69.

EASLEY, D. AND M. O'HARA (1987): "Price, trade size, and information in securities markets," *Journal of Financial Economics*, 19, 69-90.

GLOSTEN, L. R. AND P. R. MILGROM (1985), "Bid, ask and transaction prices in a specialist market with heterogeneously informed traders," *Journal of Financial Economics*, 14, 71–100.

ISHII, R. AND K. NISHIDE (2013): "Concentrated equilibrium and intraday patterns in financial markets," *Applied Mathematical Finance*, 20, 50–58.

KYLE, A. S. (1984): "Market structure, information, futures markets, and price formation," In G. G. Storey, A. Schmitz, and A. H. Sarris eds. *International Agricultural Trade: Advanced Readings in Price Formation, Market Structure, and Price Instability*, Boulder and London: Westview Press, 45–64.

KYLE, A. S. (1985): "Continuous auctions and insider trading," *Econometrica*, 53, 1315–1335.

MENDELSON, H. AND T. I. TUNCA (2004): "Strategic trading, liquidity, and information acquisition," *Review of Financial Studies*, 17, 295–337.

東京証券取引所編 (2012):「東証公式 株式サポーター 株式取引編」東京官書普及株式会社.

第2部

組織の経済学における課題:

サーチ市場とホールドアップ問題

第5章
契約とサーチ

石黒真吾

5.1 はじめに

　情報の非対称性や契約の不完備性に起因するインセンティブ問題を考察する経済理論の分野は**契約理論**（contract theory）と呼ばれ，経済学の多くの分野（労働，金融，産業組織，政府規制，マクロ経済）でその成果を挙げてきた．具体的には，取引条件に関して参加者全員一致の利害が存在しないとき，彼らの間で生じる戦略的な行動やコンフリクトを抑えつつ，効率的な取引構造や組織制度を設計するにはどうすべきかといった問題を理論的に考察し，企業組織や経済制度の理解を深めることに貢献したのである[1]．

　もともとの研究動機として，契約理論は伝統的な新古典派経済学が企業をあたかも内部組織を持たない質点のような存在としてみなすことへの反省と批判として，組織内部に光を充てるための分析道具として発展してきたという経緯がある．そのおかげで，伝統的な経済学では明らかにされてこなかった雇用慣行や内部昇進の仕組み，企業間取引の構造，金融取引の解明など，多くの知見が得られてきた．しかしながら，組織内部に焦点を当てる一方で，組織を取り巻く市場環境を与件とみなす分析が多くを占め，組織と市場の相互作用を理解するという研究はまだ十分発展していない．例えば，企業がどのような労働組織を発展させるかという問題は，企業を取り巻く市場環境に左右される可能性

---

[1] 契約理論に関する包括的な研究書としては伊藤 (2003) がある．また，不完備契約に関する理論をまとめたものに柳川 (2000) がある．

がある．他方，新しい労働組織の選択は労働市場の雇用や賃金に影響を与え，市場環境を変えるという効果も考えられる．こうした組織と市場との双方向の相互作用を分析することは，組織や制度設計が市場経済とどのような関係にあるのかを理解していく上で極めて重要な分析課題であると言えよう．本稿では，取引相手を見出すのに費用(摩擦費用)がかかる市場を想定した分析枠組みである**サーチ理論**（search theory）を用いて，組織選択と市場経済との相互作用をとらえる簡単なモデルを提示し，上記の問題に迫ってみたい．

現実の多くの市場においては，取引相手を見つけるのに何らかの費用（摩擦費用）がかかる場合が観察される．例えば，労働市場においては，企業は新規雇用の対象となる労働者をサーチしなくてはならないし，労働者も雇用先の企業を探索しなくてはならない．このような場合，取引相手を探すためには，それに費やす直接的な時間やサーチのために諦めなくてはならない所得などの機会費用が発生する．また，取引相手に出会っても，取引条件に折り合いがつかなければ，その相手との取引交渉を打ち切って，別の取引相手を見つけに出なくてはならない．その場合にも，取引相手を探すための時間がかかることになる．こうした摩擦費用の存在する市場における経済行動や市場均衡の性質を分析する経済理論の道具は,「サーチ理論」と呼ばれている[2]．

サーチ理論は，これまでに金融理論，労働経済学やマクロ経済学の分野で大きな成果を挙げてきた．その重要な結果の一つに，サーチによる外部性がもたらす**複数均衡**（multiple equilibria）の存在が挙げられる．ここで，サーチによる外部性とは次のようなものである．自分以外の経済主体がより多くサーチ活動に従事するであろうと予想されるとき，取引相手を発見できる確率は高まる．このとき，自分もサーチ活動に従事する誘因が高まり，実際に市場全体では取引相手にマッチする確率が増加することになる．他方で，サーチ活動の水準が低いと予想されるとき，自分もサーチをすることの利得は低く，サーチ活動の誘因が低下する．よって，実際に市場全体でのマッチ確率は低下していまうことになる．こうして，より多くの経済主体がサーチを行う「良い」均衡と少な

---

[2]サーチ理論に関するまとまった文献として，今井他 (2007) および Pissarides (2000) などがある．

い主体がサーチを行う「悪い」均衡という複数の均衡が発生する可能性がある．「悪い均衡」は，たとえば，高失業率に特徴付けられる労働市場の均衡と解釈することが出来る．サーチ理論の労働市場への応用として，失業率や離職率といった変数を内生化することで，雇用や賃金の決定やそれらの景気との関係を分析することが挙げられる．ここで，従来のサーチ理論の分野では，労働者の賃金はマッチに成功した企業と労働者相互の双務的交渉によって決定されると想定されることが多い．しかしながら，企業と労働者間における**情報の非対称性**（information asymmetry）や**契約の不完備性**（incompleteness of contracts）によるインセンティブ問題を考慮した研究は十分蓄積されているとは言い難い[3]．

　本章では，摩擦費用を伴うサーチ市場において，出会った取引主体間に情報の非対称性や契約の不完備性といった問題が生じるとき，市場における摩擦費用の存在がインセンティブ契約や取引構造の選択にどのような影響を与えるかを理論的に分析する．例えば，労働市場では企業と労働者がそれぞれ相手を探しており，マッチが成立すれば，賃金や雇用に関する契約を締結することになる．その際，労働者の労働意欲や努力誘因をどのように引き出すかといったインセンティブ問題が生じる．なぜなら，労働者は企業には監督できない範囲で，自分の労働をコントロールする機会をもつかも知れないからである．このような**モラルハザード問題**（moral hazard problem）に対処するには，賃金契約を通して，企業の目的に合致した行動を労働者から引き出すように誘導しなくてはならなくなる．こうした賃金契約の交渉において，労働者は自分の利益に合わなければ，再び労働市場において新しい雇用先を探索することが可能である．その新しい探索によって労働者が得ると期待できる利得——**留保利得**（reservation value）と呼ばれる——を保証しなければ，企業はその労働者を雇用出来ないであろう．さらに，ここで労働者の留保利得は市場において別の雇用先を見つける確率やその際に提示される雇用条件・賃金契約に依存すると考えられる．したがって，どのような賃金に契約が今期締結されるかは，将来の雇用環境や賃金

---

[3] インセンティブ問題や契約設計問題をサーチ理論の枠組みで考察した最近の論文としては，Acemoglu and Shimer (1999), Inderst (2001), Ishiguro (2010a, 2010b), Guerrieri, Shimer and Wright (2010) などがある．

契約に関する予測に依存することになるのである.

本章で注目する点は,こうした異時点間における契約の依存関係によって,サーチ市場における均衡契約がどのような特徴をもつのか,また,それは市場の摩擦費用とどのような関係にあるのか,といったことである.これによって,例えば,労働市場に存在する取引にかかわる摩擦—失業率—の大きさが,労働者の賃金契約の形態の決定とどのような関係にあるのか,といった問題にアプローチ出来ることになる.さらには,摩擦費用の変化が,契約構造の変化を通じて市場の効率性に与える効果についても分析できる.

本章の構成は,以下のとおりである.2節で,モラルハザード問題が存在するサーチ市場のモデルを展開し,市場の摩擦費用の変化と均衡契約との関係について分析する.その応用として,労働市場における賃金契約と摩擦費用との関係について考察を加える.3節では,完備な契約が書けない状況において,市場の摩擦費用の変化が不完備契約がもたらす取引の非効率性に与える影響を分析し,摩擦の少ない市場はかえって取引効率を低下させる可能性を指摘する.

5.2 モラルハザード問題とサーチ市場

モラルハザード問題

最初に,サーチ市場の存在を無視して,一対の企業と労働者との間で生じるモラルハザード問題を考察するところから始めることにする.リスク中立的な企業と労働者との雇用契約を考えよう.労働者は,企業に雇用されれば,労働努力 $e \in \{0, 1\}$ を投入することで,企業に生産物 $y \in \{0, Y\}$ をもたらす($Y > 0$).ここで,生産物は労働者が投入した努力の大きさ e に応じて,確率的に決定されるとしよう.具体的には,労働者が努力 e を行うとき,生産物が $y = Y$ となる確率は $P_e \in (0, 1)$ で与えられるとしよう.ここで,高い努力 $e = 1$ はより高い確率で高い生産物を生み出すと仮定する.すなわち,$P_1 > P_0$ である.ただし,労働者は高い努力をすることで,労働の不効用 $c > 0$ を負担するものとしよう.また,労働者は一切の資産を持ったおらず,労働者へのマイナスの賃金支払い

は出来ないものとしよう(「破産制約」).最後に,労働者の効用は,賃金支払いから労働の不効用を引いたもので定義されるとする.

労働者の努力水準 e が立証可能であれば,努力に応じた賃金を労働者に支払うことが可能となる.これを,以下では**最善解**(first best solution)と呼ぶことにする.労働者に努力 e をさせる代わりに,賃金 $w \geq 0$ を支払う契約を考えよう.このとき,労働者は効用 $w - ce$ を得る.労働者がこの賃金契約を受け入れるには,それを拒否した時の利得—留保利得—以上の利得が保証されなければならない.例えば,労働者は当該企業との契約をせずに,他の就業機会を見出すかもしれない.こうした労働者の留保利得を $U \geq 0$ としたとき,この制約(**個人合理性制約**(individual rationality constraint))は以下のようになる.

$$w - ce \geq U \tag{5.1}$$

企業の利得は,生産物の期待値 $P_e Y + (1 - P_e) 0 = P_e Y$ から労働者への賃金 w を差し引いた $P_e Y - w$ によって定義される.企業はこの期待利得を上記の個人合理性制約のもとで最大化するように賃金 $w \geq 0$ と労働者から引き出す努力水準 $e \in \{0, 1\}$ を決定する.その最適解においては,個人合理性制約は等号で成立するので,賃金は $w = ce + U$ となる.これより,企業の期待利得は $P_e Y - ce - U$ となる.

ここで,$\Delta P \equiv P_1 - P_0 > 0$ として,以下の仮定を設ける.

仮定 1. $\Delta P Y > c.$

仮定 1 は $P_1 Y - c > P_0 Y$ となるので,企業にとっては,労働者から高い努力 $e = 1$ を引き出すことが最適であると言える.このとき,企業の期待利得は $P_1 Y - c - U$ となる.

さて,次に労働者の努力が企業には観察できない場合を考えよう.ただし,生産物 y は立証可能であり,契約に書くことが出来るものとする.このとき,労働者への賃金は実現する生産物 $y \in \{0, Y\}$ に応じて w_y と定める.ここで $w_0 \geq 0$ および $w_Y \geq 0$ である(**破産制約**(limited liability constraint)).もし労働者が

この賃金契約を承諾すれば，次のような期待利得を獲得する．

$$P_e w_Y + (1-P_e)w_0 - ce \tag{5.2}$$

なぜなら，確率 P_e で生産物が $y=Y$ と実現して賃金 w_Y を得るが，残りの確率 $1-P_e$ で生産 $y=0$ が実現して賃金 w_0 を得るからである．

労働者の努力は観察できないので，労働者に自発的に高い努力 $e=1$ を選択させる必要がある．すなわち，次の制約条件（**誘因整合性制約**（incentive compatible constraint））が満たされなければならない．

$$P_1 w_Y + (1-P_1)w_0 - c \geq P_0 w_Y + (1-P_0)w_0 \tag{IC}$$

ここで，左辺は高い努力 $e=1$ を選択したときの労働者の期待利得を，右辺は低い努力 $e=0$ を選択したときの期待利得を表している．制約条件 (IC) は，高い努力を選択することでより高い期待利得を得ることが出来ることを示している．加えて，労働者が自発的にこの賃金契約を承諾するためには，先ほどと同様に，得られる期待利得が留保利得 U を上回るという個人合理性制約が満たされなくはならない．

$$P_1 w_Y + (1-P_1)w_0 - c \geq U \tag{IR}$$

企業は，上記の二つの制約条件 (IC) と (IR) に加えて，

$$w_Y \geq 0, \ w_0 \geq 0 \tag{LL}$$

という破産制約のもとで，自分の期待利得 $P_1 Y - (P_1 w_Y + (1-P_1)w_0)$ を最大化するように賃金 (w_Y, w_0) を決定する．

この問題の解は，個人合理性制約 (IR) が等号で成立するかどうかに応じて場合分けされる．第一に，(IR) を無視してみよう．このとき，(IC) は

$$\Delta P(w_Y - w_0) \geq c$$

と変形されるので，w_0 をなるべく小さくすることが望ましい．よって，$w_0 = 0$ となる．このとき，w_Y も出来るだけ小さくすることが望ましいので，上記不

等式が等号で成立するところまで引き下げられる．よって，

$$w_Y = c/\Delta P$$

と決定される．このとき，労働者の期待利得は $P_1 w_Y + (1-P_1)w_0 - c = P_1(c/\Delta P) - c = P_0(c/\Delta P)$ となる．これが $R \equiv P_0(c/\Delta P) \geq U$ を満たす限り，個人合理性制約 (IR) は無視することが出来る．このとき，企業の期待利得は，$P_1 Y - (P_1 w_Y + (1-P_1)w_0) = P_1 Y - P_1(c/\Delta P)$ となる．$P_1(c/\Delta P) > c + U$ なので，企業の期待利得は最善解と比べて低下する．逆に $U > R \equiv P_0(c/\Delta P)$ としよう．このとき，個人合理性制約は等号で成立しなくてはならない．これより，$P_1 w_Y + (1-P_1)w_0 = c + U$ となり，企業の期待利得は $P_1 Y - (P_1 w_Y + (1-P_1)w_0) = P_1 Y - c - U$ となって，最善解と一致する．

企業の利得が低下する可能性がある理由は次のように考えられる．労働者から自発的に高い努力を引き出すためには，誘因整合性制約 (IC) が満たされなくてはならない．これには高い生産物 $y = Y$ が実現したときに高い賃金 w_Y で報いるか，低い生産物 $y = 0$ が実現したときに低い賃金 w_0 で罰を与えるかで対処しなくてはならない．しかしながら，破産制約の存在によって，罰を与える賃金 w_0 は低くとも $w_0 = 0$ でなければならない．よって，(IC) を満たすには成功時の賃金 w_Y を引き上げる必要が出てくる．これによって，企業の期待利得は低下する．これが，労働者のモラルハザード問題によって引き起こされる企業の損失である．

もし，このような損失が十分大きければ，企業は労働者から高い努力 $e = 1$ を引き出すことを諦めるかもしれない．低い努力 $e = 0$ を引き出すには，固定賃金 $w_Y = w_0 = U$ を支払えばよい．なぜなら，労働者は留保利得 U を確保できるし，固定賃金のもとでは自発的に低い努力を選択する誘因を持つからである．このとき，企業の利得は $P_0 Y - (P_0 w_Y + (1-P_0)w_0) = P_0 Y - U$ となる．もし，$P_0 Y - U > P_1 Y - P_1(c/\Delta P)$ ならば，企業は労働者から低い努力を引き出すことを選好する可能性がある．ここで，以下を仮定しよう．

仮定 2. $P_1(c/\Delta P) > \Delta P Y$.

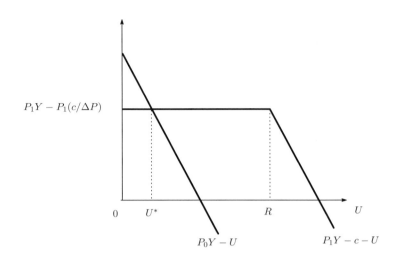

図 5.1: 最適契約

このとき，図 5.1 が示すとおり，留保利得が小さい範囲では，企業は低い努力を引き出すことを好むことになる．また，$U \geq U^* \equiv P_1(c/\Delta P) - \Delta PY$ のとき，$P_1Y - P_1(c/\Delta P) \geq P_0Y - U$ となるので，企業は労働者から高い努力 $e = 1$ を引き出すことが低い努力 $e = 0$ を引き出すことよりも得になる．しかしながら，仮定 1 より，企業と労働者全体の利得合計 $P_eY - ce - U$ は $e = 1$ のとき最大化される．よって，企業と労働者の全体の利得の観点からは高い努力を引き出すことが望ましくとも，企業はそれを実施しない可能性が示唆される．これはモラル・ハザード問題による非効率性と考えられる．とりわけ，労働者の留保利得 U の上昇は企業の利得を低下させるものの，労働者の努力選択をより高い水準へ移行させる誘因を企業に与えるため，全体の効率性は高まることが分かる．反対に，労働者の留保利得の減少は労働者の努力選択をより低い水準に誘導するため，全体の効率性が損なわれることになってしまう．

サーチ市場

上記の分析では,労働者の留保利得 U の大きさがモラルハザード問題による損失の大きさを決定してることが判明した.しかしながら,留保利得自体がどのように決定されているのかは明らかにされていない.労働者の留保利得 U は,労働市場における外生的な条件によって決まり,モデル上はパラメータ(外生変数)として扱われる.ここでは,この留保利得の決定要因をもう少し掘り下げて考えてみる[4].

労働者が企業との契約を拒否した場合,どうするであろうか.再び労働市場に出て,新たな就職先を探すことが考えられる.新しい雇用先がすぐに見つかる場合もあれば,時間がかかる場合もある.また,雇用先が見つかったときに新しい企業から提示される賃金契約を受け入れるのか,拒否して再び労働市場で職探しを行うのかという選択もありうる.こうした「契約拒否」後の労働者の行動や他の企業の行動によって,彼または彼女の留保利得の大きさは影響されることになる.サーチ理論は,こうした労働者の職探し行動を定式化するのに適した分析枠組を提示している.そこで,本節では前節のモラルハザード問題を労働者の職探し行動を導入したサーチ市場の枠組みに拡張することを試みる.

時間が離散的で無限期先まで継続するような経済を考える.毎期,一定数の企業と労働者が労働市場に参入してくるものとしよう.新規に参入する企業と労働者の数をそれぞれ 1 に正規化する.各企業は 1 人の労働者を,各労働者は一つの企業を取引相手として探しているとしよう.企業も労働者も取引相手を見つけるまで労働市場に留まり,相手を見つけて生産活動に入ったならば市場から退出するものとする.ただし,取引相手を見つけるのには摩擦が伴う.すなわち,1 人の企業(労働者)が 1 人の労働者(企業)と出会う確率は $\alpha \in (0,1)$

---

[4] 扱うモデルとしては,交渉問題をサーチ市場において考察した Osborne and Rubinsten (1990) と類似した分析枠組みを用いる.

と与えられている．取引相手とのマッチングに成功した企業と労働者は，前節で考察したモラルハザード問題に直面するとする．ただし，企業の契約提示を拒否した労働者は，再び労働市場で職探しに出ることになる．ここでは，マッチに成功した企業が提示する賃金契約および労働者の留保利得 U が時間を通じて一定となる定常状態の均衡に焦点を当てて分析を行うことにする．

このようなサーチを伴う労働市場において，サーチの費用は次のように考えられる．第一に，確率1では取引相手を見つけることが出来ないので，サーチをしてもマッチに失敗する可能性があることである．第二に，将来獲得する利得は現時点では一定の割合 $\delta \in (0,1)$ で割り引かれるということである．ここで，δ は一期先の利得が現時点では $\delta < 1$ の割合でしか評価されないことを表している．すなわち，経済主体は遠い将来の消費を現時点では低く評価すると考えるのである．これを割引因子と呼ぶ．**割引因子**（discount factor）は，個々人が将来の利得を割り引く際に用いられる割引率や取引期間の長さに依存すると考えられる．例えば，個人の割引率を $r>0$ とし，1期間の長さを Δ とした場合，一期先の1単位の利得は $\delta \equiv e^{-r\Delta}$ と評価される．よって，一期間の長さ Δ が小さいほど，割引因子は大きくなる．これより，割引因子が大きいということは，労働者が企業とのマッチまで少なくとも待たなくてはならない最少の失業期間 Δ が小さいことを意味するのであり，以下では，割引因子の大きさを労働市場における摩擦度と解釈することにする（δ が大きいほど，摩擦が小さい）．

いま，労働者とマッチした企業がその労働者に提示する賃金契約を (w_Y, w_0) として，そのような契約が労働市場の定常状態で成立しているとしよう．このとき，今期に失業状態にある労働者が期待する留保利得 U は次のように書ける．

$$U = \delta\{\alpha \max\{V,U\} + (1-\alpha)U\}. \tag{5.3}$$

まず，今期に失業状態にある労働者は今期何も得ない．次期において，確率 α で企業とマッチに成功する．そのとき，マッチした企業から契約 (w_Y, w_0) を提示される．このとき，この契約を受け入れれば期待利得 V をえるが，拒否すれば留保利得 U を再びえる．労働者は，これらの利得の大きいほうを選択するので，得られる利得は $\max\{V,U\}$ となる．他方，確率 $1-\alpha$ で企業とのマッチに

失敗する。このとき，労働者は再び留保利得 U をえることになる。ここで，次期に得られる利得の期待値 $\alpha \max\{V,U\} + (1-\alpha)U$ は今期の視点から δ によって割り引かれる。これが労働者の留保利得を決定することになる。

複数均衡

上記のサーチ市場の均衡は，企業がマッチした労働者に提示する賃金契約 (w_Y, w_0) および留保利得 U の両方によって特徴づけられる。企業の契約はすでに前節で分析したとおりである。他方，労働者の留保利得 U は，(3) 式によって決定される。そこで，均衡における賃金契約と労働者の留保利得の決定がどのようになされるかを調べてみよう。以下で考察する賃金契約の形態は，労働者に実現する生産物の大きさ $y \in \{Y, 0\}$ に応じて賃金 (w_Y, w_0) を支払う**成果型賃金**（performance-based wage）か生産物とは独立に一定の賃金 w を支払う**固定賃金**（fixed wage）の二種類である。

いま，マッチに成功した企業が労働者に成果型賃金を提示するものとしよう。このとき，労働者の期待利得は，すでに見たように，

$$V \equiv \max\{P_0(c/\Delta P), U\} \tag{5.4}$$

と決定される。ここで当面，$P_0(c/\Delta P) > U$ と仮定しよう。この条件は実際に均衡において満たされることが後で判明する。これを留保利得の決定式に代入することで，労働者の留保利得の大きさを計算できる。

$$\begin{aligned} U &= \delta\{\alpha \max\{P_0(c/\Delta P), U\} + (1-\alpha)U\} \\ &= \delta\{\alpha P_0(c/\Delta P) + (1-\alpha)U\} \end{aligned}$$

よって，

$$U = U^* \equiv \frac{\delta \alpha P_0(c/\Delta P)}{1 - \delta(1-\alpha)}. \tag{5.5}$$

この留保利得が実際にサーチ市場の均衡となるには，マッチに成功した企業が労働者に成果型賃金を提示することが最適となっていなくてはならない。その

条件は，前節でみたように，$U \geq P_1(c/\Delta P) - \Delta PY$ である．ここで，$U = U^*$ としてこの条件が満たされるには $U^* \geq P_1(c/\Delta P) - \Delta PY$ である．もし δ が十分大きくて1に近ければ，仮定1よりこの不等式は成立することが確かめられる．すなわち，市場の摩擦度が小さい（割引因子が大きい）とき，労働者の留保利得は企業に成果型賃金を提示させるのが最適になるほど十分大きくなると言える．

他方，固定賃金 $w_Y = w_0 = U$ を提示するサーチ均衡も存在する．$w_Y = w_0 = U$ の固定賃金契約のもとでは，企業とマッチした労働者は低い努力 $e = 0$ を選択して，留保利得に等しい利得 U を獲得する．すなわち，これがサーチ市場の均衡になるには，留保利得の決定式 (3) において，$V = U$ が成立していなくてはならない．このとき，

$$U = \delta\{\alpha U + (1 - \alpha)U\} \tag{5.6}$$

すなわち，$U = 0$ が満たされる必要がある．同時に，$U = 0$ を所与として，マッチに成功した企業が自発的に固定賃金契約を提示する誘因を持たなくてはならない．$U = 0$ としたとき，マッチに成功した企業が固定賃金を提示することの利得は $P_0 Y$ であり，他方，成果型賃金を提示することの利得は $P_1 Y - P_1(c/\Delta P)$ である．ここで，仮定2のもとでは前者の利得が後者を上回るため，マッチに成功した企業は固定賃金契約を労働者に提示する誘因を持つことになる．

このようにして，割引因子 δ が十分大きければ，サーチ市場には固定賃金の均衡と成果型賃金の均衡の両方が存在することになる．この結果は次のような含意を持っている．第一に，割引因子 δ やマッチング確率 α は労働市場における摩擦の大きさを表現しているパラメータである．このような市場の摩擦費用の大きさが同じような経済においても，異なる賃金形態が均衡として生じる可能性がある．すなわち，労働市場の摩擦度が似通った国々においても異なる労働契約が見出される可能性を示唆している．第二に，こうした労働市場の摩擦度が変化したとき，労働契約には次のような影響がもたらされる．マッチング確率 α によって表現される雇用確率が低下したとしよう．このとき，労働者の留保利得 U は将来の雇用機会の縮小を反映して低下する．その結果，$U^* < P_1(c/\Delta P) - \Delta PY$ が成立すれば，成果型賃金の均衡は生じなくなる．従っ

て，労働市場の摩擦度が大きい（失業率が高いなど）経済では，固定賃金が支配的となり，そうでない経済では成果型賃金が見出される可能性があることが示唆される．[5]

モニタリングとインセンティブ

これまでは，労働者に成果に応じた支払いがなされるかどうかという問題に焦点が当てられてきた．しかしながら，多くの労働組織においては，労働者は成果 (piece rate) ではなく，生産活動に投入した時間 (time rate) や努力を直接測ることで賃金が支払われる場合がある[6]．そこで，ここでは成果による支払いか時間による支払いかという問題を，サーチ市場の枠組みで考察することにしよう．

成果による賃金と時間による賃金との違いは，労働者が生み出す結果 (output) に応じて報酬を支払うか，生産活動への投入 (input) によって報酬を支払うかの違いとして定式化しよう．労働者は労働時間を投入して生産物を生み出す．簡単化のため，これまでと同様に労働者の投入時間は $e=1$ または $e=0$ の二項選択になっているものとする．また，労働の不効用は ce で表される（$c>0$）．仕事の成果は $y \in \{Y, 0\}$ であり，これまで同様に $y = Y > 0$ となる確率は $P_e \in (0,1)$ で与えられるとしよう．成果型の賃金は，実現した成果 y に応じて $w_Y \geq 0$ および $w_0 \geq 0$ と支払われる．他方，時間による賃金は次のように考える．労働者は一定時間 e を働くことが要求され，賃金 w を受け取る．ただし，企業は労働者の仕事に投入した時間を測定するためには $M > 0$ だけの費用（モニタリング費用）がかかるとする．

成果型賃金は前節ですでに分析したとおりで，最適な賃金契約は $w_Y = c/\Delta P$, $w_0 = 0$ によって与えられる．よって，企業の期待利得は

$$\Pi_P \equiv P_1 Y - \max\{P_1(c/\Delta P), U\} \tag{5.7}$$

---

[5]関連する若干の実証的結果については，MacLeod and Malcomson (1998) がある．
[6]成果給と時間給を比較分析した論文に Lazear (1986) がある．

となる.

時間型賃金は次のようになる. $e=1$ の労働時間を投入することを要求する場合, 労働者の利得は $w-c$ となる. これが留保利得 U 以上であれば $e=1$ の時間を投入することになる. 労働者の労働時間は企業によって監督されるので, 前節のようなモラルハザード問題は生じない. よって, 労働者の個人合理性制約は次のようになる.

$$w-c \geq U$$

企業は出来るだけ少ない賃金を支払うので, $w=c+U$ となる. このとき, 企業の期待利得は

$$\Pi_M \equiv P_1 Y - (c+U) - M \tag{5.8}$$

となる. ここで, $M>0$ だけの監督費用がかかることに注意したい. 他方で, $e=0$ の労働時間を要求する場合, 企業の期待利得は $P_0 Y - U - M$ となる. 仮定1のもとでは, 前者利得が後者利得を上回るので, 時間型賃金の場合, 企業は $e=1$ の労働投入を労働者に要求することが最適になる.

成果型賃金のもとでの企業の期待利得と時間型賃金のもとでの企業の期待利得を比較すると次のようになる. $\Pi_P \geq \Pi_M$ は

$$c + U + M \geq \max\{P_1(c/\Delta P), U\} \tag{5.9}$$

と同値である. 図5.2にこの関係を示してある. モニタリング費用 $M>0$ が大きいときには, すべての留保利得 $U \geq 0$ において $\Pi_P > \Pi_M$ となるので, 企業はつねに成果型賃金を選択することになる. 他方, モニタリング費用が大きくないときには, 図5.2が示すように, 留保利得 U が小さければ企業は時間型賃金を選択して, それが大きいときには成果型賃金を選択することが分かる. 具体的には,

$$U \geq U^M \equiv P_0(c/\Delta P) - M$$

のとき, 企業は成果型賃金を選択する. 以下では,

仮定 3. $P_0(c/\Delta P) > M$.

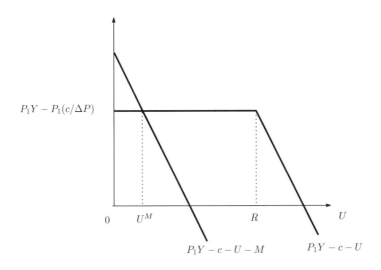

図 5.2: モニタリング契約

を仮定する．さもなくば，$U \geq 0$ より $U \geq P_0(c/\Delta P) - M$ がつねに満たされるので，時間型賃金は決して選択されないことになる．

ここで，上記の結果を踏まえたうえで，サーチ市場の均衡を考察してみよう．前節と同様，失業状態にある労働者の留保利得 U は (3) 式のように決定される．ただし，(3) 式においてマッチに成功した労働者がえる期待利得 V は次のようになる．もしマッチした企業が成果型賃金を提示するならば，$V = \max\{P_0(c/\Delta P), U\}$ であるが，時間型賃金を提示されるならば $V = U$ である．以下ではそれぞれが均衡となる条件を分析しよう．

まず，成果型賃金がサーチ市場の均衡となる条件を考えよう．労働者とマッチした企業が成果型賃金を提示するには，(10) 式が満たされる必要があった．このとき，労働者の得る期待利得は $V = \max\{P_0(c/\Delta P), U\}$ となる．$P_0(c/\Delta P) > U$ すなわち $V = P_0(c/\Delta P)$ を仮定しよう（実際，これは均衡となることが以下で確

かめられる).よって,労働者の留保利得の決定式 (3) より,

$$U = \frac{\delta\alpha P_0(c/\Delta P)}{1-\delta(1-\alpha)} \tag{5.10}$$

となる.これがサーチ市場の均衡となるには,企業が成果型賃金を時間型賃金よりも選好しなくてはならない.そのためには,(9) 式が満たされる必要がある.(10) 式を (9) 式に代入すれば,割引因子 δ が十分 1 に近いとき (9) 式が満たされることが分かる.よって,割引因子が十分大きければ,成果型賃金がサーチ市場の均衡の一つになることが判明する.

次に,時間型賃金がサーチ市場の均衡になる条件を考察しよう.労働者とマッチした企業が時間型賃金を提示するには,(9) の逆の不等式が満たされなくてはならない.このとき,企業とマッチした労働者は $V=U$ の利得をえる.よって,労働者の留保利得決定式 (6) より,$U=0$ が導かれる.また,$U=0$ のとき (9) 式の逆の不等式が成立するので(仮定 3 より),企業も時間型賃金を提示する誘因をもつことが分かる.

以上のことより,割引因子が十分大きいとき,サーチ市場の均衡は成果型賃金と時間型賃金の複数均衡によって特徴づけられることになる.これより,前節同様の含意が引き出される.第一に,似たような摩擦度の労働市場をもつ経済においても,異なった契約形態(ここでは,成果型賃金と時間型賃金)が生じる可能性があることである.第二に,市場の摩擦度が大きいとき(δ や α の値が小さいとき),成果型賃金は均衡とはならず,時間に応じた賃金形態のみが均衡になることである[7].

5.3 ホールドアップ問題

契約の不完備性

本節では,契約の不完備性がもたらすインセンティブ問題—ホールドアップ

---

[7] 異なる契約形態や組織形態がサーチ市場における複数均衡として生じる可能性を分析した論文に Ishiguro (2010a) がある.

問題(hold-up problem)と呼ばれる——と市場の摩擦度との関係をサーチ市場のモデルに即して考察する.[8]

これまでは,マッチに成功した企業は労働者に対して成果に応じた賃金を支払うことが出来ると仮定していた(完備契約).しかしながら,「成果」が指し示すものが,上司による主観的な労働者の評価に基づく場合など,必ずしも第三者に立証できない可能性がある(不完備契約).そのような場合,企業は労働者に契約どおりの賃金を支払う誘因を失うことになる.なぜなら,労働者の成果が高い場合に高い賃金を支払うと約束していても,賃金支払いの費用を抑えるため,「労働者の成果は低かった」と言って高い賃金を支払わない機会主義的な行動に企業が出るからである.これを予見している労働者は高い努力をする誘因を失ってしまう可能性がある.労働者は,あたかも事後的に企業側に賃金の切り下げを突きつけられる状況である.これが「ホールドアップ問題」と呼ばれるゆえんである.

以上のような直感を,次のような簡単なモデルで表現してみよう.労働者は努力 $e \in \{0,1\}$ を投下して彼または彼女の人的資本(技能)を高める.この人的資本は企業に特殊的なもので,代替が効かない性質を持っていると仮定しよう.企業はこの人的資本を用いて生産活動を行い,生産物 $y(e)$ を生み出すものとする.ここで,これまでの分析とは異なり,生産活動に不確実性はなく生産物は労働者の努力のみに依存しているとする.ここで,$y_1 \equiv y(1)$ および $y_0 \equiv y(0)$ と表記を簡単にし,$\Delta y \equiv y(1) - y(0) > 0$ とする.さらに,成果 $y(e)$ は企業には観察可能であるが,第三者には立証不可能であると想定してみよう.このとき,労働者への賃金 w は成果 $y(e)$ に依存させることは出来ない.しかしながら,前節とは異なり,労働者の投入した努力は彼または彼女の人的資本(技能)を高めるため,労働者は企業に対して一定の交渉力を事後的に有することになる.企業は当該労働者のもつ人的資本が利用できなければ,生産物を生み出せない

---

[8] ホールドアップ問題は,Grossman and Hart (1986), Williamson (1975, 1985), Hart and Moore (1990) において分析された.契約の不完備性にまつわる研究のサーベイには Hart (1995), 柳川 (2000) がある.また,サーチ市場における文脈で「ホールドアップ問題」を分析した論文として De Mezza and Lookwood (2002), Felli and Roberts (2002), Cole, Mailath and Postlewaite (2000), Ishiguro (2010b) などが挙げられる.

からである．そこで，生産物 $y(e)$ は企業と労働者との交渉によって等しく分配されると仮定しよう[9]．

このとき，労働者の利得は

$$w + (1/2)y(e) - ce$$

となる．よって，$e=1$ を選択するための条件は $(1/2)y_1 - c \geq (1/2)y_0$ すなわち $(1/2)\Delta y \geq c$ である．したがって，もし $(1/2)\Delta y < c$ ならば，労働者に高い努力をさせること自体不可能となってしまう．

以下では $y_1 - c \geq y_0$ すなわち $\Delta y > c$ を仮定しよう．この条件の意味は，企業と労働者との全体の利得合計は労働者が高い努力をすることで最大化されるということである．しかしながら，$(1/2)\Delta y < c$ が同時に満たされるならば，労働者は低い努力 $e=0$ を選択してしまうので，全体の効率性が損なわれてしまうことになる．これが「ホールドアップ問題」による非効率性を示している．

サーチ市場の均衡とホールドアップ問題

ここでは，上で考察したホールドアップ問題をサーチ市場の枠組みで分析して，市場摩擦度がホールドアップ問題に与える影響について調べることにする．[10] 前節のサーチ市場モデルと同様，離散時間で無限期まで続く経済を考える．毎期，一定数の企業と労働者が市場に参入してくる．確率 $\alpha \in (0,1)$ で1人の労働者（企業）は1人の企業(労働者)とマッチする．マッチに成功した企業と労働者は前節で分析したホールドアップ問題に直面する．生産活動を行い，生産物を分配した企業と労働者は市場から退出するものとする．ただし，企業も労働者も雇用関係を解消して，新たな取引相手を見つけるサーチ活動に入ることが出来る．そこで，企業と労働者がこのような外部機会からえる留保利得を，

---

[9] これは協力ゲーム理論におけるナッシュ交渉解（Nash bargaining solution）と呼ばれる分配の概念に対応している．例えば，岡田 (1997) を参照せよ．

[10] 以下の分析はすべて定常均衡に限定される．非定常均衡を含めたより一般的な均衡の特徴づけについては Ishiguro (2010b) を参照よ．

それぞれ U_F と U_W と書くことにする.

マッチに成功した企業と労働者は生産物 $y(e)$ を生み出してそれを分配するか,あるいは雇用関係を解消してそれぞれの留保利得をえるかの選択に迫られる.ここで,生産物を生み出すことの企業と労働者の取引余剰は $y(e) - U_F - U_W$ となる. $y(e) > U_F + U_W$ のとき,取引余剰は正であり,企業と労働者は生産物を生み出すことに同意するであろう.他方,$y(e) < U_F + U_W$ のとき,取引余剰は負であり,生産活動を行うよりも雇用関係を解消することを選択するであろう.よって,マッチに成功した企業と労働者の取引余剰は

$$\max\{y(e) - U_F - U_W, 0\}$$

と書ける.ここで,企業は自分の留保利得 U_F に加えて,労働者との交渉によってこの余剰を折半した分配を受け取るものとする[11].すなわち,

$$\pi(e) \equiv U_F + (1/2)\max\{y(e) - U_F - U_W, 0\} \tag{5.11}$$

が企業の取り分である.同様にして,労働者は自分留保利得 U_W に加えて,取引余剰の半分を交渉によって受け取る.すなわち,

$$U_W + (1/2)\max\{y(e) - U_F - U_W, 0\} \tag{5.12}$$

である.労働者の純利得はこれから努力費用 ce を差し引いた

$$u(e) \equiv U_W + (1/2)\max\{y(e) - U_F - U_W, 0\} - ce \tag{5.13}$$

である.労働者は自分の利得 $u(e)$ を最大にする努力 $e \in \{0, 1\}$ を選択する.

また,企業と労働者の留保利得は次のように決定される.

$$U_W = \delta\{\alpha u(e) + (1-\alpha)U_W\} \tag{5.14}$$

$$U_F = \delta\{\alpha \pi(e) + (1-\alpha)U_W\} \tag{5.15}$$

ここで,確率 α でマッチに成功したとき,失業状態にある労働者は利得 $u(e)$ をえる.他方で,マッチに失敗したとき(確率 $1-\alpha$),労働者は再び失業状態に

---

[11] 再び,ここでの分配の概念はナッシュ交渉解に対応している.

おかれて留保利得 U_W をえる．将来の期待利得 $\alpha u(e)+(1-\alpha)U_W$ は割引因子 δ で割り引かれる．企業の留保利得も同様に導出される．

ここで，サーチ市場の均衡において，労働者の努力水準がどのようになり，それが市場摩擦度を表すパラメータ δ や α とどのような関係にあるかを調べてみよう．最初にマッチに成功した労働者が高い努力 $e=1$ を選択する均衡が存在するかどうかを分析してみる．$e=1$ のとき，企業と労働者の留保利得を足し合わせると

$$U_W + U_F = \delta\{\alpha(u(1)+\pi(1))+(1-\alpha)(U_W+U_F)\} \tag{5.16}$$

となる．他方で，マッチに成功した労働者が高い努力を選択するためには $u(1) \geq u(0)$ が必要である．すなわち，

$$(1/2)\max\{y_1 - U_F - U_W, 0\} - c \geq (1/2)\max\{y_0 - U_W - U_F, 0\} \tag{5.17}$$

である．ここで $y_1 > U_F + U_W$ でなければならない．なぜなら，$y_1 < U_W + U_F$ ならば，$y_1 > y_0$ より $y_0 < U_W + U_F$ となり，(17) 式は成立しないからである．そこで，$y_1 > U_F + U_W$ とする．このとき，$\pi(1) + u(1) = y_1 - c$ となるので，(16) 式は

$$U_W + U_F = \delta\{\alpha[y_1 - c]+(1-\alpha)(U_W+U_F)\}$$

となる．これより，

$$U_W + U_F = \frac{\delta\alpha[y_1-c]}{1-\delta(1-\alpha)}$$

が導かれる．ここで割引因子 δ が十分 1 に近いとしてみよう．そのとき，$U_W + U_F$ は $y_1 - c$ に近くなる．しかしながら，このとき $(1/2)\max\{y_1 - U_W - U_F, 0\}$ は $(1/2)c$ に近づくので，労働者が高い努力を選択する条件の (17) 式左辺は $-(1/2)c$ となり，この条件式は満たされないことになってしまう．より具体的には，δ が

$$y_1 - 2c < \frac{\delta\alpha(y_1-c)}{1-\delta(1-\alpha)} \tag{5.18}$$

を満たすほど十分 1 に近ければ労働者が高い努力を選択する条件は満たされないことになる．

この結果は次のようなことを含意している．割引因子 δ の大きさはマッチに成功していない企業と労働者が少なくとも次のマッチまでに待たなくてはならない一期間の長さと逆比例していることを思い出してほしい．したがって，割引因子が大きいとき，市場の摩擦度は小さいことを示している．これより，上記の結果は，市場の摩擦度が小さければ，労働者が高い努力を選択するサーチ市場の均衡は存在しないことを示している．反対に市場摩擦度が十分大きいとしてみよう．δ が小さければ，$U_F + U_W$ はゼロに近づく．このとき，労働者が高い努力を選択する条件は $(1/2)y_1 - c \geq (1/2)y_0$ となる．この条件が満たされれば，ホールドアップの非効率性は生じない．しかしながら，上記の結果は，$(1/2)\Delta y \geq c$ が満たされていても，市場の摩擦度が十分小さければ，ホールドアップ問題は避けられないことを示している．市場に摩擦が少ないほど取引の効率性は高まると期待するのがもっともらしいが，上記の結果はこれとは全く逆のことを含意しているのである．その理由は次のように考えられる．市場摩擦度が小さければ，将来のマッチから期待できる利益が大きく評価される．これは取引機会を高める効果を持つが，他方で，現時点で見た取引余剰 $y_1 - U_F - U_W$ を減少される効果を持ってしまう．実際，δ が 1 に近づくとき，$y_1 - U_W - U_F$ は c に近づく．労働者はこの余剰の半分—$(1/2)c$—しか分配として受け取れないので，自分が行う努力費用 c をカバーしきれずに高い努力を行う誘因を失ってしまうというわけである．

次に，毎期マッチに成功した労働者が低い努力を行う定常均衡が存在するかを考えてみよう．ここで $(1/2)\Delta y > c$ を仮定する．すなわち，1 回限りのゲームにおいては労働者は高い努力を選択する誘因をもつとする．さて次にサーチ市場の均衡を考えてみよう．マッチに成功した労働者の利得は

$$u(e) = (1/2)\max\{y(e) - U_F - U_W, 0\} + U_W - c(e)$$

である．よって $e = 0$ が均衡となるには $u(0) \geq u(1)$ が必要である．ここで，$y_0 \geq U_F + U_W$ と仮定しよう．そのとき，$y_1 > y_0 \geq U_F + U_W$ となるので，$e = 1$ および $e = 0$ に対して $u(e) = (1/2)[y(e) - U_W - U_F] + U_W - c(e)$ となる．しかし，そのときマッチに成功した労働者は高い努力 $e = 1$ を選択する誘因をもっ

てしまう（$(1/2)\Delta y \geq c$ より）．よって，$y_0 < U_F + U_W$ でなければならない．他方，マッチに成功した労働者が低い努力 $e = 0$ を選択する定常均衡が存在すれば，マッチに成功した企業と労働者の利得合計は y_0 となる．よって，労働者と企業の留保利得の合計は

$$U_W + U_F = \delta\{\alpha y_0 + (1-\alpha)(U_W + U_F)\}$$

すなわち，$U_W + U_F = \delta\alpha y_0/(1-\delta(1-\alpha))$ となる．しかし，このとき $U_W + U_F < y_0$ となるので，上記の条件 $y_0 < U_F + U_W$ は成立しない．これより，マッチに成功した労働者が低い努力 $e = 0$ を選択する定常均衡は存在しないことが分かる．

上記の二つの結果は次のことを示している．もし $(1/2)\Delta y \geq c$ と (18) 式が満たされるならば，マッチに成功した労働者が高い努力を選択する定常均衡も，低い努力を選択する定常均衡もどちらも存在しないということである．したがって，定常均衡が存在するとすれば，それはマッチに成功した労働者が高い努力と低い努力を確率的に選択する混合戦略での均衡でなければならない．実際，そのような混合戦略による定常均衡が存在することを示すことが出来る．マッチに成功した労働者が確率 $x \in (0,1)$ で高い努力を選択するとしよう．これが均衡戦略となるには，マッチに成功した労働者が高い努力と低い努力との選択で無差別になっていなければならない．すなわち，$u(1) = u(0)$ である．これを書き換えれば，

$$(1/2)\max\{y_1 - U_W - U_F, 0\} - c = (1/2)\max\{y_0 - U_W - U_F, 0\}$$

となる．ここで $y_1 > U_W + U_F > y_0$ と想定しよう（実際，これが正しいことは後で確認できる）．そのとき，上の等式は

$$(1/2)[y_1 - U_W - U_F] = c \tag{5.19}$$

となる．これより $U_W + U_F = y_1 - 2c$ である．次に，労働者と企業の留保利得の合計 $U_F + U_W$ を考えよう．マッチに成功した企業と労働者のペアは，もし労働者が高い努力を選択すれば $y_1 > U_W + U_F$ より取引に合意するが，低い努力を選択した場合には $y_0 < U_W + U_F$ より取引には合意しない．ここで前者が生じる

確率は $x \in (0,1)$ であり，後者が生じる確率は $1-x$ であるので，労働者と企業の留保利得の合計は

$$U_W + U_F = \delta\{\alpha x[y_1 - c] + (1-\alpha x)(U_W + U_F)\} \tag{5.20}$$

となる．ここで，確率 α で取引相手にマッチして，労働者が確率 x で高い努力を選択したとき労働者と企業は取引利益 $y_1 - c$ を合計で獲得する．さもなくば，マッチが成功しないかマッチに成功しても労働者が低い努力を選択して取引が実現しないかのどちらかである．このとき，労働者と企業は再び留保利得を獲得することになる．(20) 式より

$$U_W + U_F = \frac{\delta\alpha x(y_1 - c)}{1 - \delta(1-\alpha x)} \tag{5.21}$$

となる．ここで，労働者が高い努力と低い努力の選択が無差別になるためには，(19) 式が満たされなければならないことを思い出そう．これらの条件を合わせれば，

$$y_1 - 2c = U_W + U_F = G(x) \equiv \frac{\delta\alpha x(y_1 - c)}{1 - \delta(1-\alpha x)} \tag{5.22}$$

となる．ここで，$G(0) = 0$ および $G(1) > y_1 - 2c$ となり，G は増加関数でもあるので $y_1 - 2c = G(x)$ を満たす $x \in (0,1)$ が一意的に存在することになる．これが混合戦略での定常均衡を構成することになる（図 5.3 参照）．

上記の定常均衡は次のような性質を持っている．第一に，マッチに成功した労働者が高い努力を選択したときのみ取引が実現するため，マッチに成功したにもかかわらず，ある確率で取引の実現が後の期に「遅れる」という現象が生じることになる．従って，サーチ市場における取引に非効率性が生まれることになる．第二に，このような非効率性は市場の摩擦度が小さくなるとより深刻になることが確かめられる．$G(x)$ は δ の増加とともに増加するので，摩擦度の減少（δ の上昇）によって (22) 式を満たす均衡確率 x の値は低下しなければならない．市場摩擦度は δ の逆数で計られるため，この結果は市場摩擦度の低下（δ の上昇）がより取引実現の頻度を低下させることを示している．市場摩擦度の低下は，経済の効率性を高めると思われる自然な結果とは相反する結果であると言える．その理由は次のように考えられる．市場摩擦度の低下それ自

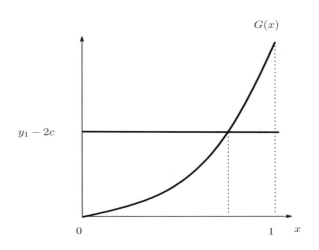

図 5.3: 定常均衡

体は取引の頻度を高めるため，市場の効率性を改善する．しかし，他方で留保利得を増加させるため，マッチに成功した労働者と企業との取引余剰を低下させて，労働者の努力インセンティブを低下させてしまうという負の効果を強めることになってしまうのである．後者の効果が前者の効果を上回ることで，市場摩擦度の低下はかえって「ホールドアップ問題」を深刻化させて，市場の効率性を低下させることにつながると考えられる[12]．

5.4 結論

本論文では，サーチ市場における市場摩擦度と最適契約やホールドアップ問題との関係を理論的に考察した．その結果，サーチ市場においては，複数の契約形態が均衡として生じうることが明らかにされた．その結果として，市場の

---

[12] より一般的な厚生分析は Ishiguro (2010b) を参照せよ．

摩擦度と均衡で選択される契約との関係についてその含意を検討した．また，完備な契約が作成不可能な場合，市場摩擦度の低下はかえってホールドアップ問題を深刻化させてしまうことを明らかにした．市場の摩擦度は，経済が置かれた制度的環境によって影響を受けると考えられる．市場の摩擦を少なくするような制度設計を遂行した場合，雇用契約や賃金形態にどのような変化が表れるかを分析するための理論的な枠組みを用意することは重要である．また，その実証的な含意を探ることも今後の重要な研究課題であると言える．

参考文献
references

ACEMOGLU, D., AND R. SHIMER. (1999): "Holdup and efficiency with search friction," *International Economic Review*, 40, 827–849.

COLE, H. L., G. J. MAILATH, AND A. POSTLEWAITE (2001) "Efficient non-contractible investments in large economies," *Journal of Economic Theory*, 101, 333–373.

DE MEZZA. D., AND B. LOOKWOOD (2004) *Too Much Investment: A Problem of Coordination Failure*, Warwick University.

FELLI, L., AND K. ROBERTS (2002): "Does competition solve the holdup problem?," mimeo., London School of Economics.

GROSSMAN, S., AND O. HART. (1986) "The Costs and benefits of ownership: A theory of lateral and vertical Integration," *Journal of Political Economy*, 94, 691–719.

GUERRIERI, V, SHIMER. R AND R. WRIGHT: Adverse selecion in competitive search equilibrium, *Econometrica*, 78, 1823–1862.

HART, O. D (1995): *Firms, Contracts and Financial Structures*, Oxford University Press.

HART, O. D., J. MOORE (1990): "Property rights and the nature of the firm," *Journal of Political Economy*, 98, 1119–1159.

INDERST, R. (2001): "Screening in a matching market, *Review of Economic Studies*, 68, 849–868.

ISHIGURO, S. (2010): "Contracts, search, and organizational diversity," *European Economic Review*, 54, 678–691.

ISHIGURO, S (2010): "Holdup, search, and inefficiency, *Economic Theory*, 44, 307–338.

LAZEAR, E. (1986): "Salaries and Piece Rates, *Journal of Business*, 59, 405-31.

MCLEOD, W. B., AND J. MALCOMSON (1993) "Investments, holdup, and the form of market contracts," *American Economic Review*, 83, 811–837.

OSBORNE, M. J., AND A. RUBINSTEIN (1990): *Bargaining and Markets*, London: Academic Press.

PISSARIDES, C (2000): *Equilibrium Unemployment Theory*, second edition, MIT Press.

WILLIAMSON, O. E. (1975): *Markets and Hierarchies: Analysis and Antitrust Implications*, New York: The Free Press (1975).

WILLIAMSON, O. E: *The Economic Institutions of Capitalism: Firms, Markets and Relational Contracting*, New York: The Free Press (1985).

伊藤秀史 (2003):「契約の経済理論」，有斐閣.

今井 亮一，工藤 教孝，佐々木 勝，清水 崇 (2007):「サーチ理論 分権的取引の経済学」，東京大学出版会.

柳川範之 (2000):「契約と組織の経済学」，東洋経済新報社.

第6章
ホールドアップ問題は契約により解決できるか：動学的考察

堀　一三

6.1　はじめに

　経済の効率性について考えよう．経済の効率性は，まず取引によって達成される．モノを買いたい人と売りたい人の間で，自主的な取引が行われるならば，双方の効用が取引の合意によって上昇し，それによって，社会の効率性が高まる．例えば，中古車市場が考えられる．車の利用価値が低い者が，利用価値を高く評価する者に転売することによって，双方の利潤が高まる．取引としては，市場を通じたものだけでなく，社内の取引も考えられる．とある事業を遂行するときに，事業遂行のための費用が，事業から得られる利益を上回るならば，企業の収益が上昇する．

　また，取引によって得られる経済の効率性を改善することもできる．例えば，中古車の買い手にとって，中古車の状態が良ければ良いほど，使い勝手が上昇し効率性が高まる．また，事業遂行にあたって，技術革新により費用を抑えることが出来るのならば，企業の利潤はより高くなる．

　これらの取引の主体は，売り手と買い手，複数の担い手によって行われる．また，企業内において事業は，分業によって遂行される．なぜならば，その方が，効率的だからである．中古車を修理して売りに出す際，私たち自身が修理するよりも，自動車修理工という特殊能力を持つ専門家に任せた方が効率的である．ベンチャー企業が，起業する際に，銀行やベンチャーキャピタルから資

本の提供を受けるのもそうである．ベンチャー企業は，銀行／ベンチャーキャピタルに比べて，新規事業の推進に秀でており，また銀行／ベンチャーキャピタルは，資金集めに秀でている．各組織の長は，一人で全ての仕事をこなすことはせず，部下と仕事を共有する．経済主体の，能力，資本，資源，時間の限界を克服するため，分業を行い，その成果が取引されるのである．

分業による効率性追求で重要なのは，各経済主体が，与えられた役割を充分にこなす事が出来るかという点である．効率性の観点から，取引が望ましい場合に取引が行われるであろうか．買い手にとっての中古車の利用価値が，売り手が中古車を手放す機会費用を上回っているときに，必ず取引が成立するであろうか．また，修理工は，依頼主の満足がいくように修理してくれるだろうか．ベンチャーキャピタルは，必要なときに充分な資本を融資してくれるだろうか．部下は，会社のために，一生懸命働いてくれるだろうか．

修理すれば使えそうな廃車が，山となって捨てられていることを見たことがあるであろう．融資を受けるためには，相当な努力が必要であり，望むような融資を受けられない企業も存在する．部下が働いてくれないと，上司は愚痴を言い，また，部下は上司に不満を言う．なぜであろうか．打ち捨てられた廃車を例に考えると，理由としては，

1. 売り物になるように，修理をすることができない，

2. 適当な買い手が見つからない，

ということが考えられる．それでは，どうしてこのような問題が発生してしまうのか．

その答えを考える前に，効率性について定義する．取引により，余剰が発生する場合を，**取引による効率性**と呼ぶことにする．この取引による効率性を高めるため，資本や努力が投資される．これを**投資の効率性**と呼ぶこととする．これらの効率性が，個人の利益追求のため，達成されないのはなぜであろうか．様々な側面から説明することができるが，この章では

1. コミットメント（committment）に起因する問題，

2. 情報の非対称性（information asymmetry）に起因する問題,

の二つに焦点を絞ることとする[1]. 第1点は, 取引に関する決め事に拘束力が無いために, 充分な支払いが受けられないのではという危惧から, 費用をかけてまで修理をしないという問題である. 第2点は, 中古車の品質に対する評価が人それぞれであり, 本人にしか分からないことにより, 売り手は充分な支払いを受け取ることが出来ないという, アドバースセレクション問題. また, 売り手が, 必要な修理をしたのか分からないために, 支払いが充分になされないという, モラルハザード問題である.

これらの問題によって, 取引の効率性を追求しようとすると, 投資の効率性が損なわれてしまう, または, その逆の場合が発生する, **ホールドアップ問題**（hold-up problem）について議論を行う. 以下では, これらの問題を概観した後, 問題解決の方法として, 動学的拡張を分析する.

6.2 ホールドアップ問題

売り手と買い手が, ある商品を取引する場合を考える. 売り手は, 商品を製作し, 買い手に販売する. 商品が買い手の手に渡り, 使用されると, 商品の価値が発生する. また, 商品の価値は, 売り手が, どれだけ丁寧に制作したかにも依存する. 売り手が, 労力を惜しまずに制作したのならば, 買い手にとって満足のいくものとなるであろう. 製作にあたって, 良い材料を利用したならば, またこれもそうであろう. これら, 努力・資本の投資が, 取引に先立って行われる場合を想定する. この事前の投資が, 効率的な水準に比べ, 過少となって

---

[1] この他に, 取引相手を探す機会費用が高すぎる（サーチ理論）, 他の関係者に取引の機会をとられてしまう（マッチング理論）, 等他の理論によっても説明することが出来る.

しまうことがある．なぜなのかを以下で説明する．

コミットメントとホールドアップ問題

まず始めに，クライン・クローフォード・アルキアン (Klein, Crawford and Alchian 1978) を基にした次のモデルを考える．

> **モデル 1** 売り手と買い手が，一つの商品を取引する．買い手にとっての商品価値は V である．買い手以外の誰にとっても，この商品の価値は無い．取引に先立ち，売り手は投資 $e \in [0, E]$ を行う．投資をすることによって，商品価値は，$V = se + v$ となる．ここで，s と v は正の定数である．投資をすることで，売り手は費用 e を被る．単純化のために，商品の生産費用は 0 とする．売り手と買い手は，事前に契約を結ぶ事が出来ず，投資が完了して回収不可能となってしまってから，つまり，投資費用がサンクしてしまってから，交渉により取引するかしないか，または取引における取引価格 t を決定する．このとき，売り手の交渉力を $\alpha(0 \leq \alpha \leq 1)$ とする．

このモデルでは，売り手の生産費用を 0，商品価値は常に正と仮定しているので，売り手と買い手の間で取引が行われることで，取引による効率が最適となる．また，次の仮定を設ける．

仮定 4. 投資を行うことは社会的に望ましい．つまり，

$$s > 1.$$

取引をすることが効率的であるので，交渉の結果，両者の間で取引が合意される．では，どのような価格で取引されるのであろうか．取引が合意されるためには，これが両者にとって，合理的な判断，つまり，取引しないよりも，取引をすることによって高い利得をもたらさなくてはならない．今，買い手にとっての商品の価値が V だとしよう．このとき，買い手にとって合理的な価格

は $V \geq t$ である．売り手にとっては，$t \geq 0$ である．たとえ，投資をしていたとしてもである．なぜならば，ある水準の投資をしていた場合，取引をすると利得は $t-e$，取引をしない場合は，投資は回収不可能であり，また，他の誰にも転売することは出来ないので，利得は $-e$ となるからである．よって，取引価格は $V \geq t \geq 0$ でなくてはならない．売り手は，交渉から得られる余剰のうち α を手にするので，交渉による価格は $t = \alpha V$ と決まる．売り手は，この値段に不満でも，売れなくては収入が全くなくなってしまうので，受け入れざるを得ないのである．これを，強盗に銃を突きつけられたとき，被害者は強盗の要求を受け入れざるを得ないことに比喩して，買い手が，売り手を「ホールドアップする」と呼ぶことにする．この結果，事後的な売り手の利得は，もし，投資をしたとすると $\alpha(se+v)-e$，投資をしなければ αv となる．売り手の効用は，

$$\alpha(se+v)-e,$$

となり，限界収益が αs，限界費用が 1 となる．これより，投資が行われる条件が求まる．

定理 4. 売り手の交渉力が小さいとき，$\alpha < \frac{1}{s}$，売り手の投資は行われない．

交渉力が小さいとき，売り手は，投資を行ったとしても，それから発生する余剰の多くを買い手にとられてしまう．投資を行ったとしても，充分な見返りを得ることが出来ないので，売り手は投資を控えてしまうのである．

売り手が，投資をしたか否かに依存して，価格を変更することが出来れば，この問題が解決できる余地がある．ここでは，事前にはそれが出来ない，もしくは，したとしても，その約束を遵守（コミット）することすることが出来ないので，問題が発生してしまうのである．これを，**コミットメントが出来ないことによるホールドアップ問題**と呼ぶこととする．

情報の非対称性とホールドアップ問題

ホールドアップ問題は，コミットメントが出来る場合でも起こりうる．ここ

では，次のモデルを用い，両者の間で事前に締結された契約が拘束力を持つ場合を考える．

> **モデル 2** 売り手は，投資を行うかしないかのどちらかを選ぶことが出来る．売り手の投資水準は，売り手にしか判らない個人情報であり，投資を行ったときは売り手は e の費用を被る．また，買い手にとっての商品の価値も確率的に $\bar{\theta}$ か $\underline{\theta}$ （$\bar{\theta} > \underline{\theta} > 0$）のどちらかであり，その実現値は，買い手にしか分からない個人情報である．投資を行うと，確率 $\bar{p}$ で $\bar{\theta}$ となり，それ以外の場合は $\underline{\theta}$ となる．投資をしない場合は，確率 $\underline{p}$ で $\bar{\theta}$ となり，それ以外の場合は $\underline{\theta}$ となる．

ここでは，売り手が投資を行うことで，買い手の商品価値に影響を与える**協力的投資**（cooperative investment）であることに注意してもらいたい．分析にあたって，事前には投資を行うことが効率でであると仮定する．

仮定 5.

$$\bar{p}\bar{\theta} + (1-\bar{p})\underline{\theta} - e > \underline{p}\bar{\theta} + (1-\underline{p})\underline{\theta} \Leftrightarrow (\bar{p} - \underline{p})(\bar{\theta} - \underline{\theta}) > e.$$

売り手は，投資をしなくても，したと虚偽の主張をする事が出来るのである．投資によって費用を被るので，売り手には投資をせずに，投資をしたと主張する誘因が発生する．この問題は，**モラルハザード**（moral hazard）問題として知られる．また，買い手も，実際は商品が高い価値がであっても，価値が低いと，実現値を偽ることが出来る．もし，商品価値が高いときには，多くを支払わなければいけないとき，買い手は，支払額を少なくするために，虚偽の報告をする誘因がある．これは，**アドバースセレクション**（adverse selection）問題と呼ばれている．このモデルでは，モラルハザードとアドバースセレクションの二つの問題が，同時に存在する．

もし，売り手の投資水準のみが共有される情報であっても，投資は最適に行われる．なぜならば，投資しないときには罰金の支払いを規定すれば良い．この

モデルでは，事後的にも効率的な取引が行われる．契約締結時点では，売り手，買い手とも，商品の価値を知らず，情報の非対称性が事前には存在しないので，マイヤーソン・サタースウェイトの不可能性定理 (Myerson and Satterthwaite, 1983) は当てはまらないからである．そもそも，事後的にはどんな場合であれ取引を行うことが効率的であり，実現した価値に応じて，取引するか否かを変更する必要がないので，アドバースセレクションの問題は生じない．また，商品の価値のみが共有できる情報であっても，$\bar{\theta}$ と $\underline{\theta}$ それぞれがが実現した時の支払いに充分な差を付ければ，売り手，買い手双方がリスク中立的であるので，モラルハザードの問題も起らない．

しかし，投資水準と商品の価値が，共に個人情報の場合は，ホールドアップ問題が発生する．シュミッツ (Schmitz, 2002)，堀 (Hori, 2006) の分析は次の通りである．事後的な効率性のためには，$\bar{\theta}$ か $\underline{\theta}$ どちらが達成しても同じ額を支払わなくてはならない．もしそうでないならば，買い手は，本当の価値に関わらず，安い支払額で済む方を報告するであろう．結局，売り手は，商品の価値が高くとも低くとも，同じ額しか受け取ることが出来ないのである．投資をしてもしなくても，受け取ることの出来る額は同じとなるので，費用がかかる投資は行われないのである．これを，**情報の非対称性に起因するホールドアップ問題**と呼ぶ．

事前の投資が行われるようにするには，$\underline{\theta}$ が実現したときには，支払額を少なくできるようにしなければならない．$t(m), q(m)$ を買い手が m と報告したときの支払額と取引する確率としよう．買い手が正直に報告するとして，売り手が投資を行うのは

$$\bar{p}t(\bar{\theta}) + (1-\bar{p})t(\underline{\theta}) - e \geq \underline{p}t(\bar{\theta}) + (1-\underline{p})t(\underline{\theta})$$
$$\Leftrightarrow (\bar{p}-\underline{p})\{t(\bar{\theta}) - t(\underline{\theta})\} \geq e,$$

買い手が真の価値を報告する誘因両立性制約より，

$$\bar{\theta}q(\bar{\theta}) - t(\bar{\theta}) \geq \bar{\theta}q(\underline{\theta}) - t(\underline{\theta}) \Leftrightarrow \bar{\theta}\{q(\bar{\theta}) - q(\underline{\theta})\} \geq t(\bar{\theta}) - t(\underline{\theta}).$$

この二つの式を合わせると,

$$(\bar{p} - \underline{p})\bar{\theta}\{q(\bar{\theta}) - q(\underline{\theta})\} \geq e,$$

が満たされるとき,売り手は投資を行う.効率的な取引をしようとすると,$q(\bar{\theta}) = q(\underline{\theta}) = 1$ となるので,投資は決してなされない.投資を導き,投資の効率性を高くするには,$\underline{\theta}$ が実現したときのみ,取引される確率を減少させなくてはならない.買い手から,真の報告を引き出すためには,商品価値が高いとき,買い手の利得を充分確保せねばならない(**情報レント**(information rent)).支払額が高すぎると,虚偽の報告をする誘因を起こしてしまうからである.しかし,商品価値が高いときの支払額が高くなければ,売り手はより良い商品を作ろうとする投資への誘因を削ってしまう.つまり,事前の効率性と事後の効率性の間に,トレードオフが存在してしまうのである.

ここでは,商品の価値の可能性は $\bar{\theta}$ か $\underline{\theta}$ の2通りだけであるが,3つ以上であっても同様の議論が成り立つ.また,協力的投資であることがホールドアップ問題の鍵である.買い手が投資を行い,買い手自身の商品価値に影響がある,利己的投資の場合は,投資水準と商品価値のどちらも個人情報であっても,ホールドアップ問題は起こらない.なぜならば,買い手は定額を売り手に支払うことで,買い手の利得は,総余剰より定数を引いたものとなる.このとき,買い手の利得最大化は,総余剰の最大化と同じになるからである.詳しくは,ロジャーソン (Rogerson, 1992) を参考にすると良い.

6.3 動学的考察

これまで見てきたホールドアップ問題は,売り手と買い手の間で,投資は1度しか行われず,また交渉も1度きりであった.しかし,徐々に投資を行いながら,交渉を重ねることが現実には考えられる.このような動学的な投資や交渉は,ここまで考えてきたよりも,より多くの誘因付けの可能性を与えてくれる.また,交渉に際して,条件が変化してくるので,その結果が変わりうる.

これらの理由により，ホールドアップ問題が解決出来るかもしれない．以下では，その可能性について考察する．

動学的考察 1：コミットメントが出来ないことによるホールドアップ問題の場合

段階的投資

　ここでは，売り手の交渉力が小さく，一度限りの投資機会では，コミットメントが出来ないことによるホールドアップ問題が発生してしまう場合でも，段階的に投資を行うことで，ホールドアップ問題を解決することが出来ないかを考察する．特に問題が最も深刻である，投資をしない買い手に全ての交渉力がある場合（モデル1において $\alpha = 0$）の場合について検討する．

　なぜ動学的な拡張だと問題が解決できうるのか．コミットメントが出来ないことに起因するホールドアップ問題は，買い手がホールドアップしたときに，売り手はそれに対抗する術が無いことが原因であった．しかし，少しずつ投資を行い，それに対して，少しずつ支払いをするならばどうなるであろうか．もし買い手が，ホールドアップをし，充分な見返りを支払わなかったならば，売り手はそれ以降の取引から手を引いてしてしまえば良い．すると，買い手は，これ以上の投資が受けられないので損をするであろう．同様に，売り手が充分な投資をしなかったならば，買い手は支払いをしないことで，これを罰することが出来る．このような理由により，段階的な投資を行うことにより，問題が解決できる可能性がある．

　果たして，売り手，買い手とも，相手が支払いをしない，投資をしないと行った逸脱した行動をしたときに，それを罰するような行動を取る仕組みを作ることが出来るであろうか．モデル1を2回繰り返すことを想定しよう．バックワード・インダクションによって考えると，第2期では全く投資が行われない．それでは第1期で売り手が投資を行ったにもかかわらず，買い手がホールドアップしようとして，支払額を0としたならばどうなるであろうか．この場合，売り手は第2期目の投資を減少させることで，買い手の利益を減らし対抗

しようとするが，そもそも，第2期目では投資をしないので，全く効き目がない．よって，第1期目でもホールドアップ問題を防ぐ事が出来なくなってしまうのである．このことは，たとえ，繰り返す回数を多くしても，有限回である限りは，同じことが言えるので，ホールドアップ問題は解決することが出来ない．

しかし，この議論は，段階的な投資によってホールドアップ問題を解決するための，重要な含意を含んでいる．もし第2期目に投資が行われるのならば，第1期目に買い手がホールドアップしても，売り手は第2期目の投資を減らすことで買い手に対抗できる．そこで，買い手はホールドアップせず，投資が行われる可能性があることを示唆している．それでは，第2期目に投資されるためにはどうしたら良いのであろうか．それは，第3期目に投資が行われれば良いのであり，以下同様の議論によって，将来，無限期に渡って投資が行われる序列が見つけられるのならば，問題を解決できるかもしれないのである．果たして，そのような部品の序列を作る事が出来るであろうか．

それでは，次のモデルを考える．

モデル3 売り手と買い手の間で，一つの財を取引する．財は，部品 $k = \{1, \ldots\}$ から構成されている．売り手は，第 k 期に部品 k に投資 $e_k \in [0, E]$ を行う．この投資により，部品 k の価値は $V_k = \theta(1-\theta)^{k-1}(se_k + v)$ となる．この投資により，売り手は $\theta(1-\theta)^{k-1} e_k$ の費用を被る．商品全体の価値は $V = \sum_{k=1}^{\infty} V_k$ であり，総投資費用は $\sum_{k=1}^{\infty} \theta(1-\theta)^{k-1} e_k$ となる．第 k 期の投資が終わった後，買い手は t_k の支払いを行う．買い手の交渉力が弱い，$\alpha = 0$，ものとする．

なお，先の節との整合性を持たせる為に，仮定1が成り立っているものとする．

このモデルでは，囚人のジレンマの無限回繰り返しゲームのように，複数の均衡が考えられるが，次のような効率的な均衡が存在するのかを確かめることとする．

均衡戦略1 買い手は，売り手がこれまで毎期 $e_k = E$ の投資をす

るのならば，支払い $t_k = \theta(1-\theta)^{k-1}(E+v)$ をする．もし，第 k 期以前に，この水準以外の投資をしたならば，k 期以降の支払いを 0 とする．

売り手は，買い手が第 k 期までの全ての期に，支払い $\hat{t}_k = \theta(1-\theta)^{k-1}E$ をしたならば，第 $k+1$ 期に投資 $e_{k+1} = E$ を行う．それ以外のときは第 $k+1$ 期以降の投資を 0 とする．

まず，買い手の誘因について考える．売り手が均衡戦略に従うものとする．買い手も均衡戦略を選択すると，全期に渡って投資が行われるので買い手の利得は，

$$\sum_{j=1}^{\infty} (\hat{V}_j - \hat{t}_j).$$

ここで，$\hat{V}_k = \theta(1-\theta)^{k-1}(sE+v)$ とする．

もし，買い手が，第 k 期に初めて均衡戦略から逸脱して $t_k \neq \hat{t}_k$ を支払ったならば，売り手は，この期以降投資をしないので，利得は

$$\sum_{j=1}^{k} (\hat{V}_j - \hat{t}_j) + \hat{t}_k - t_k,$$

となる．よって，最も利得を最大にする逸脱は $t_k = 0$ である．

よって，

$$\sum_{j=1}^{\infty} (\hat{V}_j - \hat{t}_j) \geq \sum_{j=1}^{k} (\hat{V}_j - \hat{t}_j) + \hat{t}_k,$$

が全ての k について成り立つならば，買い手は逸脱しない．

上記式は，

$$(1-\theta)(sE+v) - (1-\theta)E \geq \theta E,$$

と書き換えることが出来る．つまり，$\frac{(s-1)E+v}{sE+v} \geq \theta$ であるならば，売り手は支払いを遵守する，つまりホールドアップをしないことが分かる．

次に，売り手の誘因を考える．第 k 期に E の投資をしなければ，この期より支払いを受けられなくなる．よって，この期に逸脱を考えるのならば，第 $k+1$

期以降も投資をしないことが最適となる．逸脱の誘因が無いのは，

$$\sum_{j=k}^{\infty} \left(\hat{t}_j - \theta(1-\theta)^{k-1} E \right) \geq 0,$$

の時である．しかし，$\hat{t}_j - \theta(1-\theta)^{k-1} E \geq 0$ であるので，上式は満たされ，売り手は買い手が支払う限りは投資を続ける．

　以上より，段階的な投資によって，過少投資を防ぐことが出来ることが分かった．上記のように，部品の大きさは，時間を経る毎に小さくなっていく序列となる．これは，この理論の直感的説明と密接に関係している．売り手が投資を行うには，どの時点でも次の期以降に投資が行われて，売り手と買い手の間に余剰が発生し，買い手がホールドアップしたときに，売り手が次期以降投資をしないことで対抗できるようでなくてはいけない．よって，無限に投資が行われる序列を構成するためには，その数列が収束するものではなくてはならないのである．

　モデル3では，部品は無限の序列に分割されているので，全ての効率的な投資が行われるのには無限の時間を要し，非現実的である．この問題点は，次のような改変を行うことで解決できる．第 k 期が終了後，確率 θ でこの期が最終期となってしまう．つまり，第 $k+1$ 期が訪れるのは $1-\theta$ の確率であるとする．このようにすれば，投資は，平均的に有限期間内 ($\frac{1}{\theta}$ 期) に終了する．この場合でも，多少の変更は含むものの，上記の結果はそのまま成り立ち，また θ が 0 に近付くにつれ，漸近的に効率性を達成できることを示す事が出来ることが，ピッチフォード・シナイダー (Pitchford and Snyder, 2004) によって示されている．

交渉の再検討

　投資を行ったときと，投資を行わなかったとき，売り手は，どちらのときに**交渉** (bargaining) において強い交渉力を発揮することが出来るであろうか．モデル1では，交渉が決裂したとき，投資は出来ないと暗黙に仮定した．交渉に

は投資水準は何ら影響しなかった．しかし，交渉決裂後も，追加投資を行い，再び交渉に挑むことも現実には考えられる．この場合，現時点での投資水準が，現時点での交渉に影響を与えるのではなかろうか．例えば，現時点での投資が少ないとき，この時点での交渉において，売り手は強く出ることが出来るであろうか．次の期に増資されるとしよう．すると，交渉力が同じならば，買い手は，今期合意するよりも，増資後に合意をした方が得られる利得が大きいので，来期まで待つであろう．よって，現時点での売り手の交渉における立場は，弱くなるのではなかろうか．それならば，交渉の立場を強くするために，投資をしようとする誘因が生じるので，ホールドアップ問題は，これまで見てきたものよりも軽微かもしれない．ここでは，Che and Sakovics (2004) の議論を見ることとする．

分析に先立ち，交渉について再度規定する必要がある．交渉においては，確率 α で買い手が選ばれ，確率 $1-\alpha$ で売り手が選ばれ，それぞれ選ばれた者が提案を行い，この提案が受け入れられなければ，この期において交渉は成立せず，次の期に進むものとする．次の期に新たに，売り手か買い手かが，提案者として選ばれる．次の期に得られる利得の現在価値は，割引率 δ を乗じたものとなる．ただし，$1 > \delta > 0$ とする．このような交渉の結果，余剰のうち α の割合を売り手が受け取り，残りを買い手が受け取ることとなる．これは，Binnmore (1987) による，Rubinstein (1982) の交渉ゲームの変型であり，交渉力の一解釈だと考えることが出来る．

モデル 4 商品の価値と投資の費用は，モデル 1 と同じ．ただし，交渉は，合意がまとまるまで何度でも行う事が出来，また，その間に追加投資をすることが可能である．

交渉と投資の機会が，合意に至るまで無限に与えられる場合，定理 1 のような条件でも，最適な投資 E が行われるかを検討する．ここでも複数の均衡が考えられるが，均衡戦略の候補として，次のものを検討する．

均衡戦略 2 売り手は，これまでの総投資額が E 未満であるなら

ば，今期に追加投資し，総投資額を E とする．これ以降は投資を行わない．

もしも，売り手がこの戦略から逸脱しなければ，現時点で総投資額が E 未満の場合，次期に，追加投資 $E-e$ が行われ，これより後では，追加投資は行われない．ここでは，割引率を考えているので，交渉がまとまらないと，双方にとって不利益となるので，次期に必ず交渉がまとまり，この交渉で，買い手は平均的に $(1-\alpha)(sE+v)$，売り手は $\alpha(sE+v)$ の余剰を受け取る．

それでは，今期までに総額 e を投資した売り手の効用はどうなるのであろうか．このとき総余剰額は $se+v$ である．確率 α で売り手は交渉の提案を行い，買い手に次の期の交渉で得られるであろう利得の現在価値 $\delta(1-\alpha)(sE+v)$ さえ支払えば，提案は受け入れられる．あるいは，この支払いによって売り手の利得が負になってしまう場合は，売り手は交渉をまとめずに次の期へと進み，総投資額を E とし $\delta\alpha(sE+v)$ を手にする．また，確率 $1-\alpha$ で買い手が提案を行い，売り手は $\delta\alpha(sE+v)$ が支払われるならば，次期の交渉から得られる期待利得と無差別なので，この提案を受け入れる．よって，売り手の今期における期待利得は，

$$\alpha \max\{se+v-\delta(1-\alpha)(sE+v), \delta[\alpha(sE+v)-(E-e)]\}$$
$$+(1-\alpha)\delta[\alpha(sE+v)-(E-e)]-e,$$

となる．

それでは，売り手は，今期までの総投資額をどう設定することで，現時点での利得を最大にすることができるのか．まず，売り手が提案を行って，交渉が今期でまとまる場合を考える．すなわち，$se+v-\delta(1-\alpha)(sE+v) \geq \delta[\alpha(sE+v)-(E-e)]$ のときである．割引率 $\delta \geq \frac{1-\alpha s}{1-\alpha}$ のときには，売り手の利得を最大にするのは $e=E$ である．一方，今期に交渉がまとまらないときは $e=0$ において最大になる．それぞれ最大化されたものを比較すると，仮定 1 が満たされるならば，前者の方が大きいことが判る．つまり，割引率が大きいときには，効率的な投資が行われるのである．

動的計画法では，ある一回だけの逸脱によって，逸脱した者の効用が増加しなければ，どの時点でも逸脱しないことが示されている (One Shot Deviation Principle). よって，割引率が十分に高いときには，均衡戦略 2 は，部分ゲーム完全均衡であることが証明された．最初の期に最適な投資がなされ，商品が取引され効率性が達成されるのである．

ここで，ホールドアップ問題が起こらないのはなぜであろうか．売り手が投資を行うときは，3 つの可能性を考える必要がある．まず売り手自身が，交渉の提案を行う場合．このとき，今期のうちに交渉がまとまるならば，買い手には，必要最低限だけ支払えばよく，残りの余剰は，売り手自身のものとなる．よって，投資への誘因が高い．もし，今期に交渉がまとまらないとき，今期までに投資したものは，次期に交渉で分けられる余剰の一部となる．このとき，将来価値の割引が大きい（割引率 δ が小さい）と，これまで投資したものの価値が下がってしまうので，投資の誘因がなくなってしまうが，割引が小さいときは，その程度が低くなる．買い手が提案を行う場合，売り手には，次期の交渉で得られるものの現在価値が支払われる．これは，今期の投資によっても増減するが，将来価値の割引が大きいときは，せっかく投資をしても，価値が割り引かれてしまうので，投資をしないことへの誘因がある．逆に，割引が小さいときは，投資をしないことの誘因が小さくなる．この 3 つの効果を平均的に考えると，割引率が高いときには，投資への誘因が充分となるのである．しかし，割引率が小さいならば，投資の誘因は小さく，ホールドアップ問題は解決できない．特に割引率が 0 のときは，モデル 1 と同じになる．

動学的考察 1 のまとめ

ここまで，コミットメントに起因するホールドアップ問題の動学的拡張を検討してきた．その結果，多くの場合，ホールドアップ問題が解決できることが示された．モデル 3 では，商品をいくつかの部品に分け，段階的に投資，支払いをすることによって，問題を解決できることが判った．この結果で留意す

べき点は，部品の価値は代替的であり，補完的では無いという点である．補完的な部品にしか分割できない財というのは，想像に難くない．この場合は，本章での分析は適用できず，むしろ，モデル1との大きな差異がないので，問題は解決できないであろう．モデル4では交渉の再検討を行い，その結果，最適な投資が行われることが判明した．このモデルの問題点を挙げるとすれば，まず交渉が無限に続かなければならないことである．この点については，次期の交渉が行われる確率を1未満とすることで，平均的に有限期間内で終わる場合を考える事が出来る．また，投資が代替的であるという点について，これはモデル3の問題点としてあげたことと同じである．最後の1単位の投資が行われて初めて商品としての価値が生まれる，補完的な投資の場合については，更なる検討が必要である．

この節で考察してきたモデルは，どれも，売り手の投資が，買い手の商品価値を高める，協力的投資であった．投資が，協力的である場合，たとえ，事前締結した契約を遵守できたとしても（ただし，投資水準や，実現した商品価値は第3者には立証不可能とする）契約を締結しない方が良いことがチェ・ハーシュ (Che and Hausch, 1999) によって示されていた．この結果を更に進め，本節の結果は，契約を締結することが無くても，動学的に見れば効率性が達成できることを示している．契約が締結されていなくても，効率的な関係を築く事が出来ている企業間の関係を説明する手がかりとなるであろう．

動学的考察2：情報の非対称性に起因するホールドアップ問題の場合

それでは，情報の非対称性に起因するホールドアップ問題の場合はどうであろうか．これまで見て来たように，動学的にすることで，売り手や買い手に，更なる誘因を与える余地が出てくるかもしれない．モデル2の状況を考える．ここで問題となったのは，売り手が投資をしていないにもかかわらず，投資をしたと虚偽の報告をする可能性．更に，買い手が商品価値を実際よりも低く報告する可能性であった．これに対し，動学的な場合は，次のような対策が考え

られる.売り手が投資をしていなさそうな時は,次の期以降の取引をしない.買い手が,虚偽の報告をしていそうな時は,売り手は次の期の投資を少なくする.この節では,これらの手段によって,ホールドアップ問題が解決できるのかを考察する.

モデル5 売り手は,二期間 ($i = \{1,2\}$) に渡って,商品の部品に投資を行うかしないかのどちらかを選ぶことが出来る.第i期に部品iに投資を行う.売り手の投資水準は,売り手にしか判らない個人情報であり,投資を行ったときは売り手はe_iの費用を被る.また,それぞれの部品iの価値も確率的に$\bar{\theta}_i$か$\underline{\theta}_i$ ($\bar{\theta}_i > \underline{\theta}_i > 0$) のどちらかであり,その実現値$\theta_i$は,買い手の個人情報である.投資を行うと,確率$\bar{p}_i$で$\bar{\theta}_i$となり,それ以外の場合は$\underline{\theta}_i$となる.投資をしない場合は,確率$\underline{p}_i$で$\bar{\theta}$となり,それ以外の場合は$\underline{\theta}$となる.買い手にとっての商品の価値は$\theta_1 + \theta_2$である.

仮定2が,$\bar{\theta}_i, \underline{\theta}_i, \bar{p}_i, \underline{p}_i$において成り立つものとする.

ここでは,検討する契約には,第1期の買い手の報告m_1に基づき,部品1を取引するかしないか$q_1(m_1)$,支払い$t_1(m_1)$,第2期へと継続するか$\delta(m_1)$,そして,売り手の第2期(と既に報告されている第1期)の報告に基づき,部品2を取引するか$q_2(m_1, m_2)$,支払額$t_2(m_1, m_2)$が規定されている.

この契約には,売り手の報告を盛り込むことも可能である.しかし,売り手の効用は,投資水準に関して,単一交差性を満たしていないために,これは全く無意味なものとなる.選択される投資水準は,均衡上では判明するもの意外は,導くことはできない.

また,真の報告を導きだす契約のみを考える.これにより,一般性を失わないことは,顕示原理(表明原理)を応用した議論を考えれば良い[2].もし,真の報告をしないことにより,より良い状況を導くことができるのならば,その報告をしたときの支払と取引を,真の報告をしたときにすれば良いのである.

---

[2] 顕示原理については,伊藤 (2003) などを参照にせよ.

それでは，バックワード・インダクションによる分析を考える．第2期目に，買い手が真の報告をするためには，

$$\bar{\theta}_2 q_2(m_1, \bar{\theta}_2) - t_2(m_1, \bar{\theta}_2) \geq \bar{\theta}_2 q_2(m_1, \underline{\theta}_2) - t_2(m_1, \underline{\theta}_2)$$
$$\Leftrightarrow \bar{\theta}_2 \{q_2(m_1, \bar{\theta}_2) - q_2(m_1, \underline{\theta}_2)\} \geq t_2(m_1, \bar{\theta}_2) - t_2(m_1, \underline{\theta}_2),$$

が成り立っていなくてはならない．これは，$\bar{\theta}_2$ が実現したときに，真の報告をさせるための誘因両立性制約である．この他にも $\underline{\theta}_2$ が実現したときの制約も必要であるが，これは問題にならないことが知られている．

売り手が，第2期に投資を行うためには，

$$\bar{p}_2 t_2(m_1, \bar{\theta}_2) + (1-\bar{p}_2) t_2(m_1, \underline{\theta}_2) - e_2 \geq \underline{p}_2 t_2(m_1, \bar{\theta}_2) + (1-\underline{p}_2) t_2(m_1, \underline{\theta}_2)$$
$$\Leftrightarrow (\bar{p}_2 - \underline{p}_2)\{t_2(m_1, \bar{\theta}_2) - t_2(m_1, \underline{\theta}_2)\} \geq e_2,$$

が成り立つ必要がある．上記の誘因両立性制約を代入して書き換えると，

$$(\bar{p}_2 - \underline{p}_2)\bar{\theta}_2\{q_2(m_1, \bar{\theta}_2) - q_2(m_1, \underline{\theta}_2)\} \geq e_2,$$

となる．つまり，$e_2 > 0$ であるならば，$q_2(m_1, \underline{\theta}_2) < 1$ でなくてはならない．これは，先の節でも見た，取引の効率性と投資のインセンティブのトレードオフである．

ここで，第2期目の総余剰を最大にするには，まず $q_2(m_1, \bar{\theta}_2) = 1$ であり，$q_2(m_1, \underline{\theta}_2)$ については，これを小さくして投資を行わせるか，投資を行わせないながらも，取引の事後的効率性を最大にする，$q_2(m_1, \underline{\theta}_2) = 1$，かのどちらかになる．この選択に関しては第1期の問題とも関わるので，そのときに結論づけることとする．

ここで，第1期の報告が m_1 であるときの，売り手，買い手の第2期に得られる利得を $V^B(m_1), V^S(m_1)$ とする．第1期に買い手が真の報告をするためには，

$$\bar{\theta}_1 q_1(\bar{\theta}_1) - t_1(\bar{\theta}_1) + \delta(\bar{\theta}_1) V^B(\bar{\theta}_1) \geq \bar{\theta}_1 q_1(\underline{\theta}_1) - t_1(\underline{\theta}_1) + \delta(\underline{\theta}_1) V^B(\underline{\theta}_1),$$

つまり，

$$\bar{\theta}_1\{q_1(\bar{\theta}_1) - q_1(\underline{\theta}_1)\} + \delta(\bar{\theta}_1) V^B(\bar{\theta}_1) - \delta(\underline{\theta}_1) V^B(\underline{\theta}_1) \geq t_1(\bar{\theta}_1) - t_1(\underline{\theta}_1), \quad (6.1)$$

第6章 ホールドアップ問題は契約により解決できるか:動学的考察　167

となる.売り手が投資を行うための条件は,

$$\bar{p}_1\{t_1(\bar{\theta}_1)+\delta(\bar{\theta}_1)V^S(\bar{\theta}_1)\}+(1-\bar{p}_1)\{t_1(\underline{\theta}_1)+\delta(\underline{\theta}_1)V^S(\underline{\theta}_1)\}-e_1$$
$$\geq \underline{p}_1\{t_1(\bar{\theta}_1)+\delta(\bar{\theta}_1)V^S(\bar{\theta}_1)\}+\left(1-\underline{p}_1\right)\{t_1(\underline{\theta}_1)+\delta(\underline{\theta}_1)V^S(\underline{\theta}_1)\},$$

であり,書き換えると,

$$\left(\bar{p}_1-\underline{p}_1\right)\{t_1(\bar{\theta}_1)-t_1(\underline{\theta}_1)+\delta(\bar{\theta}_1)V^S(\bar{\theta}_1)-\delta(\underline{\theta}_1)V^S(\underline{\theta}_1)\}\geq e_1,$$

となり,この式に (6.1) を代入すると,

$$\left(\bar{p}_1-\underline{p}_1\right)\{\bar{\theta}_1\{q_1(\bar{\theta}_1)-q_1(\underline{\theta}_1)\}+\delta(\bar{\theta}_1)V(\bar{\theta}_1)-\delta(\underline{\theta}_1)V(\underline{\theta}_1)\}\geq e_1, \quad (6.2)$$

となる.ここで $V(\theta)=V^B(\theta)+V^S(\theta)$ とし,これは,非負である.

この制約のもとで,総余剰を最大化することを考える.ここでは,第1期に投資が行われる場合のみ分析をする.このとき,総余剰は,

$$\bar{p}_1\{\bar{\theta}_1 q_1(\bar{\theta}_1)+\delta(\bar{\theta}_1)V(\bar{\theta}_1)\}+(1-\bar{p}_1)\{\underline{\theta}_1 q_1(\underline{\theta}_1)+\delta(\underline{\theta}_1)V(\underline{\theta}_1)\},$$

である.第1期に投資が行われるためには,(6.2) の左辺が充分に大きくなくてはならない.左辺のうち $q_1(\bar{\theta}_1)$ と $\delta(\bar{\theta}_1)$ は,大きいほど制約が満たされるとともに,総余剰が大きくなるので,$q_1(\bar{\theta}_1)=\delta(\bar{\theta}_1)=1$ とするのが最適となる.一方,$q_1(\underline{\theta}_1)$ と $\delta(\underline{\theta}_1)$ は,小さいほど (6.2) の制約が満たされるが,総余剰が小さくなる.それでは,どちらをまず小さくするべきであろうか.制約式 (6.2) の左辺を1増加するためには,$q_1(\underline{\theta}_1)$ ならば $\frac{1}{(\bar{p}_1-\underline{p}_1)\bar{\theta}_1}$ だけ,$\delta(\underline{\theta}_1)$ ならば $\frac{1}{(\bar{p}_1-\underline{p}_1)V(\underline{\theta}_1)}$ 減らす必要がある.その結果,総余剰はそれぞれ $\frac{(1-\bar{p}_1)\underline{\theta}_1}{(\bar{p}_1-\underline{p}_1)\bar{\theta}_1}$ と $\frac{(1-\bar{p}_1)}{(\bar{p}_1-\underline{p}_1)}$ 減少する.よって,$\bar{\theta}_1>\underline{\theta}_1$ であるから,$q_1(\underline{\theta}_1)$ をまず減らした方が良いことが分かる.

ここで,$q_1(\underline{\theta}_1)=0$ そして $q_1(\bar{\theta}_1)=\delta(\bar{\theta}_1)=1$ であるならば,(6.2) の左辺は,

$$\left(\bar{p}_1-\underline{p}_1\right)\{\bar{\theta}_1+V(\bar{\theta}_1)-\delta(\underline{\theta}_1)V(\underline{\theta}_1)\},$$

となり,$V(\bar{\theta}_1)\geq V(\underline{\theta}_1)$ であるならば,仮定2より,

$$\left(\bar{p}_1-\underline{p}_1\right)\{\bar{\theta}_1+V(\bar{\theta}_1)-\delta(\underline{\theta}_1)V(\underline{\theta}_1)\}>\left(\bar{p}_1-\underline{p}_1\right)(\bar{\theta}_1-\underline{\theta}_1)\geq e_1,$$

となる．つまり，$V(\bar{\theta}_1) \geq V(\underline{\theta}_1)$ であるならば，$\delta(\underline{\theta}_1) = 1$ とすることで，投資を導き，総余剰を大きくすることができる．

それでは，$V(\bar{\theta}_1)$ と $V(\underline{\theta}_1)$ の大小を考える．ここで，第1期の結果に関わらず，第2期目のみの総余剰を最大にすることだけを考えると，$V(\bar{\theta}_1) = V(\underline{\theta}_1)$ となる．よって，第2期目のみの総余剰最大化を考えても，全体の総余剰最大化とは，相容れる結果となる．

以上の分析から，2期に分けて投資を行っても，2期とも必ず遂行されることが判明した．また，最適な契約では，第 i 期の投資の誘因は，低品質の部品 i を取引するか否かのみによって，決定されることが判る．

なぜ，投資をしていなさそうなとき，つまり，商品価値が低いとき，次の期以降の取引をしないという罰則を与えることによって，投資を導くことが非効率なのか．それは，情報レントの性質が関わっている．部品の価値が低いときに，取引する確率を1単位小さくすると，部品の価値が低いときの支払は，高い評価分1単位減少させることができる．つまり，低い評価の部品を取引できないことの非効率性を犠牲にして，高い評価分だけ投資の誘因を持たせることができる．しかし，次の期に取引をしないことを決めたとしても，それによって，犠牲になる非効率性と同程度の投資の誘因しか持たせることができず，非効率的となるからである．

完成品の品質のみ記述した契約

2期間必ず遂行する場合，第2期目に，部品1と2の価値が判明してからのみ，買い手から報告を受けるという契約が考えられる．この場合，報告するのは，部品ではなく，2つの部品の価値の和である完成品の品質を報告することと同義となる．この契約における各種誘因を検討する．

分析を単純にするために，$\theta_H = \bar{\theta}_1 + \bar{\theta}_2$，$\theta_M = \bar{\theta}_1 + \underline{\theta}_2 = \underline{\theta}_1 + \bar{\theta}_2$，$\theta_L = \underline{\theta}_1 + \underline{\theta}_2$，$\bar{p} \equiv \bar{p}_1 = \bar{p}_2$，$\underline{p} \equiv \underline{p}_1 = \underline{p}_2$，$e \equiv e_1 = e_2$ とする．

まず，先述した2期間それぞれに報告を行う契約を考える．この契約におい

て投資を導くのが望ましい場合を想定する．つまり，

$$\bar{p}\bar{\theta} + (1-\bar{p})\underline{\theta}q - e \geq \underline{p}\underline{\theta} + (1-\underline{p})\underline{\theta},$$

ここで $\underline{q}$ は，各期に売り手の投資への誘因と，買い手の真の報告を行う誘因の両方，$(\bar{p}-\underline{p})\bar{\theta}(1-q) = e$，を満たすものとする．毎期報告を行う契約によって達成できる総余剰は，

$$2\bar{p}\bar{\theta} + 2(1-\bar{p})\underline{\theta}q = 2\bar{p}\bar{\theta} + 2(1-\bar{p})\underline{\theta}\left(1 - \frac{e}{(\bar{p}-\underline{p})\bar{\theta}}\right), \tag{6.3}$$

である．

それでは，第2期目に完成品の価値のみ報告をする場合はどうなるのであろうか．契約では各部品別に契約を締結することはできず，完成品の価値に関する報告に基づいた契約 $\tilde{q}(\cdot), \tilde{t}(\cdot)$ となる．買い手が，真の価値を報告する誘因は，

$$\theta_H \tilde{q}(\theta_H) - \tilde{t}(\theta_H) \geq \theta_H \tilde{q}(\theta_M) - \tilde{t}(\theta_M), \tag{6.4}$$

$$\theta_M \tilde{q}(\theta_M) - \tilde{t}(\theta_M) \geq \theta_M \tilde{q}(\theta_L) - \tilde{t}(\theta_L), \tag{6.5}$$

である．この他にも，θ_H が実現したときに θ_L を報告しない制約，より高い評価額と偽らない制約も考慮する必要があるが，それらは，このモデルのような設定では効かないことが分かっている．

売り手が投資をするのは，

$$\bar{p}^2 \tilde{t}_H + 2\bar{p}(1-\bar{p})\tilde{t}_M + (1-\bar{p})^2 \tilde{t}_L - e$$
$$\geq \bar{p}\underline{p}\tilde{t}_H + \{\bar{p}(1-\underline{p}) + \underline{p}(1-\bar{p})\}\tilde{t}_M + (1-\underline{p})(1-\bar{p})\tilde{t}_L,$$

が満たされるときである．この制約は，1つの部品に投資をしているときに，さらにもう一つの部品に投資をするための制約である．この他にも，全く投資しないよりも，1つの部品だけ，あるいは，全ての部品に投資するという制約も考慮せねばならないが，この制約は利かないことを示すことが出来る．この投資の誘因制約式と誘因両立制約 (6.4)(6.5) より

$$\bar{p}(\bar{p}-\underline{p})\theta_H(\tilde{q}_H - \tilde{q}_M) + (1-\bar{p})(\bar{p}-\underline{p})\theta_M(\tilde{q}_M - \tilde{q}_L) \geq e,$$

を得ることができる．また，真の報告のために誘因両立性制約より，$\tilde{q}_H \geq \tilde{q}_M \geq \tilde{q}_L$ でなくてはならない．ここでは，投資の費用 e が小さいものとし，$\tilde{q}_H = \tilde{q}_M = 1$，$(1-\bar{p})(\bar{p}-\underline{p})\theta_M(1-\tilde{q}_L) = e$ を満たす $\tilde{q}_L$ を考える．この時の総余剰は，

$$\bar{p}^2\theta_H + 2\bar{p}(1-\bar{p})\theta_M + (1-\bar{p})^2\theta_L\tilde{q}_L$$

$$= \bar{p}^2\theta_H + 2\bar{p}(1-\bar{p})\theta_M + (1-\bar{p})^2\theta_L\left(1 - \frac{e}{(1-\bar{p})(\bar{p}-\underline{p})\theta_M}\right), \quad (6.6)$$

である．総余剰を比較すると (6.6) より (6.3) を差し引くと，$-\frac{\theta_L}{\theta_M} + 2\frac{\theta}{\theta} > 0$ であることが判る．つまり，2つの部品の価値を個別に報告するよりも，完成品の品質を報告を一度にした方が，取引から発生する余剰の効率性を高くしながら，買い手の投資の誘因を引き出す事が出来ることが判明した．

動学的考察 2 のまとめ

非対称情報に起因するホールドアップ問題では，商品を2つの部品に分けて投資を行ったとしても，問題を解決することが出来ない．ここでは，2つの部品に分けることを検討したが，3つ，4つとより多くの部品に分けた場合はどうなるのであろうか．部品が2つのときに見たように，逐次投資を行った場合でも，次の期に継続しないことよりも，部品を取引しないことの方がより効率的に投資の誘因が導くことができる．3つ以上の部品においても，同様である．なぜならば，最後の2期を考えると，この2期間では必ず取引関係が持たれ，最後の2期間で取引される部品を一つの部品と見て，更にもう1期前との関係を見ると本節で見てきた2期間の場合と同じとなるからである．

有限の部品に分割する場合の次善の契約は，完成品の品質のみに依存したものである．つまり，過度な規制は，売り手の投資誘因を阻害してしまう．緩やかな，関係でこそ，売り手の利得を保護するので，投資の誘因を導く事が出来る．この点は，3.1節の結果，契約を書かないことが最適であるのと，意を同じくしているといえる．

それでは，無限の部品の序列ではどうであろうか．コミットメントが問題と

なる場合では，有限の序列では投資が導けなくても，無限の序列では投資を導くことが出来た．それは，次の期に投資が行われるならば，今期においても投資をしようとする誘因があるからであった．非対称情報の場合，次の期に投資がどうなるかは，結果には影響を与えていない．よって，無限の序列であっても，問題を解決できないであろうことが予想されるが，詳しい考察が必要となる．

この他の残された課題としては，部品が補完的な場合の動学的拡張，非対称情報が存在する下での交渉の再検討が挙げられる．

6.4　おわりに

本章では，ホールドアップ問題を概観するとともに，その解決方法としての動学的拡張を検討した．まず，コミットメントが出来ないことに起因するホールドアップ問題では，投資や商品を代替的な部分に分けることによる動学的拡張により，問題解決できる場合が示された．一方，非対称情報に起因する問題の場合は，代替的な部品に分割しても，問題を解決できないことが判った．このことは，同じ過少投資という問題であっても，何に起因するかによって，その処方箋が異なることを示しており，政策的含意は大きいものと考えられる．

参考文献
references

BINMORE, K. (1987): "Perfect equilibria in bargaining models," In *The Economics of Bargaining*, 77-105, Binmore and Dasgupta eds. Basil Blackwell, Oxford.

CHE, Y. AND D. B. HAUSCH (1999): "Cooperative Investment and the Value of Contracting," *American Economic Review*, 89, 125–147.

CHE, Y. AND J. SAKOVICS (2004): "A Dynamic Theory of Hold-up," *Econometrica*, 77, 1063–1103.

Hori, K. (2006): "Inefficiency in a bilateral trading problem with cooperative investment," *Contributions to Theoretical Economics*, 6, 1–11.

Klein, B., R. G. Crawford, and A. A. Alchian (1978): "Vertical integration, appropriable rents, and the competitive contracting process," *Journal of Law and Economics* 21, 297–326.

Myerson, R. B. and M. Satterthwaite (1983): "Efficient mechanisms for bilateral trading," *Journal of Economic Theory*, 29, 265–281.

Pitchford, R. and C. M. Snyder (2004): "A solution to the hold-up problem involving gradual investment," *Journal of Economic Theory*, 114, 88–103.

Rubinstein, A. (1982): "Perfect equilibrium in a bargaining model," *Econometrica*, 50, 97–109.

Rogerson, W. P. (1992): "Contractual solution to the hold-up problem," *Review of Economic Studies*, 59, 777–793.

Schmitz, P. W. (2002): "On the interplay of hidden action and hidden information in simple bilateral trading problems," *Journal of Economic Theory*, 103, 444–460.

伊藤秀史 (2003):「契約の経済理論」, 有斐閣

第3部

組織における交渉：
協力ゲームの理論と被験者実験

第7章
古典的協力解と提携ゲーム

下村研一

7.1 序論：5人で分ける

　日本の歴史に残るコミックバンド，ザ・ドリフターズ．1964年に大幅なメンバー交代が行われ，いかりや長介，加藤茶，仲本工事，高木ブー，荒井注の5氏による編成となった．それ以来，途中1974年に一度だけ，荒井氏が抜け，志村けん氏が加わるメンバー交代があったが，2004年にリーダーのいかりや氏が亡くなるまで，40年間5人であった．その間，いかりや氏と他の4人への出演料の配分が6:1:1:1:1であった時期が存在し，いかりや氏以外のメンバーは不満であったとされる．

　仮にこのような状況が現在あったとして，5人への配分のあるべき姿とはどのようなものであろうか．リーダーに対し，他の4人が個別に話し合ったら，5人で話し合いつつ，背後で2人組，3人組，4人組を作って話し合ったとしたら，2人組と3人組に分裂したとしたら，このように配分の決め方は幾種類も存在する．このような状況は簡単に言って，

- 各人はより高い利得を得るためには1人で働くよりも，他人と協力する方がよい．
- 他人も同様に自分との協力により高い利得を得たい．
- 働いた者への利得の配分の仕方には複数の案があり，その中から1つを選ばなければならない

という問題に直面している状況である．

　この種の問題は**配分問題**（allocation problem）と呼ばれる．このような問題はどのような文脈で提起され，それを表現するゲーム理論のモデルはどのようなものか，次に配分問題の解決の手段として**解**（solution）と呼ばれるものとしてどのようなものがあるのか，そしてそれぞれの手段にはどのような特性があるのだろうか．ここでは利得として，文字通り正の便益を表す得（gain），それに加えて負の便益，つまり損失（loss）も考慮するので，配分問題はさまざまな文脈で提起される．

　例としては，所得分配や予算配分の問題，損失を割り当てる費用負担問題・破産問題がある．配分されるものは貨幣（あるいは貨幣を使用する権利），または個人から他の個人へ移転可能な利得（損失）である．2009年11月に日本国内で議論された民主党政権による「事業仕分け」や国際的に長期間議論されている二酸化炭素排出権割当もこの問題に分類される．そして，資源配分固有の問題としては，多種類商品の交換や住民が費用負担する公共財生産の問題がある．配分されるものは実物あるいはサービス（複数種類の商品の束でもよい）であり，必要に応じて個人に対し費用の分担が課せられる．

　これらの問題の一部には，良し悪しは別として**経済的手法**（economic instrument）による解決法が存在する．言い換えれば，市場経済，つまり価格の導入で理論上は解決可能な問題もあるということである．二酸化炭素排出権割当には排出権に価格を付けて売買する排出権取引市場，多種類商品の交換には一物一価の完全競争市場，そして公共財生産には同じ商品にも買い手に応じて個別に価格を付けるリンダール市場を導入すれば，市場経済により効率的な配分が達成される．

　その一方，経済的手法自体を用いることができない配分問題が存在する．典型的な例は，取引前の所有権の完全な賦与が満たされないケースである．所得分配，予算配分，そして費用負担はそもそも決まっていなかった権利あるいは義務を構成員に割り振るものである．特に破産問題はある人が所持金では構成員に返すべきお金を返せないという問題なので，構成員全員が主張する権利がすべて成立することはない．

このように経済的手法を用いることができない配分問題の中には**提携ゲーム**（coalitional game）（**協力ゲーム**（cooperative game）とも呼ばれる），あるいは**社会的選択問題**（social choice problem）のどちらかに分類されるものも多く，経済的手法以外の解が研究されている．

提携ゲームと社会的選択問題は，市場経済と異なり「みんなで話し合って決める」というイメージが強いせいか「大体似たようなもの」だと思ってそのままの人たちがめずらしくない．確かにこの二つの分野では共通して**公理的アプローチ**（axiomatic approach）がとられることが多く，もし解が持てば望ましいと思われる複数の性質が同時に成り立つ可能性が論じられる．その意味で両分野の問題意識も全く違うとは言えないことはない．だが，論じられる解の種類は一般に全く違う．

さきほどの「5人で分ける」という問題も，提携ゲームとして設定するか社会的選択問題として設定するかにより，普通は違う論点から答えが出てくる．簡単に言えば，提携ゲームでは5人によるさまざまな組分けによりどのくらい利得が生み出せるかは全員の**共有知識**（common knowledge）であり，これをデータとして何らかの計算式あるいは交渉過程という決定ルールを経ることで解は組分けと組内での利得配分で与えられる．共有知識であるということは，全員が実現可能な提携状態すべてに対して構成員がどのような評価を下すか（あるいはどのくらいの大きさの便益あるいは損失を受けるか）を自分自身のことだけでなく他の構成員全員のことを知っており，かつ「全員が自分と他人のことを知っている」ということを全員が知っているということである．つまり，ザ・ドリフターズのように長年お互いを知り尽くしている集団における配分問題を考えるのに適しているモデルである．

これに対して，社会的選択問題では5人それぞれから組分けと利得配分に関する希望を聞き，議長に相当する第三者が解に従って何らかの方法でそれらを集計し決定が行なわれる．典型的な方法は投票である．ただし，各構成員は実現可能な状態に対する自分自身の評価は知っているが，他の構成員の評価がどのようなものかは知っている必要はない（知っていてもよい）．なので，もし5人グループの組分けと利得配分を投票で決めるとするのであれば，結成直後

でお互いをあまり知らないときか，話し合いの席につけないほど関係がよくないときか，あるいは個人の評価を公開したくなかったりお互い知りたくなかったりするときである．

つまり，提携ゲームの典型はそれぞれの気心が知れている一方で決裂の可能性も念頭に置いた集団的意思決定，社会的選択問題の典型はお互いよく知らないか知っていても本音を明かすとは限らない一方で一旦決まったことには構成員全員が必ず従う集団的意思決定という正反対の状況を表わすモデルだと言ってよい．ただし，いずれの場合もどのような解を適用するかはすべての構成員が交渉や投票を行なう前に合意している必要がある．したがって，決裂の可能性がある提携ゲームにおいては，解のルールの中に「すべての構成員には提案に対して拒否権がある」こと，あるいは「交渉の場から退出することができる」ことが含まれていなければならない．また，投票で決める社会的選択においては，各構成員はその集団的意思決定に参加した以上は，決定が自分にとって不利なものであっても，しぶしぶ従わなければならないことを認識していなければならない．

本章で主として論じるのは，ザ・ドリフターズの例のようなお互いをよく知る人間社会での配分問題を表現するのにふさわしい提携ゲームである．このような配分問題に対して，歴史的にどのような解が提言されてきたか，そしてそれらは何をどこまで説明するものなのかを解説する．

7.2 提携ゲームの古典的協力解

本節では提携ゲームの協力解の中で古典的なものを，それぞれが定義された背景とともに紹介する．簡単に言って，提携ゲームとは社会の構成員の提携により発生する便益や費用の大きさを表すものであり，協力解とは，それらを各構成員にどのように割り当てるかを決めるルールのことである．本節で登場する協力解は，フォン・ノイマン-モルゲンシュテルンの安定集合（von Neumann and Morgenstern, 1944），コア（Shapley, 1952; Gillies, 1953），ADM 交渉集合（Aumann and Maschler, 1961, 1964; Davis and Maschler, 1962, 1963），カーネル

（Davis and Maschler, 1965），仁（Schmeidler, 1969），M 交渉集合（Mas-Colell, 1989），Z 交渉集合（Zhou, 1994）である．実は，発表論文の時系列順では，コアと交渉集合の間に，シャプレー値（Shapley, 1953）が挙げられるできだが本章では論じない．また，ナッシュ解（Nash, 1950）とカライ・スモロディンスキー解（Kalai and Smorodinsky, 1975）も著名な協力解であるが，提携ゲームでなく交渉ゲームの協力解なので割愛する．

まず複数の個人が集まって便益や費用が発生する身近な例を考えてみよう．すると，同じ個人の集合であっても，個人がばらばらに活動した場合と協力した場合，また複数の集合が独立に活動した場合と全部が合併し一つの集合として活動した場合とでは便益や費用は一般に異なることがわかる．このような社会は，「提携形ゲーム」で表現可能であり，個人の各集合に対してその集合がもたらす便益または費用が数値で表わされる．また個人への便益と費用の割当はそれぞれ正の値と負の値の利得として表わすことができる．よって全員への利得配分の数学的表現は，構成員の人数を次元とするベクトルとなる．

例として「5 人の個人がいて，それぞれ個別に活動する場合，2 人組，3 人組，4 人組，そして全員で活動する場合，それぞれの場合においてある値の金額を獲得できる．このとき，5 人で活動して獲得する金額をそれぞれにどのように配分すればよいか」という問題を考えよう．5 人の個人を a,b,c,d,e で表わし，それぞれが個別に活動する場合を 1 つの元からなる $\{a\},\{b\},\{c\},\{d\},\{e\}$（5 個の集合），2 人組の場合を 2 つの元からなる $\{a,b\},\{a,c\},\{a,d\},\ldots,\{d,e\}$（10 個の集合），3 人組（10 個の集合），4 人組（5 個の集合），そして 5 人組の場合の $\{a,b,c,d,e\}$（1 個の集合）で表わす．これらの個人の集合は**提携**（coalition）と呼ばれる．また，提携 S が活動して獲得する金額を $v(S)$，つまり，$v(\{a\}),v(\{b\}),\ldots,v(\{a,b,c,d,e\})$ という提携の数（31 個）の実数で表わす．この実数 $v(S)$ は提携 S の**価値**（worth）と呼ばれる．これらを，提携 S に対して関数 v が与える関数値 $v(S)$ のリストだと解釈すれば，これら 5 人の個人で形成が可能な提携に関する情報は，$I=\{a,b,c,d,e\}$ という個人名の集合と v という関数の記述ですべて書きつくされる．このような集合 I と関数 v のペア (I,v) は提携形ゲーム，集合 I は**全提携**（grand coalition），関数 v は**特性関数**

（characteristic function）と呼ばれる．言い換えれば，提携ゲームによる人間社会の記述は，全提携と特定関数以外の要素を大胆に切り捨てている，あるいは，このフレームワークで収まる状況のみを対象としているということである．なお，記法を単純にするため，これ以降は，各 $i \in I$ について，$v(\{i\})$ を $v(i)$ と書くことにする．

では，5 人で活動して獲得できる金額の配分を活動する前にいかに決めるか考えよう．ある配分が与えられ，自分一人で活動して各自が獲得できる金額より配分が少ない個人が一人でもいれば，この配分は実現しないであろう．したがって，個人 $i \in I$ の利得を x_i と表わすと，「各個人 $i \in I$ に対して，$x_i \geq v(i)$」という条件がすべての構成員が活動するために必要となる．この条件は**個人合理性**（individual rationality）と呼ばれる．そして，もし 5 人が協力して活動するのならば，受け取る利得は活動して生み出す価値より少なくてはならないので，「$x_a + x_b + x_c + x_d + x_e \geq v(\{a,b,c,d,e\})$」が成り立つことが求められる．この条件は**全提携の集団合理性**（group rationality of the grand coalition）と呼ばれる．そして，同じく 5 人が協力して活動するのならば，受け取る利得は配分可能でなくてはならないので，「$x_a + x_b + x_c + x_d + x_e \leq v(\{a,b,c,d,e\})$」が成り立つ．この条件は**全提携の実現可能性**（feasibility of the grand coalition）と呼ばれる．

これら全提携の集団合理性と実現可能性をあわせた条件「$x_a + x_b + x_c + x_d + x_e = v(\{a,b,c,d,e\})$」は協力ゲームの文献で一般に**効率性**（efficiency）と呼ばれているが，これは 5 人がどのように提携を形成しても，たとえば 1 人と 4 人に分かれても 2 人と 3 人に分かれても 1 人と 2 人と 2 人に分かれても，全提携が生み出す価値を超える総価値を発生させないことが暗黙裡に仮定されている．オズボーンとルービンシュタインによると，この提携ゲームの条件は**結束性**（cohesiveness）と呼ばれる（Osborne and Rubinstein, 1994, p.258）．この節では古典的な協力ゲーム理論の紹介のため，この条件を提携ゲームに課しているが，次節以降でこの条件は課さない．

これに似た提携ゲームの条件でよく知られているものに**優加法性**（super-additivity）がある．これは 5 人ゲームにおいて，全提携に限らずどの提携がどのように分かれても，たとえば 4 人提携が 1 人と 4 人に分かれても 2 人と 2 人

に分かれても1人と1人と2人に分かれても，分かれる前の提携が生み出す価値を分かれた後の提携すべての総価値を超えないことを意味する．この条件は結束性よりも強い条件であり，この節でも次節以降でも課さない．

　では，5人で活動して獲得する金額を構成員それぞれにどのように配分すればよいのかを考える．まず，個人合理性，および全提携の集団合理性と実現可能性（一言で言えば効率性）を課してみよう．そうすると，5人が受け取る金額のリストは

$$x_i \geq v(i) \ \forall i \in I = \{a,b,c,d,e\};$$
$$x_a + x_b + x_c + x_d + x_e = v(\{a,b,c,d,e\})$$

を満たす5次元ベクトル $(x_a, x_b, x_c, x_d, x_e)$ で表わすことができる．個人合理性と効率性の両方を満たすこのようなベクトルは**全提携の利得配分**（imputation in the grand coalition），あるいは単に**利得配分**（imputation）と呼ばれる．利得配分は，定義から明らかであるが，特性関数の値で反映されているのはそれぞれの個人が独立に生み出せる価値の大きさ $v(a), v(b), v(c), v(d), v(e)$ と全員が協力して生み出せる価値 $v(\{a,b,c,d,e\})$ の大きさだけである．つまり，個人による全体への貢献度や2人組同士が統合したときのそれぞれのグループの貢献度の違いなどは反映されていない．一方で，提携ゲームは各提携が生み出せる価値の数値を情報として有している．これらの情報を用いれば，2人や3人からなる提携の内部で個人合理性，および効率性を満たす配分を考えることができる．たとえば，提携 $\{a,b\}$ に対しては，

$$x_a \geq v(a), \quad x_b \geq v(b); \quad x_a + x_b = v(\{a,b\})$$

を満たす2次元ベクトル (x_a, x_b)，提携 $\{a,b,c\}$ に対しては，

$$x_a \geq v(a), \quad x_b \geq v(b), \quad x_c \geq v(c); \quad x_a + x_b + x_c = v(\{a,b,c\})$$

を満たす3次元ベクトル (x_a, x_b, x_c) などである．これらの例のような，提携 S の内部で個人合理性，および効率性を満たすベクトルは**提携 S の利得配分**（imputation in coalition S）と呼ばれる．

　したがって，5人への金額の配分は，v に集約されているさまざまな提携の情報をいかに追加的に反映させるかによりさまざまなバリエーションが可能で

ある.これは総じて,5人提携ゲームの**協力解**(cooperative solution)と呼ばれる.数学的な形式から述べれば,一般にn人提携ゲームの協力解とは,任意のn人提携ゲームに対して利得配分の集合を与える写像である.記号で表現すると,n人提携ゲーム(I,v)において,提携Sのすべての利得配分の集合を$U(S,v)$とすれば,n人提携ゲームの協力解とは任意の(I,v)に対して,$U(I,v)$の部分集合$F(I,v)$を与える写像Fである(ここでいう写像は$F(I,v)$が空集合であることも許す).このとき,$F(I,v)$はFの(I,v)に対する**値**(value)と呼ばれる.本章で値は点であることも集合であることもどちらともありえる.

いま,5人提携ゲーム(I,v)の利得配分$x = (x_a, x_b, x_c, x_d, x_e)$が与えられており,ある提携$S$は利得配分$y$を達成することが可能であり,$S$の各メンバーについて,$y$の方が$x$よりも大きい利得であるとする.このとき,提携$S$の$y$は$x$を**支配する**(dominate)という.つまり,提携Sのメンバーは現在の全提携の利得配分xよりも,自分たちだけで提携Sの利得配分yを作り出し受け取る方が望ましいと考えているわけである.

提携が作り出せる利得の合計とその提携の構成員に実際配分された利得の合計との差はその提携の**超過分**(excess)と呼ばれる.これはその提携だけで活動すれば得られるであろう金額と現在提携が手にしている金額の差なので,その差は大きければ大きいほどその提携が「損をしている」という気持ちは高まるであろう.よって,超過分とはその提携の「不満」の大きさを表わす数値であるとも言える.

それでは,提携ゲームで最初に提案された協力解を紹介しよう.それは,ゲーム理論の最初の書物であるフォン・ノイマンとモルゲンシュテルンが著した「ゲームの理論と経済行動」(von Neumann and Morgenstern, 1944)に登場する**NM解**(the von Neumann–Morgenstern solution)である.この協力解の値は**安定集合**(stable set)という名前で知られている.この協力解は,各提携ゲームに対して「利得配分の集合で,それ自身に属する利得配分によって支配されない利得配分全体」を与える写像と定義される.この定義は,利得配分の集合Kに属する任意の2つの利得配分には「支配する/される」の関係はなく(**内部安定性**(internal stability)),Kに属さない利得配分(特に全提携でない小さな

提携の内部の利得配分）は必ず K に属する利得配分の少なくとも1つによって支配されること（**外部安定性**（external stability））を意味する．定義は単純でわかりやすく自然である．だが，提携ゲームによっては複数の安定集合が存在するものもあれば（Aumann, 1989, Example 6.9），一つも存在しないものもある（Lucas, 1968）．また，すべての安定集合を探すことは計算の技術の面から困難であることが多い．さらに，安定集合の部分集合には，定義から，その安定集合全体以外安定集合にはならないという性質がある．したがって，安定集合が一点ではない場合，安定集合の中から一部または一点の利得配分に予測や選択を絞り込むことはできない．

このようにフォン・ノイマンとモルゲンシュテルンが考案したNM解には多くの改善の余地が見出された．これ以降の協力解の発展も，協力の安定性の追求の歴史であったと言ってよい．つまり，お互いが高い利得を得られるのであれば人々は協力して新しい状態を作るので，一旦与えられるとそのような移行が発生しない状態とはどのような状態かというさまざまな研究者の考えが協力解の定義に反映されていったのである．

フォン・ノイマンとモルゲンシュテルンは同書において安定集合とは別に「他のどの利得配分によっても支配されない利得配分の集合」に言及したがそれには名前をつけなかった．この集合は，その定義から，安定集合が非空ならばすべての安定集合に含まれるという特徴がある．シャプレー（Shapley, 1952）はこの集合を与える協力解をNM解に代わる新しい協力解として提示し，ギリー（Gillies, 1953, 1959）がこれを**コア**（the core）と名づけた．後に定義される「異議」という概念を用いれば，コアは「その利得配分を所与とすればどの個人からも異議が提示されないような利得配分の集合」を与えると言い換えることができる．特性関数の性質により，提携ゲーム (I, v) のコアの値は

$$\forall S \subset I, (S \neq \emptyset \Rightarrow \sum_{i \in S} x_i \geq v(S)); \sum_{i \in I} x_i = v(I)$$

という連立一次不等式の解の集合で表わすことができるので，安定集合に比べて探すことは計算の技術の面からは容易となる．またコアの値の部分集合は「他のどの利得配分によっても支配されない」という性質を持ち続ける．なお，

コアもすべての提携ゲームに対して値が非空であるわけではない（提携ゲームが**平衡性**（balancedness）という条件を満たす必要がある）．だが，どの提携も不満を持たない提案は支持される，すなわちコアが非空ならばその社会の構成員は全員が協力し利得配分はコアの中から選ばれるという考えは広く受け入れられている．

では，コアが空集合であるような提携ゲームでは，全員が協力することはないのであろうか．これに対する一つの回答としては，コアの定義の中にある「支配」はすべてを考慮する必要はないという考えがある．なぜならば，ある利得配分 x が提携 S の利得配分 y により支配されたとしても，その y 自体が別な提携の利得配分に支配されるのであれば実際には提案されないと考えられるからである．オーマンとマシュラー（Aumann and Maschler, 1961, 1964）およびデイビスとマシュラー（Davis and Maschler, 1962, 1963）は，支配を提携からの不満の提示のみならず個人からの「異議」の申し立てであると解釈できることに注目し，これに対する「逆異議」とはどのようなものか次のような概念を提示した（言葉による説明としては，彼らの原作論文やオズボーンとルービンシュタインの教科書（Osborne and Rubinstein, 1994, p.282）などいくつかあり，本章の説明も含めてお互いに微妙な違いがある．言葉で書くとほぼ同じのように思えるが，式で書くと明確な違いも顕在化するのでそれについては後で述べる）．

いま，n 人提携ゲーム（5人提携ゲームで考えてもよい）の利得配分 x が与えられているとする．ある個人 i が別な個人 j に対して，自分を含み j を含まない提携 S を形成し，S の各メンバーに x よりも大きい利得を与える S の利得配分 y を提案したと考えてみよう．このとき，(S,y) は利得配分 x の下での個人 i から個人 j に対する**異議**（objection）と呼ばれる．つまり，個人 i は個人 j に対し，「あなたがいなくても自分が提携 S を結成し利得配分 y を作れば S のメンバーは全員現在の x よりも満足するのに」と抗議しているという解釈である．このことからコアは「いかなる個人からもその他の個人に対して異議が出ない利得配分の集合」と言ってよい．

一方，個人 j は個人 i を含まないある提携 T を形成し，T の利得配分 z を達

成することができ，z は T の各メンバーには x と同等以上の，かつ，S と T の両方に属するメンバーには y と同等以上の利得を与えるとしよう．このとき，(T,z) は利得配分 x を所与としたときの個人 j から個人 i への異議 (S,y) に対する**逆異議**（counterobjection）と呼ばれる．解釈は，i から不要と言われた j が「自分が提携 T を結成し利得配分 z を作れば，T の各メンバーには今の x と同等以上の，かつ，S と T の両方に属するメンバーには S が作る y と同等以上の利得を与えることができる」と言えるということである．

異議と逆異議は定義の正確さを重視すると，必ずこのように個人 i, j や提携 S, T が登場する入り組んだものとなる．これらの定義は，オーマンとマシュラーおよびデイビスとマシュラーによる．しかし，その本質は，オズボーンとルービンシュタインの教科書にあるような個人間の会話を考えれば即座に理解可能である．要は集団の内部における利得配分に対する次のような個人 i の「ブチキレ」と個人 j の「逆ギレ」である．

個人 i：（個人 j に向かって）あんたなんかいらへんわ．うちがあいつとあいつとあいつ（提携 S のすべてのメンバー名）と組んで，あいつにこれだけ，あいつにこれだけ，そんであいつにこれだけ（提携 S のそれぞれのメンバーに与えられる利得のリスト）配ればな，うちらみーんな今より儲かるんよ．

個人 j：（個人 i に向かって）あほか．やれるもんならやってみい．俺かて，おまえがおらへんでも，あいつとあいつ（提携 S の一部のメンバー名）にはおまえが配るのとおんなじだけ渡しといて，こいつとこいつとこいつ（提携 S に属さないメンバー名）にも今とおんなじだけ渡せるんやで．俺がもしそないしたらおまえどないするんや．

このような異議・逆異議が容赦なく飛び交う状況で，ある利得配分を所与とした個人 i から個人 j に対する異議 (S,y) で，これに対する個人 j から個人 i への逆異議が存在しないとき，(S,y) は**正当な異議**（justified objection）といわれ，その利得配分を所与とすればどの個人から他のどの個人へも正当な異議が存在しないような利得配分の集合は **ADM 交渉集合**（the Aumann-Davis-Maschler

Bargaining Set）と呼ばれる．

　これはオーマンとマシュラー（Aumann and Maschler, 1961, 1964）が定義した複数の交渉集合のバージョンの中で $\mathcal{M}_1$ と呼ばれたものを原型とし，デイビスとマシュラー（Davis and Maschler, 1962, 1963）によって $\mathcal{M}_1^{(i)}$ と改名され，今日に至るものである（論文によっては $\mathcal{M}_1^i$ と書かれているものもある）．改名の理由であるが，Davis and Maschler（1962, p.4, footnote 2）は，$\mathcal{M}_1^{(i)}$ の上付きの小文字の「i」は "individual rationality" の制約を $\mathcal{M}_1$ に加えたことによることをうかがわせている．アップル社のスティーブ・ジョブズが Mac コンピューターの新機種を iMac と名づけた 1998 年からさかのぼること 36 年前に，交渉集合に対して同様のことが行なわれていたわけである（なお，Aumann and Maschler (1961) と Aumannand Maschler (1964) は同じ題名で同じ文章の論文だが，Davis and Maschler (1962) と Davis and Maschler (1963) は同じ題名で異なる文章の論文であり，"rationality" に関する記述は 1963 年の論文には見られない．）

　オーマン，デイビス，マシュラーは，コアの利得配分ではなくても，ADM 交渉集合の利得配分であれば，正当な異議が存在しないのであるから，正当でない異議は逆意義を意識して実際には提案されないと考えた．この考えに沿うと人々の不満は表面化しないので，ADM 交渉集合の利得配分は安定的であると見なされる．また正当な異議は，異議の特殊ケースである．ということは，異議が存在しない利得配分には，当然正当な異議は存在しない．すなわち，コアに属する利得配分は，ADM 交渉集合に含まれる．したがって，コアは ADM 交渉集合の部分集合である．さらに，交渉集合はどのような提携ゲームについても非空であることが証明されている（Davis and Maschler, 1962, 1963；Peleg, 1963, 1967）．したがって，ADM 交渉集合は，コアが空集合であるような提携ゲームに対しても，全員が協力する可能性と利得配分のあり方を表現している．

　だが，ADM 交渉集合はすべての提携ゲームについて非空である反面，ゲームによっては非常に多くの配分を含んでしまうことがあり，その中からさらに配分を絞り込むことを考える必要がある．**カーネル**（kernel）は，デイビスとマシュラー（Davis and Maschler, 1965）によって定義された協力解で，簡単に言えば「どの 2 人の個人が出会っても，それぞれが相手の個人に対しさまざ

な他の人々と提携して発生しうる超過分（不満）のうち最大のものが一致する利得配分」の集合を与える写像と解釈される．仁（Nucleolus）は，シュマイドラー（Schumeidler, 1969）によって定義された協力解で「最大の不満を持つ提携の不満を最小にする利得配分」を与える写像（実は関数）である．カーネルと仁には次のような特性がある：

1. すべての提携ゲームについて，カーネルと仁は非空であり，仁は一点からなる．

2. すべての提携ゲームについて，ADM 交渉集合はカーネルを含み，カーネルは仁を含む．

3. コアが非空である提携ゲームについて，カーネルとコアの共通部分は仁を含む．

上の 2 が示している「仁 ⊂ カーネル ⊂ ADM 交渉集合」の包含関係は，生物における「仁 ⊂ 細胞核 ⊂ 細胞」の関係になぞらえることができる．ちなみに，英語で細胞核は cell nucleus であり kernel という言葉は使われていないが，細胞の仁はゲームの仁と同じ nucleolus である．

オーマンはマシュラーの追悼論文集（Aumann et al., 2008）の中で，ADM 交渉集合（$\mathscr{M}_1^i$），カーネル，仁について次のように綴っている（"Mike" はマシュラーを指し，"the Maschler–Davis Bargaining set $\mathscr{M}_1^i$" は $\mathscr{M}_1^{(i)}$ を指す．オーマンは 50 年来の友人を送る言葉の中でなるべく格好をつけたくはなかったのであろう．）：

> That paper [Aumann and Maschler (1964)] has been cited many hundreds of times; it became one of my—and no doubt Mike's—most popular works. Mike's stubbornness really paid off. Moreover, the paper led to a very large literature, it was truly seminal. Later offshoots—one might say descendants—of that original concept were the Maschler–Davis Bargaining set $\mathscr{M}_1^i$, for which there is an existence theorem (with

a beautiful, highly nontrivial proof), and which is altogether more pleasant to work with, as well as the Kernel and Schmeidler's Nucleolus; taken together, these concepts constitute one of the richest, and yes, most elegant chapters of game theory, with a great many applications yielding beautiful insights.

このように，ADM 交渉集合，およびそれを精緻化したカーネルと仁に関する研究は，提携形ゲームの協力解の理論を一つの形で完結させた．しかし，いかに完成度の高い理論であっても，考えるべき問題は必ず残されている．特に ADM 交渉集合をめぐっては，少なくとも次の3つの問題が残されたままであった．

一つ目の問題は，個人 i が異議を出すために作る提携 S と個人 j が逆異議を出すために作る提携 T に対して，T は S のメンバーを少なくとも一人含まないと，S の異議を退けることはできないのではないかという点である．特にこのままの定義に従うと，ある利得配分に対して，複数の個人が互いにそれぞれ同じ個人を含まない全く分離された提携を形成できるとき，これらはすべて正当なものではない，ということになってしまう．実際マイヤーソン（Myerson, 1991, p.453）は ADM 交渉集合の定義に「$S \cap T \neq \emptyset$」という制約を課して，逆異議を定義している．ところが，提携 S は i を含み j を含まず提携 T は j を含み i を含まないことから「$S \setminus T \neq \emptyset$ かつ $T \setminus S \neq \emptyset$」も成り立つ．このときマイヤーソンが ADM 交渉集合に課した制約はオーマンとマシュラーが定義してから30年後に周林（ヂョウ・リン）（Zhou, 1994）が定義した交渉集合に課した制約を意味する．そうすると，周林が明らかにしたように，逆異議を出すために作られる提携 T に対して $S \cap T \neq \emptyset$ かつ $S \setminus T \neq \emptyset$ かつ $T \setminus S \neq \emptyset$ という制約の下では，ADM 交渉集合がカーネルと仁を含むとは限らなくなり，交渉集合の精緻化というカーネルと仁の役割は失われる．

二つ目の問題は，個人 i の異議に賛同する提携 S と個人 j の逆異議に賛同する提携 T のそれぞれに属するメンバーの改善の強さの違いである．一つの提携の全員の利得を現状より高める改善を**強改善**（strict improvement），全員の利

得に少なくとも現状と同等の水準を保証する改善を**弱改善**（weak improvement），そして全員の利得に少なくとも現状と同等の水準を保証しかつ少なくとも1人の利得を現状より高める改善を**パレート改善**（Pareto improvement）と呼ぼう．論理関係は，強改善ならばパレート改善であり，パレート改善ならば弱改善である．ADM 交渉集合は異議が強改善で，逆異議が弱改善で定義される．逆異議が強く定義されればされるほど，異議が弱く定義されればされるほど，正当化される異議は存在しやすくなり，それゆえ正当化される異議がでない配分の集合は小さくなる．ここで，弱改善で定義される逆異議で本当に異議は取り下げられるのか考えてみよう．個人 i が形成する提携 S に属する個人に対して，個人 j が同水準の利得をオファーして提携 T に引き抜くことは考えられないことはない．しかし，個人 j が提携 S に属さない人々に現状と同水準の利得をオファーして提携 T を形成することは，個人 i に対する逆異議と言えるだろうかという疑問が沸く．したがって，弱改善による逆異議の定義の適切性は，結局は逆異議を出す提携が異議を出す提携のメンバーを含むか含まないかという問題に再び帰着する．

　三つめの問題は，異議や逆異議は個人から出されるのか提携から出されるのかという点である．先に述べたように ADM 交渉集合の概念では，支配を提携からの不満の提示のみならず個人からの異議の申し立てであると解釈できることに注目し，異議と逆異議は個人から出されるものとしている．そして，それぞれの定義から「逆異議を出す個人が形成する提携は異議を出している個人を含まない」ことが含意される．ゆえに，不満を持つ提携で異議を唱える代表者名が変わることで，その異議が「正当か否か」が変わることがある．この問題を異議を「提携から配分に対して」，逆異議を「別提携から異議を出した提携とその異議に対して」と個人からでなく提携から出されるものとして新たに定義することで解決し，それにしたがって新たな交渉集合を定義したのが，マスコレル（Mas-Colell, 1989）である．彼が定義した異議，逆異議，交渉集合を説明しよう．

　いま，n 人提携ゲームの利得配分 x が与えられているとする．ある提携 S が形成され，S の各メンバーに x よりも大きい利得を与える S の利得配分 y が提

案されると考えてみよう．このとき，(S,y) は利得配分 x の下での**提携 S からの異議**（objection from a coalition）と呼ばれる．提携 S は利得配分 x に対し，「われわれ提携 S が利得配分 y を作れば S のメンバーは全員現在の x よりも満足するのに」と強改善を要求しているという解釈である．このことからコアは「いかなる提携からも異議が出ない利得配分の集合」と言ってよい．なお，マスコレルの原作（Mas-Colell, 1989, Definition 1）では，異議を提携のパレート改善として，つまり「ある提携 S が形成され，S の各メンバーに最低でも x における利得を与え，少なくとも一名のメンバーに x よりも大きい利得を与える S の利得配分 y が提案される」と定義している．本章の定義と原作との相違については「正当な異議」を定義するとき説明する．

一方，提携 T は利得配分 z を達成することができ，z は T の各メンバーには x よりも大きい，かつ S と T の両方に属するメンバーには y よりも大きい利得を与えるとしよう．このとき，(T,z) は利得配分 x を所与としたときの異議 (S,y) に対する**提携からの逆異議**（counterobjection from a coalition）と呼ばれる．解釈は，提携 S の異議を知った提携 T が「われわれが利得配分 z を作れば，T の各メンバーには今の x よりも，かつ S と T の両方に属するメンバーには S が作る y よりも大きい利得を与えることができる」と宣言することである．逆異議の定義は，マスコレルの原作（Mas-Colell (1989), Definition 2）に沿うものである．

これでもまだわかりにくいので，再び提携間の会話を考えて理解しよう．今回は利得配分に対する次のような提携 S の「独立宣言」と提携 T の「造反」である．

提携 S：（提携 I の全員に向かって張り紙，ウェブサイト等で発表）わたくしたち○，△，□，◇（提携 S のすべてのメンバー名）は本日より新しい提携を組みます．独立後の報酬は，○が x 円，△が y 円，□が z 円，◇が w 円（提携 S のそれぞれのメンバーに与えられる利得のリスト）で現状より増額です．いろいろお世話になりまして有難うございました．

提携 T：（提携 S に向かって郵便，ファックス，メール等で通知）わたくした

ち○,△,▼,★(提携 T のすべてのメンバー名)は本日より新しい提携を組みます.独立後の報酬ですが,○が α 円,△が β 円(提携 T のメンバーで提携 S に属する者に与えられる利得のリスト)でそちらから支払われる予定であった額より増額,▼が γ 円,★が δ 円(提携 T のメンバーで提携 S に属さない者に与えられる利得のリスト)で現状より増額です.ご迷惑をおかけしますがわがままをお許し下さい.

提携 S の「独立宣言」はこのような提携 T の「造反」があったら意味を持つであろうか.マスコレルは (S,y) が提携 S から配分 x に対する異議で,これに対してどの他の提携からも逆異議が存在しないとき,異議 (S,y) を**正当な異議**(justified objection)と定義した.そこでその利得配分を所与とすればどの提携からも正当な異議が存在しないような利得配分の集合を与える協力解を **M 交渉集合**(the Mas-Colell Bargaining Set)と呼ぼう.

ここで,異議と正当な異議について,本章の M 交渉集合の定義とマスコレルの原作との相違について説明する.特性関数で表現される提携ゲームにおいては,パレート改善による異議を出せる提携は強改善による異議も出せることが容易に確認できる.したがって,異議を提携のパレート改善で定義したコアも強改善で定義したコアも同じになる.ところが,パレート改善による正当な異議を出せる提携は強改善による正当な異議が出せるとは限らない.次のような例がある.登場人物は a,b,c の3人,特性関数 v は $v(a)=v(b)=v(c)=0,\ v(\{b,c\})=1/2,\ v(\{a,b\})=v(\{a,c\})=1,\ v(\{a,b,c\})=1$ で与えられるとする.このとき,利得配分 $(1/3,1/3,1/3)$ に対する提携 $\{a,b\}$ からのパレート改善による異議 $(\{a,b\},(2/3,1/3))$ を考える.これに対しては他のどの提携も逆異議を出すことができず,唯一逆異議を出す可能性のある提携 $\{a,c\}$ も $v(\{a,c\})=1$ では $(\{a,c\},(2/3,1/3))$ が精一杯で,a も c も利得は増えない.したがって,異議 $(\{a,b\},(2/3,1/3))$ はパレート改善による正当な異議である.しかし,提携 $\{a,b\}$ は利得配分 $(1/3,1/3,1/3)$ に対し強改善による正当な異議を出すことはできない.なぜならば,強改善によるすべての異議は $(\{a,b\},(2/3-\varepsilon,1/3+\varepsilon)),\ 0<\varepsilon<1/3$ と表現でき,これに対して提携 $\{a,c\}$

が $(\{a,c\},(2/3-\varepsilon/2,1/3+\varepsilon/2))$ という逆異議を出せるからである．よって，異議を提携のパレート改善で定義したM交渉集合は $(1/3,1/3,1/3)$ を含まないが，強改善で定義したM交渉集合は $(1/3,1/3,1/3)$ を含む．

　このような異議の定義による差異を解消する方法は，ADM交渉集合を定義したときと同じように，提携からの逆異議を弱改善で定義することである（逆異議をパレート改善で定義するか強改善で定義するかは，いずれの交渉集合の値にも差異をもたらさないことは容易に確認できる）．しかし，この目的のために提携からの逆異議を弱改善で定義すると，再び改善の強さの違いから生じる問題がM交渉集合においても未解決となり，ADM交渉集合と同じく，逆異議を出す提携が異議を出す提携のメンバーを含むか含まないかという問題に戻ることになる．

　これらの三つの問題を踏まえ，周（Zhou, 1994）はM交渉集合の逆異議の定義に「$S\cap T\neq\emptyset$ かつ $S\setminus T\neq\emptyset$ かつ $T\setminus S\neq\emptyset$」という制約を課すことにより，M交渉集合を精緻化した協力解を提案した．本章でこれは **Z交渉集合**（the Zhou Bargaining Set）と呼ばれる．この協力解の定義は，M交渉集合と同じく，異議は配分に対して提携から，逆異議は異議に対してその異議を出している提携とは別の提携から出されるという定義に基づいているので，上に述べた3つめの問題は解決されている．そして，既に述べたように異議を出している提携と逆異議を出す提携との包含関係に対して制約が課されているので，1つめの問題も解決済みである．そして二つ目の問題であった異議を出す提携と逆異議を出す提携Tのメンバーの改善の強さは，原論文（Zhou, 1994）では異議=強改善，逆異議=弱改善であり，問題は未解決であったが，Z交渉集合を異議=強改善，逆異議=強改善で定義しても周の原論文と同じ結果が出ることが示され解決した（Shimomura, 1997）．なお，アンダーソン・トロッケル・周（Anderson, Trockel, and Zhou, 1997）において，Z交渉集合は異議=パレート改善，逆異議=パレート改善で定義されているので，本質的に異議=強改善，逆異議=強改善で定義されたと言ってよいであろう．

7.3 提携構造の導入

周（Zhou, 1994）が Z 交渉集合を定義した目的は，ADM 交渉集合と M 交渉集合が有するを修正した利得配分の協力解を提示することではなく，提携形成と利得配分を同時に与える協力解を提示することであった．周は「ひとつの提携ゲームが与えられたときどのような提携が形成されるのか」，そして「それぞれの提携の中でどのような利得配分が選ばれるのか」を，協力ゲーム理論の二大基本問題と位置づけている．本節ではこれらの問題に古典的な協力ゲーム理論と周の論文はそれぞれどのような解答を与えたか解説する．

まず古典的な協力ゲーム理論において，提携形成がどのように扱われてきたか振り返る．一般に集合 A の**分割**（partition）とは，集合 A の部分集合の族 P で，P の任意の相異なる元の共通部分が空集合でありかつすべての元の合併が A であるものを意味する．オーマンとマシュラーはすでに交渉集合をはじめて提案した 1961 年の論文（Aumann and Maschler, 1961）において，利得のベクトル x とそれを生み出した提携の分かれ方（つまり全提携の分割 B のペア (x,B) **利得構成**（payoff configuration）と定義し，提携ゲームの結果の表現とした．式で書くと，

$$B = \{B_1,\ldots,B_m\}; \forall k,h \in \{1,\ldots,m\}, B_k \neq \emptyset \,\&\, B_h \neq \emptyset \,\&\, (k \neq h \Leftrightarrow B_k \cap B_k = \emptyset);$$

$$\bigcup_{k \in \{1,\ldots,m\}} B_k = I; \forall k \in \{1,\ldots,m\}, \sum_{i \in B_k} x_i = v(B_k).$$

という条件をすべて満足する (x,B) のことである．それまでのように最終的に個人の利得を生み出す提携を全提携に限定せず，いくつかの提携に分かれ，各個人はそれぞれが所属する提携から利得を得ている状態を表現している．このような x は**利得プロファイル**（payoff profile）と呼ばれる．また全提携の分割 B は，デイビスとマシュラーの論文（Davis and Maschler, 1962）から**提携構造**（coalition structure），そして，各 $i \in I$ に対して $x_i \geq v(i)$ が成り立つ利得構成 (x,B) は**個人合理的利得構成**（payoff configuration）と呼ばれ，今日に至る．

以上の概念を，5 人の例で考えよう．5 人の個人の集合 $I = \{a,b,c,d,e\}$ からなる提携ゲーム (I,v) における個人 $i \in I$ の利得を x_i と表わすと，前節で説明し

たように5人以下の何人からなる提携に対しても内部で個人合理性,および効率性を満たす利得ベクトルを考えることができる.よって,$\{[a,b,c],[d,e]\}$ を提携構造とする利得構成とは,

$$x_a + x_b + x_c = v(\{a,b,c\}), \ x_d + x_e = v(\{d,e\})$$

を満たす任意の5次元ベクトル $(x_a, x_b, x_c, x_d, x_e)$ と提携構造 $\{[a,b,c],[d,e]\}$ との組 $(x_a, x_b, x_c, x_d, x_e; [a,b,c],[d,e])$ である.また $\{[a,b,c,d],[e]\}$ を提携構造とする利得構成とは,

$$x_a + x_b + x_c + x_d = v(\{a,b,c,d\}), \ x_e = v(e)$$

を満たす任意の5次元ベクトル $(x_a, x_b, x_c, x_d, x_e)$ と提携構造 $\{[a,b,c,d],[e]\}$ とのペア $(x_a, x_b, x_c, x_d, x_e; [a,b,c,d],[e])$ である.さらに,$\{[a,b,c],[d,e]\}$ を提携構造とする個人合理的利得構成とは,

$$x_a \geq v(a), x_b \geq v(b), x_c \geq v(c), x_d \geq v(d), x_e \geq v(e)$$

を満たす $\{[a,b,c],[d,e]\}$ を提携構造とする利得構成である.$\{[a,b,c,d],[e]\}$ を提携構造とする個人合理的利得構成も同様である.そして,前節で論じた利得配分は,本質的に $\{I\}$ を提携構造とする個人合理的利得構成を表現している.

周(Zhou, 1994)は,伝統的な協力ゲーム理論では,このような利得構成を与える協力解を協力解のあるべき姿であるとしながら,提携形成は「さておき」,実際の研究は利得配分に集中してきたという見解を,オーマンとドレーズ(Aumann and Drèze, 1974),マシュラー(Maschler, 1992)を引用して指摘する.同様の見解は,オーマンが講義録(Aumann, 1989)の中で,コアが空集合である提携ゲームの例について行なっている問題提起にも見られる:

> Two problems can be considered: what coalitions will form? ; and how will themembers of the coalitions so formed divide their worth among themselves? There is no uniquely "correct" way of dealing with these problems, but the "Bargaining Set" represents one approach to the second problem, taking the coalitions which form as given.

この講義録は 1989 年の出版であるが，実際は 1975 年秋と 1976 年冬にオーマンがスタンフォード大学で行なった講義を，当時大学院生であった今井晴雄，ホセ・コルドバ，マーティン・オズボーンの三氏が記録したものである．つまり，協力ゲーム理論が大学院で講義されるほど体系立った時点で，提携形成と利得配分の両方を説明する重要性は既に認識されていたのである．

オーマンは，オーマン・ドレーズ論文（Aumann and Drèze, 1974）においてこの講義録で示した提携構造の導入をより形式的に行っており，そこでは提携構造を提携ゲームとともに最初から与えている．その中で，提携ゲーム (I, v) と提携構造 B の組み合わせ (I, v, B) は**提携構造を持つゲーム**（game with coalition structure）と定義されている．上記の引用のように ADM 交渉集合（"交渉集合"）を，形成される提携を所与として（taking the coalitions which form as given）利得配分の問題に解答を与える協力解として提示したが，もしその後に提携形成と利得配分の同時決定の理論が確立していたら講義録は改訂されて出版されたであろう．

この ADM 交渉集合の考え方は，提携ゲームの提携形成と利得配分を同時に与える協力解のあるべき姿そのものではなく，ある基準に従い提携構造を持つゲームに応じて与えられた提携構造と整合的な一部の利得プロファイルを選び出す写像であると言える．これを**提携構造を持つゲームに対する協力解**（cooperative solution to a game with coalition structure）と呼ぼう．数学的な形式から述べれば，提携構造を持つ n 人ゲームの協力解とは，任意の提携構造を持つ n 人提携ゲームに対してその提携構造から生み出される利得プロファイルの集合の一部を与える写像である．記号で表現すると，提携ゲーム (I, v) を所与とし，各提携 S に対して，$U(v, S) = \{x_S \in \mathbb{R}^S | (\forall i \in I)(x_i \geq v(i)) \ \& \ \sum_{i \in S} x_i = v(S)\}$，および $U^*(v, S) = \{x \in \mathbb{R}^I | x_S \in U(v, S)\}$ と定義すれば，**提携構造 B の利得プロファイル集合**（payoff profile set for coalition structure B）は $W(I, v, B) = \bigcap_{S \in B} U^*(v, S)$ と表わせるので，提携構造を持つ n 人ゲームの協力解とは任意の提携構造を持つ n 人ゲーム (I, v, B) に対して，集合 $W(I, v, B)$ の部分集合 $G(I, v, B)$ を与える写像 G となる．ADM 交渉集合はこの一例である．

なお，ADM 交渉集合を発展させることによって提携形成を説明する協力解が

見つからなかったことには理由があった．それはシュマイドラー（Schumeidler, 1969）により，「個人合理的利得構成が存在するすべての提携構造に対して」，仁の値が非空かつ一点であることが証明され，「仁 ∈ カーネル ⊂ ADM 交渉集合」という包含関係から，カーネルと ADM 交渉集合の値も非空であることが証明されたことによる．つまり，最低でも各提携 B_k の構成員 i に対し各自が独力で達成できる価値 $v(i)$ を利得として与えられる提携構造はすべて形成されうるということである．したがって，各 $i \in I$ については $v(i) = 0$ で，その他の提携 S については $v(S) > 0$ となるような提携ゲーム (I, v) では，最も細かい分割の $\{[i]; i \in I\}$ から最も粗い分割の $\{I\}$ まですべての提携構造が「協力解によって支持される」わけである．これでは，ADM 交渉集合もカーネルも仁も提携形成を説明する解として機能しているとは言えない．

ではなぜ個人合理的利得構成が存在するすべての提携構造に対して ADM 交渉集合が非空かを考える．言い換えれば，協力解の値に対して課せられるべき条件で抜け落ちているものはないか探すのである．まず，**提携構造を持つゲームの ADM 交渉集合**（the Aumann-Davis-Maschler bargaining set of a game with coalitionstructure）の定義を書いてみよう．

提携構造 $\{B_1, \ldots, B_m\}$ を持つ n 人提携ゲーム (I, v) の利得構成 $(x; B_1, \ldots, B_m)$ が与えられているとする．提携 B_k の個人 i が同じ提携 B_k の別な個人 j に対して，自分を含み j を含まない提携 S を提携 B_k と関係なく（つまり，$S \setminus B_k = \emptyset$, $S \setminus B_k \neq \emptyset$ に関わらず）形成し，S の各メンバーに x よりも大きい利得を与える S の利得配分 y を提案したとする．このとき，(S, y) は利得構成 $(x; B_1, \ldots, B_m)$ に対する個人 i から個人 j に対する異議と呼ばれる．

一方，個人 j は個人 i を含まないある提携 T を形成し，T の利得配分 z を達成することができ，z は T の各メンバーには x と同等以上の，かつ，S と T の両方に属するメンバーには y と同等以上の利得を与えるとしよう．このとき，(T, z) は利得構成 $(x; B_1, \ldots, B_m)$ を所与としたときの個人 j から個人 i への異議 (S, y) に対する**逆意義**（counterobjection）と呼ばれる．

このとき，利得構成 $(x; B_1, \ldots, B_m)$ を所与とした個人 i から個人 j に対する異議 (S, y) で，これに対する個人 j から個人 i への逆異議が存在しないとき，(S, y)

は正当な異議と言われ，その利得構成を所与とすればどの個人から他のどの個人へも正当な異議が存在しないような利得構成の集合が提携構造 $\{B_1,\ldots,B_m\}$ を持つ提携ゲーム (I,v) の ADM 交渉集合である．

上の定義は一見前節で定義した提携構造が $\{I\}$ の ADM 交渉集合の自然な拡張に見える．しかし，提携構造が入ると人数の少ない提携に属する個人ほど異議が出しにくくなっていることがわかる．なぜならば，異議は個人から「同じ提携に属する」別の個人にのみ出されることを想定しているため，同じ提携の構成員全員と別の提携の構成員全員が団結して異議を出すケースなどが排除されているからである．このことにより，提携ゲーム (I,v) でどこにも協力が発生せずに達成可能な利得構成 $((v(i))_{i \in I}; \{[i]\}_{i \in I})$ は，各提携に対する v の大きさとは全く無関係に，必ず ADM 交渉集合の値となる．つまり，誰が誰と提携を形成しても大きな利得を生み出せるという環境でも，全員がそれぞれ孤立し何の利得も生み出さないという状態は「正当な異議を出さない」という理由で支持されるというのだ．利得が協力者の好き嫌いも提携による損得もすべて清算した数値であることを考えると，このような提携構造が協力解の値となることは説得的とは言えない．

以上のことから，協力解 ADM 交渉集合の値に対して課せられるべき条件で抜け落ちているものの一つに，「個人が異議を出す自由度」があることがわかる．ゆえに提携構造をもつ提携ゲームであっても，一つの利得構成がそのゲームで支持されるかされないかを考えるときは，与えられている提携構造とはなるべく無関係に異議の有無を検討する必要がある．

あまり知られていないが，オーマン・ドレーズ論文（Aumann and Drèze, 1974）の定理 10 は，**提携構造を持つゲームのコア**（the core of a game with coalitionstructure）は，値が非空のときの限り，形成される提携構造を絞り込む機能があることを含意している．提携構造 $\{B_1,\ldots,B_m\}$ を持つ提携ゲーム (I,v) のコアは，利得構成 $(x;B_1,\ldots,B_m)$ でいかなる提携からの異議も存在しないものすべての集合，つまり

$$\forall S \subset I, \sum_{i \in S} x_i \geq v(S); \forall k \in \{1,\ldots,m\}, \sum_{i \in B_k} x_i = v(B_k)$$

を満たす利得ベクトル x と提携構造 $\{B_1,\ldots,B_m\}$ からなる利得構成の集合を与える解として定義される．オーマン・ドレーズのこの定理は「ある提携構造を持つゲームのコアが非空ならば，そのような提携構造は提携の価値の和が最大であるような提携構造すべてである」ということを教えている．つまり，ある提携構造 $\{B_1,\ldots,B_m\}$ の各提携が他のどの提携の利得配分によっても支配されない利得配分を生み出せたとしたら，その $\{B_1,\ldots,B_m\}$ は，任意の提携構造 $\{S_1,\ldots,S_p\}$ に対して

$$v(B_1)+\ldots+v(B_m) \geq v(S_1)+\ldots+v(S_p)$$

が成立する提携構造であり，もしもこの不等式が成立する提携構造が他にあったらその提携構造の下でも提携ゲーム (I,v) は他のどの提携の利得配分によっても支配されない利得配分を生み出せるのである．ここで前節では提携ゲームに結束性を仮定していたことを思い出そう．結束性は一般には，任意の提携構造 $\{S_1,\ldots,S_p\}$ に対して

$$v(I) \geq v(S_1)+\ldots+v(S_p)$$

が成立することである．したがって，コアが非空ならば全提携の形成は必ず支持されるということである．本節では提携ゲームに結束性および優加法性は必ずしも仮定しない．それゆえ，全提携による提携構造 $\{I\}$ の提携の価値が別の提携構造の提携の価値の和より低ければ，全提携はコアの利得配分を作り出せず，全提携の形成はコアという協力解では支持されなくなる．

　その「提携の価値の和が最大である提携構造を持つゲームのコアが非空」かどうかを判定する条件を，**平衡性**（balancedness）と呼ぼう．提携構造を持たない提携ゲーム，つまり提携構造が $\{I\}$ の提携ゲームのコアが非空であるための必要十分条件が前節で名前を挙げた「平衡性」というよく知られた条件であり，それが一般化されたものなので同じ名前を用いる．その一般化された条件の数学的定義については割愛するが，これから平衡性という条件は「提携の価値の和が最大である提携構造を持つゲームのコアが非空」であることの必要十分条件を指す（割愛された数学的定義については，たとえば Shimomura（1997, p.295）を参照せよ）．なお「提携の価値の和が最大ではない提携構造を持つゲームのコアが非空」であることはありえないことは簡単な論理操作でわかる．したがって，平衡性を満足する提携ゲームでは，コアという協力解の下で，提携の価値の和が最大である提携構造といかなる提携からも異議が出ない利得ベクトルのペアである利得構成が支持される．

以上が提携ゲームの提携形成に関する古典的な協力ゲーム理論による主要結果であり，ここで再度要約する：

1. ADM 交渉集合，カーネル，仁は，任意の提携ゲームに対してその個人合理的利得構成が存在するすべての提携構造のもとで非空の値を与える．

2. コアは，平衡性を満足するすべての提携ゲームに対してその提携の価値の和が最大である提携構造のもとで，そしてそれらのもとに限り，非空の値を与える．

したがって，ADM 交渉集合，カーネル，仁に従うと，個人合理的利得構成が存在する提携構造すべてが，コアに従うと，ゲームが平衡性を満足すれば提携の価値の和が最大である提携構造すべてが形成される可能性のある提携構造ということになる．個人合理的利得構成が存在する提携構造すべてと言われると多すぎるが，「ゲームが平衡性を満足すれば」と限定されると，平衡性を満足しない提携ゲームではどうなのかと問いたくなる．

これに対して，周（Zhou, 1994）が与えた解答は次のようなものである：提携ゲーム (I,v) において，利得構成 (x, B) に対し他の利得構成 (y, D) ですべての個人 $i \in I$ に対して $y_i > x_i$ となるようなものが存在しないとき，利得プロファイル x は**弱効率的**（weakly efficient）であるという．このとき

3. Z 交渉集合は，任意の提携ゲームに対して少なくとも一つの弱効率的な利得プロファイルを与える．なお，提携ゲームによってはその値が弱効率的でない利得プロファイルを含む場合もある．

この命題は，ADM 交渉集合，カーネル，仁では支持される提携構造が多すぎるという点と，コアでは平衡性を満足しない提携ゲームにおいて支持される

提携構造が見つからないという点を，Z 交渉集合が克服していることを伝えている．周は M 交渉集合における異議と逆異議の包含関係を前節で説明したように修正し，任意の提携ゲームに対して利得構成，つまり提携構造と利得プロファイルの両方，を与える拡張された協力解として Z 交渉集合を定義した．それを紹介しよう．まず提携ゲームの M 交渉集合という協力解の概念がどのように拡張された協力解に修正されるかを簡潔に解説する．

提携構造 B を持つ n 人提携ゲーム (I,v) の利得構成 $(x;B)$ が与えられているとする．このとき提携 S が提携構造 B と関係なく形成され，S の各メンバーに x よりも大きい利得を与える S の利得配分 y を提案したとする．このとき，(S,y) は利得構成 $(x;B)$ に対する提携 S からの異議と呼ばれる．また利得構成 $(x;B)$ を所与としたときの異議 (S,y) に対する提携 T からの逆異議も，提携構造 B と関係なく利得プロファイル x のみに依存して定義される．このとき，利得構成 $(x;B)$ に対する提携 S からの異議 (S,y) で，これに対してどの他の提携からも逆異議が存在しないならば，(S,y) は「正当な異議」（justified objection）と呼ばれる．またその利得構成を所与とすればどの提携からも正当な異議が存在しないような利得構成の集合を与える協力解は，**提携構造を持つゲームの M 交渉集合**（the Mas-Colell bargaining set of a game with coalition structure）と呼ばれる．そして，提携 T からの逆異議の定義に「$S \cap T \neq \emptyset\ \&\ S \setminus T \neq \emptyset\ \&\ T \setminus S \neq \emptyset$」という制約を課した協力解は，「提携構造を持つゲームの Z 交渉集合」（the Zhou bargaining set of a game with coalition structure）と呼ばれる．

周（Zhou, 1994, p.520）は，M 交渉集合の値はほとんど ADM 交渉集合の値を含んでいると述べているが，これは直感的な説明として正しい．ADM 交渉集合の利得配分を任意に選び，これに対してどの提携からも異議がなければコアに含まれるので M 交渉集合にも含まれるので明らかである．またなんらかの提携 S から異議があっても，$B_k \cap S \neq \emptyset$ かつ $B_k \setminus S \neq \emptyset$ となるような提携構造の元 B_k，$B_k \cap S$ から個人 i，$B_k \setminus S$ から個人 j を選び（ADM 交渉集合の定義から提携 S に対しこのような B_k と個人 i, j は必ず存在する），個人 i から個人 j への異議とすれば，ADM 交渉集合の定義より必ず個人 j から個人 i に別な提携 T を作って逆異議を出すので，これを提携 T から提携 S への逆異議だと解釈し

直せばよい．これで一見 ADM 交渉集合の任意の利得配分は M 交渉集合に含まれそうだが，周が「ほとんど」と言っているのは ADM 交渉集合の定義における逆異議が弱改善であるのに対して M 交渉集合の定義における逆異議が強改善であることによる．周は個人 j から個人 i への逆異議で提携 T 内の個人の利得が最初の水準あるいは提携 S からオファーされた水準と同じ場合は M 交渉集合の定義では提携 T から提携 S への逆異議とはならないからである．

　直感的な説明でなく証明されている命題として，ある条件を満たす提携構造を持つゲームの M 交渉集合の値はそのカーネルの値をすべて含むという主張がある（Shimomura, 1997）．その条件とは，任意の提携 S に対して $B_k \cap S \neq \emptyset$ となるような提携構造の元 B_k をすべて集めた提携構造の部分族を $\{B_1^*, \ldots, B_q^*\}$，すべての元の合併を B^* とするとき，$v(S) + \sum_{i \in B^* \setminus S} v(i) \leq v(B_1^*) + \ldots + v(B_q^*)$ が成り立つことである．この条件は選ばれる提携構造が提携の価値の和が最大であることまでは要求していない．たとえば，すべての個人 $i \in I$ については $v(i) = 0$ で，すべての提携 S に対して $v(S) \leq v(I)$ が成り立つ提携ゲームでは提携構造 $\{I\}$ はこの条件を満足する．たとえば，$I = \{1,2,3,4\}$，$v(1,2) = v(3,4) = v(I) = 4$，$\{1,2\}$，$\{3,4\}$，$I$ 以外の提携 S に対して $v(S) = 0$ となるゲームでは提携構造 $\{[1,2],[3,4]\}$ と $\{I\}$ があてはまる．つまり，これら 2 つの提携構造はカーネルと M 交渉集合により選ばれうるのである．

　この 4 人提携ゲームで提携構造 $\{I\}$ の形成がなぜ支持されるのかであるが，理由は $v(I) = 4$ を $x = (1,1,1,1)$ と分けると，提携 $\{1,2\}$ からも提携 $\{3,4\}$ からも異議が出され，定義に基づくとそれぞれが他方の異議の逆異議になるからである．周はこのような値を与える協力解の定義に対し異議を唱え，新たな交渉集合を定義した．以下定義までのステップを示す．

　利得構成による提携ゲームの結果の表現は精確であるが，コアのようにある基準で選ばれた利得プロファイルを生み出す提携構造がすべて選ばれるならば，本質的な情報は利得プロファイルのみで十分である．この考えに基づき協力解が提携ゲームに対して与える利得プロファイルを選ぶ範囲を全提携が生み出す利得プロファイル（利得配分）の集合からあらゆる提携構造が生み出す利得プロファイルの集合に拡張しよう．

提携ゲーム (I,v) を所与とし，提携構造 B の利得プロファイル集合を $W(I,v,B) = \bigcap_{S \in B} U^*(v,S)$ と表わしたことを思い出そう．ここで提携ゲーム (I,v) のすべての提携構造の集合を $\beta(I)$ と定義すれば，**提携ゲーム (I,v) の利得プロファイル集合**（payoff profile set for coalitional game (I,v)）は $W^*(I,v) = \bigcup_{B \in \beta(I)} W(I,v,B)$ で表わせる．この準備の下，提携ゲームの利得プロファイルとそれを生み出すすべての提携構造を選び出す協力解を考えてみると，それはある基準に従い提携ゲームに応じてその利得プロファイル集合の一部を選び出す写像であると言えるだろう．このような写像を**一般化協力解**（generalized cooperative solution）と呼ぼう．数学的な形式から述べれば，一般に n 人提携ゲームの一般化協力解とは，任意の n 人提携ゲームに対して個人合理的利得プロファイルの集合を与える写像である．既に定義した記号を用いて表わせば，任意の n 人提携ゲーム (I,v) に対して，$W^*(I,v)$ の部分集合 $F^*(I,v)$ を与える写像 F^* である．なお，$F^*(I,v)$ の利得プロファイル x を生み出す提携構造は，$x \in F^*(I,v) \subset W^*(I,v) = \bigcup_{B \in \beta(I)} W(I,v,B)$ より $x \in W(I,v,B)$ となるようなすべての提携構造 $B \in \beta(I)$ として与えられる．つまり利得プロファイルと同時に提携構造が決まる．

いま n 人提携ゲーム (I,v) の利得プロファイル $x \in W^*(I,v)$ が与えられているとする．このとき提携 S が各メンバーに x よりも大きい利得を与える S の利得配分 y を提案したとする．このとき，(S,y) は利得プロファイル x に対する提携 S からの異議と呼ばれる．一方，提携 T は利得配分 z を達成することができ，z は T の各メンバーには x よりも大きい，かつ，S と T の両方に属するメンバーには y よりも大きい利得を与えるとしよう．このとき，(T,z) は利得プロファイル x を所与としたときの異議 (S,y) に対する提携 T からの逆異議と呼ばれる．このとき，利得プロファイル x に対する提携 S からの異議 (S,y) で，これに対してどの他の提携からも逆異議が存在しないならば，(S,y) は正当な異議と呼ばれ，その利得プロファイルを所与とすればどの提携からも正当な異議が存在しないような利得プロファイルの集合を与える協力解を，**一般化 M 交渉集合**（the GeneralizedMas-Colell bargaining set）と呼ぼう．そして，一般化 M 交渉集合の逆異議の定義に $S \cap T \neq \emptyset \& S \setminus T \neq \emptyset \& T \setminus S \neq \emptyset$ という制約を課した協力解を**一般化 Z 交渉集合**（the Generalized Zhou bargainingset）と呼ぼう．

先程例に挙げた $I = \{1,2,3,4\}$, $v(1,2) = v(3,4) = v(I) = 4$, $\{1,2\}$, $\{3,4\}$, I 以外の提携 S に対して, $v(S) = 0$ となる 4 人ゲームでは, 一般化 Z 交渉集合の値は

$$\{(x_1, x_2, x_3, x_4) \geq 0 | x_1 + x_2 = 4 = x_3 + x_4\},$$

一般化 M 交渉集合の値は一般化 Z 交渉集合に

$$\{(x_1, x_2, x_3, x_4) \geq 0 | x_1 + x_2 + x_3 + x_4 = 4, x_1 + x_2 < 4, x_3 + x_4 < 4\}, \{(0,0,0,0)\}$$

が加わる. したがって, 一般化 Z 交渉集合により選ばれる提携構造は $\{[1,2], [3,4]\}$, 一般化 M 交渉集合により選ばれる提携構造は

$$\{[1,2], [3,4]\}, \{I\}, \{[1], [2], [3], [4]\}$$

となる.

前節では利得プロファイル x を生み出す提携構造を $\{I\}$ に限定したものを Z 交渉集合と定義し, 本節で提携構造を持つ提携ゲームの Z 交渉集合を定義したが, 周 (Zhou, 1994) が証明したのはこの一般化 Z 交渉集合 (論文中では単に "the bargaining set" と呼んでいる) の値が少なくとも 1 つの弱効率的な利得プロファイルを含むことである. そして, このことは, 弱効率的な利得プロファイルを生み出す提携構造を持つ提携ゲームの Z 交渉集合が非空の値を与えることを意味する. この主張はさらに次のように強められることがわかっている (Shimomura, 1997, Theorem 3.2).

4. Z 交渉集合は, 任意の提携ゲームに対してその提携の価値の和が最大である提携構造のもとで, 非空の値を与える. なお, 提携ゲームによってはその値が弱効率的でない利得プロファイルを含む場合もある.

周が Z 交渉集合を定義した目的は, すべての提携ゲームに対して提携構造と利得プロファイルを同時に与える協力解を提示することであった. そのために Z 交渉集合はすべての提携構造の利得プロファイル集合の合併の上に値を取る一般化協力解に拡張され, 少なくとも提携の価値の和が最大である提携構造の下では値が非空であることが証明されている. 一方, M 交渉集合も一般化協力

解に拡張され，定義によりその値が Z 交渉集合の値を含むので非空ではあるのだが，上の 4 人ゲームのようにより多くの提携構造と利得プロファイルを選ぶことがある．そして，一般化協力解が選んだ利得プロファイルを生み出す提携構造を一旦所与とすれば，その提携構造を持つゲームに対する協力解が容易に得られる．

ところが，ADM 交渉集合は定義のままでは一般化協力解に拡張することは容易にできない．なぜならば，先に確認したように ADM 交渉集合の定義における異議は個人から「同じ提携に属する」別の個人にのみ出されることを想定しているため，利得プロファイルを選ぶ前に与えられる提携構造と選んだ利得プロファイルを生み出す提携構造が一致していなくてはならない，つまり提携構造に「不動点」の性質を要求されるからである．さらに ADM 交渉集合は個人合理的利得構成が存在する提携構造を持つすべてのゲームに非空の値を与えるので，安定性の強い提携構造を選ぶ協力解ではないと言ってよい．

最後に本節で論じられた提携構造と利得プロファイルの安定性について述べる．登場したさまざまな交渉集合の定義の中に反映されているそれらの安定性はひとえに「正当な異議とは何か」という一点の相違に尽きる．M 交渉集合の定義において，一つの提携からの異議は，その提携の一部の個人と提携に属さない個人との共謀により別な提携が形成されても，その提携の内部の小さな提携やその提携を吸収合併する大きな提携により別な提携が形成されても，完全に独立した別個の提携が同時に異議を出すため形成されても，正当とは認められない．一方，Z 交渉集合の定義においては，一つの提携からの異議は，その提携の一部の個人と提携に属さない個人との共謀により別な提携が形成されたときのみ正当ではない．したがって，「正当な異議」は，Z 交渉集合の定義を満たす異議の方が M 交渉集合の定義における方を含むので数が多く，Z 交渉集合の値として残る提携構造と利得プロファイルは M 交渉集合のものより少なくなる．この意味で Z 交渉集合の値は M 交渉集合のものより精緻化されている．しかし「正当な異議」は多ければよいというものではなく，コアのように「すべての異議」を考慮すると，ゲームによっては値が存在しなくなってしまう．したがって，Z 交渉集合はなるべく非空の安定的な提携構造と利得プロファイル

を選び出す精緻な協力解として機能していると言えよう．

7.4 結論にかえて：協力解のこれから

マッチングゲーム（matching game）の研究が近年盛んであり，臓器移植問題や学校選択問題などの応用面でも注目されている．おそらくマッチングゲームは過去から現在にかけ提携形成に関して最も多くの結果が得られている協力ゲームの分野であろう．しかし，マッチングゲームはその多くが提携が形成された時点で各個人の利得が決まるという構造を有しており，この構造のもとでは提携の中で発生した利得を提携内の個人間でどのように分けるかという問題は論じられない．したがって，序論で紹介したザ・ドリフターズの例のような問題はどんなに単純化しても提携ゲーム，特に譲渡可能効用ゲームでなければ表現できない．提携ゲームであっても，特性関数を一般化することにより，「分割関数形ゲーム」や「譲渡不可能効用ゲーム」などを考えることもできるが，譲渡可能効用ゲームの範囲で解決されるべき提携形成と利得配分の問題で検討すべきものはまだあるはずである．例えば学校選択問題も，強い入学希望者から高い授業料を徴収し，それを奨学金として優秀な学生を入学させるというような価値の発生と配分を伴う譲渡可能効用ゲームに書き換えられる．このような問題の発見は協力解がこれから活躍できるための第一の道である．

その一方で，M&Aと略される企業の合併・買収および独立した企業間の戦略的提携は，本質は提携形成と利得配分の問題であるが，外部性が強いため提携ゲームに書き換えることには無理がある．このような問題に関しては，ゲームへの書き換えを考えるのではなく，経済モデルを構築し問題に応じた協力解の概念を，必要ならば修正を加えて経済モデルに直接適用すべきであろう．その最も先駆的な業績はドゥブルーとスカーフの論文（Debreu and Scarf, 1963）である．複数種類の商品の交換経済において，内部での提携形成を許す分権化された取引は参加人数が多くなれば集権化された完全競争市場と同じ機能を備えてくるというエッジワースの極限定理（Edgeworth's limit theorem）は，エッジワース（Edgeworth, 1881）が基本的なアイディアを示し，ドゥブルーとスカー

フが**交換経済のコア**（the core of an exchange economy）を定義し分析することで完成した．ドゥブルーとスカーフは交換経済を譲渡不可能効用ゲームなどに書き換えることはせず，交換経済モデルでコアという協力解を表現したのである．ドゥブルー・スカーフ論文の出版から半世紀が経過した現在にあっても，さらにこの精神を受け継ぐ研究が発展することは協力解がこれから活躍できるための第二の道である．

そして最後に述べたいことは，新しい協力解の提案には慎重を期すということである．完全な解などありえないのだから，古典的協力解にもそれぞれ一長一短あって当然であり，研究者はその短所を克服する新しい解を作りたいという気持ちになる．そのときはその短所がどのくらい重要な問題を解くときにハンデとなり，新しい解が古典的協力解の短所をどのくらい克服しかつ長所を失っていないかを確認することを怠るべきでない．この確認を怠って生まれた協力解を増やさないことが，提携ゲームの研究全体に対する評価を維持し，他分野の研究者の関心も惹きつけ，理論と応用の両面において協力解がこれから活躍できるための第三の道である．

参考文献
references

ANDERSON, R. M., W. TROCKEL, AND L. ZHOU (1997): "Nonconvergence of the Mas-Colell and Zhou bargaining sets," *Econometrica*, 65, 1227–1239.

AUMANNM R. J. (1989): *Lectures on Game Theory: Underground Classics in Economics*, Westview Press.（丸山徹，立石寛　訳　「ゲーム理論の基礎」，勁草書房，1991 年）

AUMANN, R. J. AND J. H. DRÈZE (1974): "Cooperative games with coalition structures," *International Journal of Game Theory*, 3, 217–237.

AUMANN, R. J. AND M. MASCHLER (1961): "The bargaining set of cooperative games," Econometric Research Program, Research Memorandum No. 34, Princeton

University, Princeton, New Jersey.

AUMANN, R. J. AND M. MASCHLER (1964): "The bargaining set of cooperative games," In M. Dresher, L. S. Shapley, and A. W. Tucker, eds., *Advances in Game Theory*, 443–476, Princeton University Press.

AUMANN, R. J., E.-Y. GURA, S. HART, B. PELEG, H. SHEMESH AND S. ZAMIR (2008): "Michael Maschler: In memorium," Discussion Paper No. 493, Center for Rationality and Interactive Decision Theory, Hebrew University, Jerusalem.

DAVIS, M. AND M. MASCHLER (1962): "Existence of stable payoff configurations for cooperative games," Econometric Research Program, Research Memorandum No. 38, Princeton University, Princeton, New Jersey.

DAVIS, M. AND M. MASCHLER (1963): "Existence of stable payoff configurations for cooperative games," *Bulletin of the American Mathematical Society*, 69, 106–108.

DAVIS, M. AND M. MASCHLER (1965): "The kernel of a cooperative game," *Naval Research Logistics Quarterly*, 12, 223–259.

DEBREU, G. AND H. SCARF (1963): "A limit theorem on the core of an economy," *International Economic Review*, 4, 235–246.

EDGEWORTH, F. Y. (1881): *Mathematical Psychics*, Kegan Paul Publishers, London, (reprinted, In P. Newman ed., *F. Y. Edgeworth's Mathematical Psychics and Further Papers on Political Economy*, Oxford University Press, 2003.)

GILLIES, D. B., (1953): "Some theorems on n-person games," Ph.D. Thesis, Princeton University.

GILLIES, D. B. (1959): "Solutions to general non-zero-sum games," *Annals of Mathematics Studies*, 40, 47–85, Princeton University Press, Princeton, New Jersey

KALAI, EHUD AND M. SMORODINSKY (1975): "Other solutions to Nash's bargaining problem," *Econometrica*, 43, 513–518.

LUCAS, W. F. (1969): "The proof that a game may not have a solution", *Transactions of the American Mathematical Society*, 136, 219–229.

MASCHLER, M. (1992): "The bargaining set, kernel and nucleolus: A survey," In R. J. Aumann and S. Hart, eds., *Handbook of Game Theory*, I, 591-557, North Holland, New York.

MAS-COLELL, A. (1989): "An equivalence theorem for a bargaining set," *Journal of Mathematical Economics*, 18, 129–139.

MYERSON, R. C. (1991): *Game Theory: Analysis of Conflict*, Harvard University Press, Cambridge, London.

NASH, J. F. (1950): "The bargaining problem," *Econometrica*, 18, 155–162.

VON NEUMANN, J. AND O. MORGENSTERN (1944): *Theory of Games and Economic Behavior*, Princeton: Princeton University Press.

OSBORNE, M. J. AND A. RUBINSTEIN (1994): *A Course in Game Theory*, Cambridge, MIT Press.

PELEG, B. (1963): "Existence theorem for the bargaining set $\mathcal{M}_1^{(i)}$," *Bulletin of the American Mathematical Society*, 69, 109–110.

SCARF, H. E. (1967): "The core of an n-person game," *Econometrica*, 35, 50–69.

SHAPLEY, L. S. (1952): "Notes on n-person games, III: Some variants of the von-Neumann Morgenstern definition of a solution," Santa Monica: RM 817, The RAND corporation.

SHAPLEY, L. S. (1953): "A value for n-person games," In H. W. Kuhn and A.W. Tucker, eds., *Contributions to the Theory of Games*, II, *Annals of Mathematical Studies*, 2, 307–317, Princeton University Press.

SCHMEIDLER, D. (1969): "The nucleolus of a characteristic function game," *SIAM Journal of Applied Mathematics*, 17, 1163–70.

SHIMOMURA, K.-I. (1997): "Quasi-cores in bargaining sets," *International Journal of Game Theory*, 26, 283–302.

VOHRA, R. (1991): "An existence theorem for a bargaining set," *Journal of Mathematical Economics*, 20, 19–31.

ZHOU, L. (1994): "A new bargaining set of an n-person game and endogenous coalition formation," *Games andconomic Behavior*, 6, 512–526.

第8章
重み付き投票実験における提携形成

渡邊直樹

渡邊直樹

8.1 はじめに：協力ゲームの実験環境

重み付き投票（weighted voting）とは，議案の採否を投票によって決める社会的意思決定の方法の一つであり，そこでは異なる投票者が異なる票数を持つことが許容されている．ある投票者に与えられた票数をその投票者が持つ重みという．すべての投票者に同じ重みが与えられる場合も重み付き投票の一例として扱われる．たとえば，すべての投票者が一票ずつ持っていて，半数以上の投票者から賛成票を得た議案が採択されるという重み付き投票は多数決と呼ばれる．多数決に限らず，重み付き投票は，多党制立法議会や株主総会など，我々の身の周りで実施される社会的意思決定において頻繁に用いられている．本稿では，各投票者に割り当てられた重みとその投票結果に対する影響力の関係についての被験者実験を紹介する．

重み付き投票において，各投票者に割り当てられた重みのリストを票配分といい，投票の結果に対して各投票者が持つ影響力をその投票者の投票力という．票配分と投票力の関係は非常に複雑であり，時として予想もしえなかったことが起こることが知られている．たとえば，Felsenthal and Machover (1998) は，ヨーロッパ経済共同体（EEC）議会の事例研究において，どの議案の採否にもまったく影響を与えない国が存在していたことを報告している．各投票者の投票力を事前的に評価するため，Shapley and Shubik (1954) や Banzhaf (1965)

を嚆矢として，Deegan and Packel (1978) などが幾つかの理論を提案してきた．しかし，Gelman et al. (2004) は，米国と欧州における様々な投票結果を分析し，実際の投票力を事後的に計測してみると理論が提示する評価とは大きくかけ離れていることが少なくないことを報告している．

投票制度に内在するこの深遠な関係をよりよく理解するため，近年，実験室における**被験者実験**（subject experiment）が多くの研究者たちの関心を引きつけている．それは実際の投票では制御が難しい状況を実験室では制御することが可能となるためである．たとえば，Frechette et al. (2005a, b), Drouvelis et al. (2010), Kagel et al. (2010) は Baron and Ferejohn (1989) または Morelli (1999) による法律制定交渉モデルから得られる理論的示唆を実験において検証した．これらのモデルは非協力ゲームを用いて定式化されており，議案の提案とそれに対する応答のプロセスが展開形によって予め設定された状況を想定している．しかし，実際には，法律制定交渉のプロセスは予め定められたものに従っているわけではない．

投票実験のもう一つの流れは**協力ゲーム**（cooperative game）に基づくものであり，そこでは交渉のプロセスが予め特定されることはない．Montero et al. (2008) と Aleskerov et al. (2009) はそのような状況を想定した投票実験を実施した．実験室における被験者実験では，同じ状況の下で被験者に何度か繰り返して意思決定をさせる．彼らの実験の仕様では，被験者の役割を毎回ランダムに割り当て，同時に賛成できる提案の数を限定していない．しかし，そのような実験の仕様の下では，被験者は認知や判断の誤りを犯しやすいことが Guerci et al. (2014) によって指摘されている．このことから，展開形によって単純な交渉プロセスを予め設定することは被験者の意思決定における認知や判断の誤りを抑制していると思われる．

そこで，協力ゲームの実験環境としてはやや制約的ではあるが，本稿の実験では被験者の役割を部分的に固定し，各被験者が同時に賛成できる提案の数を自分自身の提案を含む一つに限定した[1]．すると，拒否権プレイヤーのいない

---

[1] Guerci et al. (2014) では，賛成できる提案の数を一つに限定するだけでなく，被験者の役割をセッションの前半と後半それぞれにおいて固定している．本稿の実験では，前半と後半

2つの4人重み付き投票ゲームにおいて，各**最小勝利提携**（minimum winning coalition）が観察される頻度を順序づけると，それは次の前提 (1) と (2) に基づいて導出されるものと同一であることが観察された[2]．最小勝利提携（MWC）とは，そのメンバーのいずれか一人でも抜けた場合に，彼らだけで採択可能であったはずの提案が残りのメンバーだけでは採択されなくなってしまう投票者の集まりである．(1) 各投票者は，任意の 2 つの MWC について，自身の相対票数が大きい方を好む．相対票数が等しい場合，メンバーが少ない方を好む．MWC における投票者の相対票数とは他のメンバーが持つ票数の総数に対して自身が持つ票数のことである．(2) 拒否権プレイヤーが存在しないならば，各 MWC について，投票者の選好を**ボルダ方式**（Borda rule）で集計したスコアの順位が高いほど，その生起確率は高くなる[3]．

前提 (1) は**ガムソンの法則**（Gamson's law）と整合的である．ガムソンの法則（Gamson, 1961）は各国の国会における与党や連立与党内での議員数と大臣ポストの配分が比例的になっているというものであり，政治学では頑健は実証的事実となっている[4]．前提 (1) の下では，被験者は自身の選好順序における順位がより高い最小勝利提携のメンバーと交渉しようとする傾向があると予想される．各最小勝利提携の生起確率は，個人のそのような傾向を何らかの方法で集計したものに依存するだろう．ボルダ方式の集計はいくつか考えられる集計方法の中でも単純なものであり，専門的知識を持たない被験者にとっても理解または想起しやすい仕組みである．交渉プロセスにおいては MWC の間での綱引きが観察された．それは各 MWC 内での資源配分にも影響を与えており，そのことが幾つかの MWC におけるガムソンの法則のほころびをもたらす要因と

それぞれにおいて，部分的にはランダムに役割を被験者に与えている．

[2] 最小勝利提携のことを minimal winning coalition と呼ぶこともある．しかし，最小勝利提携のうち，そのメンバーの数がもっとも少ないものを least winning coalition と呼ぶ研究者がいる一方で，それを，字義通り，minimal winning coalition と呼ぶ研究者もいる．本章では，混乱を避けるため，最小勝利提携を minimum winning coalition と呼ぶことにする．

[3] Esposito et al. (2012) でも同様の結果を観察している．しかし，彼らの主な目的は被験者が限られた経験から票配分と投票力の関係を学習することができるかを調べることにあった．

[4] Warwick and Druckman (2001) は国会における議席数と大臣ポストの実証的関係を再検証している．

もなっている．本稿の実験では，ガムソンの法則の部分的なほころびにも拘らず，各 MWC の生起頻度は前提 (1) と (2) が導くものと同一のものであることが観察された．今後はフィールドデータによる検証が待たれる．

以下の構成は次の通りである．2 節では実験の仕様について詳述する．3 節では最小勝利提携の生起確率の予想に関する素朴な考えをフォーマルに述べ，実験結果を示す．4 節では本稿の内容をまとめ，将来の研究課題についての注意を述べる．

8.2 実験の仕様：4 人重み付き投票ゲーム

この実験では，4 人の投票者が 100 ポイントを彼らの間でどのように分割するかを重み付き投票によって決める状況を考える．$N = \{1, 2, 3, 4\}$ をプレイヤーの集合とする．100 ポイントの分割を配分といい，$x = (x_1, x_2, x_3, x_4)$ で表す．x_i は配分 x におけるプレイヤー $i \in N$ の取り分であり，すべての $i \in N$ について $x_i \geq 0$，かつ，$\sum_{i \in N} x_i = 100$ である．4 人重み付き投票ゲームは $[q; v_1, v_2, v_3, v_4]$ で表される．q はある配分が採択されるために最低限必要な票数であり，以後，**必要票数**（quota）ということにする．v_i はプレイヤー $i \in N$ が持つ票数（投票におけるウェイト）である．以下では，誤解が生じない場合に限り，4 人重み付き投票ゲームのことを単にゲームという．N の非空な部分集合 S を提携といい，$\sum_{i \in S'} v_i \geq q$ が成り立つ提携 S' を勝利提携という．勝利提携に属するプレイヤーは彼らだけで 100 ポイントを分割する配分案を採択させることができる．たとえば，提携 $S' = \{1, 2, 3\}$ が勝利提携ならば，プレイヤー 4 にポイントを与えない配分 $(40, 30, 30, 0)$ を実現させることが可能である．ただし，多くの重み付き投票ゲームは複数の勝利提携を有しており，さもなければ分析に値するゲームではないだろう．最小勝利提携（MWC）とはメンバーのうち誰か一人でも欠けると残ったメンバーの総票数だけでは勝利提携にはなり得ない勝利提携のことである．

ゲームをプレイするためのルールは次の通りである．各回において，各プレイヤーは配分を提案するか，他のプレイヤーの提案に賛成するか，自分自身の

提案または他のプレイヤーの提案に対する賛成を取り下げるか，何もしないかを選択することができる．これらの選択はいつなされても構わない．ある配分の提案に賛成すると，そのプレイヤーが持つすべての票がその配分に投じられる．提案者であるプレイヤーが持つすべての票は彼または彼女が提案した配分に自動的に投じられる．プレイヤーは何度でもこれらの選択を行うことができるが，同時に賛成できる提案の数は自分自身の提案も含めて唯一つに限定されている[5]．よって，各プレイヤーは，自分自身の提案を取り下げることなく，他のプレイヤーの提案に賛成することはできない．同様に，ある提案に賛成しているプレイヤーが別の提案に賛成したい場合には，そのプレイヤーはまず賛成している提案に対する自分自身の賛成を取り下げなければならない．プレイヤーは同時に複数の配分を提案することを許されていないので，新たな配分を提案する場合には，既に提案していた配分を取り下げなければならない．必要票数以上の票を最初に集めた提案が採択され，その提案に従ったポイントが各プレイヤー与えられる．これをもって，その回は終了する．

本稿では，Esposito et al. (2012) と Guerci et al. (2014) と同じく，ゲーム (a) [14;4,4,6,8] と (b) [14;7,7,3,5] を用いる[6]．あるセッションにおいては，まずゲーム (a) が 10 回繰り返され，その後，ゲーム (b) が 10 回繰り返される．もう一方のセッションでは，プレイされるゲームの順番は逆に設定される．つまり，あるセッションの前半 10 回で用いられたゲームと他方のセッションの後半 10 回で用いられたゲームは同じである．分析においては，同じゲームで得られたデータをマージして一つのデータセットを作ることによって，ゲームのプレイの順番がプレイヤーの選択に与える影響を平準化する．

セッションの開始に際して，まず，実験室に集まった被験者は紙媒体のインストラクション（付録）を渡され，実験者はそれを声に出して読み上げた．被

---

[5] この制約を Esposito et al. (2012) と Guerci et al. (2014) では single approval と呼んでいる．
[6] ゲーム (a) と (b) には，拒否権プレイヤーは存在しない，つまり，コアは空である．拒否権プレイヤーとはすべての勝利提携に属するプレイヤーのことである．拒否権プレイヤーは最終的にはほとんどすべてのポイントを獲得することが Montero et al. (2008)，Aleskerov et al. (2009)，Esposito et al. (2012) において，実験の仕様が少しずつ異なるにも拘らず，観察されている．

験者は，インストラクションに対する疑問を実験者に質問することを許されたが，他の被験者と直接コミュニケーションをとることは禁じられた．実験はコンピュータのネットワークを用いて実施された．被験者はコンピュータの画面に表示される情報のみを介して他の被験者とゲームをプレイする．各被験者が見ることができるコンピュータの画面はコの字型パネルで囲まれ，他の被験者の実験画面を覗き見ることはできない．これは，ゲームのプレイにおける各被験者の意思決定が彼または彼女自身の状況認知と判断能力のみでなされるような環境を設定するためである．各回におけるゲームのプレイ中に被験者が見ることができる情報については後述する．

各セッションには 16 人の被験者が参加した．被験者はセッションの初めに，コンピュータによってランダムに，各々 8 人からなるタイプ A と B に分けられた．タイプ A（B）の被験者はプレーヤー 1 または 2（3 または 4）となり，プレイヤー 3 または 4（1 または 2）になることはない．よって，ゲーム (a) から (b) の順でプレイされたセッションにおいては，前半 10 回でプレイされたゲーム (a) では，タイプ A の被験者は常に 4 票を持ち，タイプ B の被験者は 6 票または 8 票を持っており，後半 10 回でプレイされたゲーム (b) では，タイプ A に属する被験者は常に 7 票を持ち，タイプ B に属する被験者は 3 票または 5 票を持っていた．同じタイプの被験者が異なる票数を持つ場合には，コンピュータが各回の初めにランダムにどちらかの票数を被験者に割り当てた．ゲーム (b) から (a) の順でプレイされたセッションでも，各プレイヤーが持つ票数は同様に決められた．被験者には彼または彼女がどちらのタイプであるかを知らせなかったが，インストラクションを通じて，どちらかのタイプに分けられることは伝えられた．

各回の初めに，被験者はコンピュータによってランダムにマッチされ，それぞれのタイプの被験者 2 人ずつ，4 人からなるグループが 4 つ作られた．被験者は，4 人からなるグループに毎回ランダムにマッチされることをインストラクションを通じて知らされていたが，各回において，どの被験者と同じグループになっているかを知ることはできない．同じグループに属している被験者を特定できないようにすることで，この実験では，被験者の利他的行動や協調行

動（共謀）を抑制しようとしており，さらに，既に終了した回における結果の履歴をどの被験者も参照できないようにすることで，他の被験者に対する報復行動を抑制しようとしている．各回の最後に被験者が閲覧することができる情報については後述する．

インストラクションを通じて，被験者にはセッションの前半と後半で異なるゲームが用いられることが伝えられた．しかし，前半1回目と後半1回目にならないと，被験者は実際に用いられるゲームを知ることができない．前半1回目に先立って，ソフトウェアの操作と画面の表示に慣れるための練習として，ゲーム [3;1,1,1,1] を1回だけプレイした．

ゲームが開始されると，図8.1のような画面が現れ，各被験者はその画面の左側上部に表示された基礎的情報を見ることができる．そこでは，被験者のプレイヤーID（1から4），分割されるポイント（100ポイント），必要票数（14票）が赤字でハイライトされている．これらの情報の下方にあるボックス内に，すべてのプレイヤーの票数がリストされている．各被験者は，この提案入力ボックスの4つの空欄にそれぞれ0から100までの整数を入力し，赤地のproposeボタンを押すことで，配分を提案することができる．空欄に入力された整数はその空欄に対応するプレイヤーの取り分である．これらの合計はちょうど100とせねばならず，それが満たされない場合，合計が100となるよう再入力することを求めるアラートが画面に出される．この提案入力ボックスに表示されるプレイヤーの並びはコンピュータによって毎回ランダムに決められている．これは提案入力ボックスにおける固定されたプレイヤーの並びがこの実験の結果に影響を与えることを回避するためである[7]．

ある配分が提案されると，同じグループに属する他のメンバー3人の画面右側に提案表示ボックスが現れ，提案された配分は直ちにそこに表示される．こ

---

[7] たとえば，ゲーム [4;3,2,2] において，毎回，提案入力ボックスに左からプレイヤー1, 2, 3という並びでプレイヤーが表示された場合，{1,2} と {1,3} はプレイヤー1にとって実質上同等な最小勝利提携であるにも拘らず，ボックス内で視覚的に近い位置にあるプレイヤー2と提携 {1,2} でのポイント分割を行う傾向が観察されるだろう．Aleskerov et al. (2009) は提案入力ボックスにおけるプレイヤーの並びを毎回ランダムに表示することによって，そのような実験結果を排除できることを示した．

218　第3部：組織における交渉：協力ゲームの理論と被験者実験

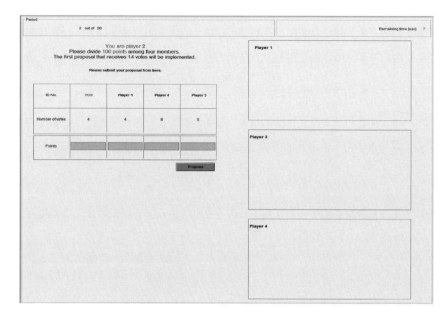

図 8.1: プレイヤー 2 の実験画面．画面左側上部にて，被験者には彼または彼女がプレイヤー 2 であることが赤字で知らされている．提案入力ボックスは画面の左上にある．日本で実施されたセッションでは，実験画面に現れる文言は日本語で表示された．ここでは，ゲーム (a) がプレイされている．画面の左側にある提案入力ボックス内でのプレイヤーの並びは左からプレイヤー 2，プレイヤー 1，プレイヤー 4，プレイヤー 3 となっていることに注意してほしい．このプレイヤーの並びは，各回初めに，コンピュータがランダムに決めている．プレイヤー 2 は，提案入力ボックスの 4 つの空欄にそれぞれ 0 から 100 までの整数を入力し，赤地の propose ボタンを押すと，ある配分を提案することができる．出典：Watanabe (2014).

のとき，提案者の提案入力ボックスの空欄は閉じられ，その下に提案者の提案表示ボックスが現れる．図 8.2 はプレイヤー 2 の画面であり，プレイヤー 1 と 4 の提案が表示されている．この状況でプレイヤー 2 が提案すると，図 8.3 に見られる通り，プレイヤー 2 の提案表示ボックスが現れ，そこに自分自身が提案した配分が表示される．提案表示ボックスには，どのプレイヤーが賛成しているか，あと何票で必要票数に達するかという情報も表示される．ある提案に対応する提案表示ボックスの右上に赤地の approve ボタンがあれば，それを押すことで，その提案に賛成することができる．このとき，それ以外の提案に対応する提案表示ボックスの右上にある approve ボタンは，図 8.3 のように，消滅する．これはプレイヤーが同時に複数の提案に賛成することを許されていないためである．提案者は自分自身の提案に賛成していることにも注意してほしい．

ある提案に対して新たな賛成票が投じられると，その情報は他のメンバー 3 人の提案表示ボックスにおいて直ちに表示される．このとき，その提案に対応する賛成者の提案表示ボックスの右上には，approve ボタンに代わって，赤地の withdraw ボタンが現れる．このボタンを押すことで，被験者はいつでも賛成を取り下げることができる．提案者は自分自身の提案に賛成しているので，提案者の提案入力ボックスの右上には，提案と同時に，wothdraw ボタンが表示される．このとき，それ以外の提案に対応する提案表示ボックスの右上にある approve ボタンは，図 8.3 に見られる通り，消滅する．賛成の取り下げがなされると，その情報は同じグループに属する他のメンバー 3 人の提案表示ボックスにおいて直ちに表示される．提案の取り下げがなされると，提案者の提案表示ボックスは消滅し，提案入力画面の下に新たな提案を行うための空欄が現れ，画面右側の提案表示ボックスの右上に Approve ボタンが再び現れる．つまり，図 8.3 で表示さえている画面は図 8.2 で表示されている画面に戻る．

各回は 300 秒から 420 秒までの間でランダムに終了する[8]．もし，制限時間

---

[8]Montero et al. (2008) は時間制限を 300 秒から 600 秒の間でランダムに設定し，300 秒以内に合意に達しなかったグループはなかったと報告している．Aleskerov et al. (2009) は制限時間を 300 秒に固定し，時間内に合意に達しなかったグループが幾つかあったと報告しているが，その他の実験結果は Montero et al. (2008) で観察されたものと同じであることを報告している．

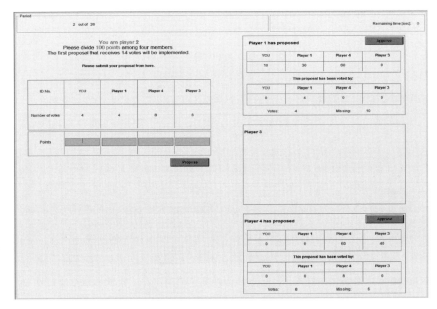

図 8.2: プレイヤー 2 の実験画面．同じグループに属するプレイヤー 1 と 4 の提案が表示されているが，プレイヤー 2 はまだ提案していない．提案表示ボックスは画面右側にある．赤地の Approve ボタンを押すと，提案に賛成票を投じることができる．出典：Watanabe (2014).

第 8 章 重み付き投票実験における提携形成　221

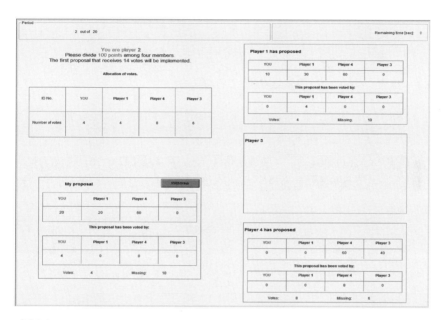

図 8.3: プレイヤー 2 の実験画面．プレイヤー 2 が提案すると，図 8.2 では画面右側の提案表示ボックスの右上に表示されていた Approve ボタンが消滅する．プレイヤー 2 の提案表示ボックスの右上には赤地の Withdraw ボタンが現れており，そのボタンを押すことで，自分自身の提案を撤回することができる．提案の取り下げがなされると，提案者の提案表示ボックスは消滅し，提案入力画面の下に新たな提案を行うための空欄が現れ，画面右側の提案表示ボックスの右上に Approve ボタンが再び現れる．つまり，図 8.2 で表示されている画面に戻る．出典：Watanabe (2014).

内にどの提案も可決されなければ，そのグループのメンバーはその回では全員ゼロポイントを得る．被験者は実験終了後に前半10回から3回，後半10回から3回がコンピュタによってランダムに選ばれ，その回で得たポイントの合計ポイントに基づく金額が，参加招集に加算されて，支払われることを伝えられている．換算レートは筑波では1ポイント14円，モンペリエでは0.13ユーロであり，参加報酬は筑波では1500円であり，モンペリエでは5ユーロである．

8.3 結果：ガムソンの法則のほころび

実験には通信回線で繋がれたコンピュータと z-tree (Fischbacher, 2007) という実験用ソフトウェアが使われた．各セッションはモンペリエ大学（フランス）の実験室にて2011年1月に，筑波大学（日本）の実験室にて2011年2月に，実施された．被験者の実験画面に表示される文言とインストラクションは，筑波では日本語に，モンペリエではフランス語に翻訳されたものが使用された．各実験室では，ゲーム (a) からゲーム (b) の順序のセッションとゲーム (b) からゲーム (a) の順序のセッションが実施された．各セッションには16人の被験者が参加したので，被験者総数は64人である．そのうち，41%は女子学生であり，80%は経済学または経営学を主専攻とする学生である．各セッションは，インストラクションのための時間を合わせて，約90分続いた．ゲーム (a) [14; 4, 4, 6, 8] とゲーム (b) [14; 7, 7, 3, 5] における最小勝利提携（MWC）は，プレイヤーが持っている票数で表すと，ゲーム (a) では (4,4,6), (4,4,8) と (6,8), ゲーム (b) では (7,7) と 2つの (7,3,5) である．7票を持つプレイヤーを各々区別するために，これらは $(7_1, 7_2)$, $(7_1, 3, 5)$ と $(7_2, 3, 5)$ と書くこともある．提携は，通常，プレイヤー ID を用いて記述されるが，これ以降は，票数を用いたより判りやすい記法で代用する．ゲーム (a) において4票を持つ2人のプレイヤー，ゲーム (b) において3票を持つプレイヤーと5票を持つプレイヤーは，それぞれのゲームにおいて，他方を排除した勝利提携のメンバーにはなりえないことに注意しよう．

表8.1には観察された各勝利提携の生起頻度がリストされている．そこで

ゲーム (a) [14; 4, 4, 6, 8]　　　　　　ゲーム (b) [14; 7, 7, 3, 5]

	最初の5回	それに続く5回
(6,8)	24	17
(4,4,6)	2	11
(4,4,8)	2	4
その他	12	8

	最初の5回	それに続く5回
$(7_1, 7_2)$	26	16
$(7_1, 3, 5)$	6	9
$(7_2, 3, 5)$	8	10
その他	0	5

表 8.1: 観察された勝利提携の生起頻度．筑波とモンペリエで観察されたデータは統合されている．出典：Watanabe (2014).

は，筑波とモンペリエでとられたデータは統合されており，ゲーム (a) の観察データは左に，ゲーム (b) のそれは右に示されている．プレイされたゲームの順序が被験者の選択に与える影響を平準化するため，ゲームがセッション前半の 10 回または後半の 10 回でプレイされたものかは区別していない．各ゲームについては，勝利提携の生起頻度は最初の 5 回とそれに続く 5 回からなる 2 つのブロックに分けてリストされている．Montero et al. (2008), Aleskerov et al. (2009), Esposito et al. (2012), Guerci et al. (2014) では，実験の仕様が少しずつ異なるにも拘らず，被験者が最終的に形成した勝利提携は最小勝利提携であることが顕著に多かった[9]．このことは政治学者であるライカー（Riker (1962)）が実証的事実の観察に基づいて提唱した勝利提携のサイズに関する原理（**サイズ原理**）と整合的である．今回の実験でも，サイズ原理と整合的な結果が得られた．各最小勝利提携の生起頻度に関する次の結果は表 8.1 から読み取ることができる．

結果 1. 2 人からなる最小勝利提携は 3 人からなるそれよりも多く形成される．

---

[9]Montero et al. (2008) による実験は「新メンバーの逆説」を被験者実験において確認することが主目的としており，最小勝利提携の形成を確認することが主目的ではない．Aleskerov et al. (2009) は，それとは若干異なる実験の仕様（脚注 7）の下で，新メンバーの逆説を再確認した．

結果 2. 3人からなる最小勝利提携は最初の5回よりもそれに続く5回の方が多く形成される.

被験者は，自らが置かれた状況を把握するために，ゲームを数回プレイすることを必要とするかもしれない．練習のためのプレイが1回なされたとはいえ，ゲーム自体は本番で用いられたものとは異なる．よって，あるゲームを10回ほど経験した後に別のゲームに直面した際，被験者はそれまでとは別の状況に置かれたと考えるかもしれない．この実験の仕様では上記のような被験者の状況認識と推論を割り出すことはできないが，各ゲームでの早い回において，他のプレイヤーの行動などに関する学習が進行していると考えることは尤もらしくないわけではないだろう．結果2は被験者の投票行動にそのような影響があったことを示唆している．たとえば，ゲーム(a)では，最小勝利提携(6,8)とその他の最小勝利提携の間で見られる生起頻度の違いは最初の5回では極めて大きいが，それに続く5回ではその差は顕著に小さくなっている．ゲーム(b)でも，最小勝利提携$(7_1, 7_2)$とその他の最小勝利提携の間には，同様の関係がみられる．よって，ここから先の考察では，各ゲームについて，最初の5回ではなく，それに続く5回で観察されたデータを使うことにする．

セッション終了後に実施した被験者へのインタビューによると，被験者は彼らの投票力の源泉が各提携における自分自身の相対票数にあると考えていたようである．つまり，ある提携内において自らが持つ票数が他の被験者のもつ票数よりも多いと，その提携が勝利提携となったとき，100ポイントのうちの自分の取り分が多くなると考えていた被験者が多かった．この考えは，**ガムソンの法則**（Gamson (1961)）と呼ばれる政治学上の実証的事実と本質的に同じものであり，最小勝利提携に対する被験者の選好について，次の素朴なアイデアをもたらした．

前提 (1)：各プレイヤーは，任意の2つの最小勝利提携について，自身の相対票数が大きい方を好む．相対票数が等しい場合には，メンバーがより少ない方

を好む．

　前提 (1) におけるタイブレークルールは結果 1 から来ている．前提 (1) の下では，被験者は自身の選好順序における順位がより高い最小勝利提携のメンバーと交渉しようとする傾向があると予想される．各最小勝利提携の生起確率は，個人のそのような傾向を何らかの方法で集計したものに依存するだろう．ボルダ方式の集計はいくつか考えられる集計方法の中でも単純なものであり，専門的知識を持たない被験者にとっても理解または想起しやすい仕組みであることから，最小勝利提携の生起頻度について，次のアイデアを提示する．

前提 (2)：拒否権プレイヤーが存在しないならば，各最小勝利提携について，投票者の選好をボルダ方式で集計したスコアの順位が高いほど，その生起確率は高くなる．

　前提 (1) におけるタイブレークルールは結果 1 から来ている．前提 (1) の下では，被験者は自身の選好順序における順位がより高い最小勝利提携のメンバーと交渉しようとする傾向があると予想される．各最小勝利提携の生起確率は，個人のそのような傾向を何らかの方法で集計したものに依存するだろう．ボルダ方式の集計はいくつか考えられる集計方法の中でも単純なものである．

　投票者であるプレイヤーが n 人，選択肢が m 個あるとしよう．各プレイヤーにとって，自身の選好順位における j 番目の選択肢には $m-j$ 点を与えることにする．ただし，選好順位が同じ場合には，割り当てられた点数の平均を取る．ボルダ方式による集計では，社会的順序づけを次のように行う．選択肢 x が選択肢 y よりも社会的に上位にランクされるのは，x に対して n 人のプレイヤーによって付けられた点数を合計したものが y に対して付けられた点数よりも大きい場合であり，その場合に限られる．

　(1) と (2) の下では，たとえば，ゲーム (a) では，6 票を持つプレイヤーは $(6,8)$ を $(4,4,6)$ よりも好み，$(4,4,6)$ を $(4,4,8)$ よりも好む．4 票を持つ 2 人のプレイヤーはそれぞれ $(4,4,6)$ を $(4,4,8)$ よりも好み，$(4,4,8)$ を $(6,8)$ よりも好む．8 票を持つプレイヤーは $(6,8)$ を $(4,4,8)$ よりも好み，$(4,4,8)$ を $(4,4,6)$ よ

	[14; 4,4,6,8]				
8	(8 & 6)	≻	(8 & 4+4)	≻	(6 & 4+4)
6	(8 & 6)	≻	(6 & 4+4)	≻	(8 & 4+4)
4+4	(6 & 4+4)	≻	(8 & 4+4)	≻	(8 & 6)
合計	(8 & 6)	≻	(6 & 4+4)	≻	(8 & 4+4)
BS	4		3		2

	[14; 7,7,3,5]				
7_1	$(7_1$ & $7_2)$	≻	$(7_1$ & 3+5)	≻	$(7_2$ & 3+5)
7_2	$(7_1$ & $7_2)$	≻	$(7_2$ & 3+5)	≻	$(7_1$ & 3+5)
3+5	$(7_1$ & 3+5)	∼	$(7_2$ & 3+5)	≻	$(7_1$ & $7_2)$
合計	$(7_1$ & $7_2)$	≻	$(7_2$ & 3+5)	∼	$(7_1$ & 3+5)
BS	4		2.5		2.5

表 8.2: プレイヤー個人の選好とそれらを最小勝利提携ごとに集計したスコア．各プレイヤーにとって，提携 S が提携 T よりも好ましいとき $S \succ T$ と書き，それらが同等に好ましいとき $S \sim T$ と書く．各ゲームに対応する表の左端には，票数で表示されたプレイヤーがリストされている．各ゲームにおいて，BS ではボルダ方式で集計した各最小勝利提携のスコアがリストされており，その合計は前提 (1) と (2) に基づいて予想された各勝利提携の生起頻度の順番を示唆している．出典：Watanabe (2014).

りも好む．4 票を持つ 2 人のプレイヤーは他方を排除した勝利提携のメンバーにはなりえないので，4 票を持つ 2 人のプレイヤーをまとめて一人と考えると，(6,8), (4,4,6), (4,4,8) のボルダ方式によって集計したスコアはそれぞれ 4, 3, 2 となる．従って，上記前提に基づけば，(6,8) は (4,4,6) よりも，(4,4,6) は (4,4,8) よりも多く観察されると予想できる．同様に，ゲーム (b) では，$(7_1,7_2)$ は $(7_1,3,5)$ と $(7_2,3,5)$ よりも多く観察されると予想される．表 8.2 では，各プレイヤーの個別の選好と最小勝利提携ごとに集計したスコアが示されている．

予想 ゲーム (a) では，(6,8) は (4,4,6) よりも多く，(4,4,6) は (4,4,8) よりも多く生起する．ゲーム (b) では，$(7_1,7_2)$ は $(7_1,3,5)$ と $(7_2,3,5)$ よりも多く生起

する.

　表 8.3 では，単体内部においてゲーム (a) とゲーム (b) の最初の 5 回に続く 5 回で実現した配分がプロットされている．たとえば，4+4 とラベルが付けられた頂点に向かって反対側の辺から伸びた垂線の高さは 4 票持っている 2 人のプレイヤーに配分されたポイントの合計に対応する．よって，辺 6-8 上の点は 4 票ずつ持っている 2 人のプレイヤー両方に 0 ポイントが配分されたこと，つまり，6 票を持つプレイヤーと 8 票を持つプレイヤーのみで 100 ポイントが分割されたことを意味している．単体内部の丸（三角）は筑波（モンペリエ）で得られたデータであることを示してる．丸（三角）のサイズはその丸（三角）の中心に落ちた観察データの数と比例している．単体の下にある表は，筑波（JP）とモンペリエ（FR）で分けたものも併記して，勝利提携の生起頻度をリストしている．この表より，次の結果を得る．これが本稿の主要な結果である．

結果 3. ゲーム (a) とゲーム (b) において，最小勝利提携の生起頻度の順位は前提 (1) と (2) を踏まえて予想されたものと一致する．

　次に，最小勝利提携内の配分に考察を進めよう．ゲーム (a) において実現した配分からは，提携 (6,8) と提携 (4,4,6) の間で綱引きが起こっていたことが伺える．表 8.3 を，筑波とモンペリエで得られたデータを区別せずに，見てみよう．辺 6-8 上では，真ん中あたりに実現した配分が集中している．これは，ガムソンの法則より，最小勝利提携 (6,8) では 8 票を持つプレイヤーがより多くのポイントを得ることが予想されるにも拘らず，提携 (6,8) に属するプレイヤーで 100 ポイントを均等分割していることを意味している．一方，辺 6-(4+4) 上では，実現した配分の多くは平均的には真ん中からやや頂点 6 よりに位置している．すなわち，最小勝利提携 (4,4,6) において，上記と同様に，4 票を持っている 2 人のプレイヤーが共同でより多くのポイントを得ると予想されるにも拘らず，6 票を持っているプレイヤーは 50 ポイント以上を得ている．恐らく，4 票を持つ 2 人のプレイヤーが，6 票を持つプレイヤーに対して (6,8) を形成することで得る 50 ポイントを上回るポイントをオファーすることで，(4,4,6) の形成を計ったのだろう．これに類似した最小勝利提携間での綱引きはゲーム (b)

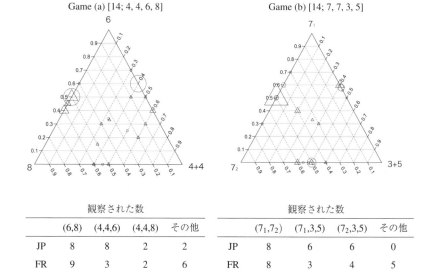

表 8.3: 最初の 5 回に続く 5 回において観察された配分と最小勝利提携の生起頻度．単体における，丸（三角）は筑波（モンペリエ）で観察された結果である．丸（三角）のサイズはその丸（三角）の中心に落ちた観察データの数と比例している．単体の下にある表は勝利提携の生起頻度を，総数とともに，筑波（JP）とモンペリエ（FR）で別々にも示している．BS はボルダ方式での最小勝利提携の集計されたスコア（BS）がその下にリストされている．出典：Watanabe (2014).

でも見ることができる．最小勝利提携 (7,7) では，利得の均等配分が行われている．一方，2 つの最小勝利提携 (7,3,5) の間では，7 票を持つプレイヤーを引き抜くため，3 票と 5 票を持つプレイヤーのポイントの合計が 7 票を持つプレイヤーよりも多くなると予想されるにも拘らず，筑波でもモンペリエでも，7 票を持つプレイヤーの取り分は平均的には 50 ポイントをやや上回っている．

　実現した配分の観察から得られる最小勝利提携間での綱引きに関する上述の推論はガムソンの法則の不成立を意味するかもしれない．しかし，被験者へのインタビューはセッション後に行われており，そこで，彼らは勝利提携における彼らの相対票数が自らの投票力の源泉であると認識していたことを表明している．また，結果 3 より，ゲーム (a) でもゲーム (b) でも，最小勝利提携の生起頻度の順位は前提 (1) と (2) を踏まえて予想されたものと一致している．前提 (1) はガムソンの法則に基づくものであることを思い出そう．では，最小勝利提携の綱引きによるガムソンの法則の「ほころび」をどう説明すべきだろうか．

　筑波とモンペリエで得られたデータを分けて，ゲーム (a) で観察された配分を再び考察してみよう．最初の数回において，そこでの配分は表 8.3 には示されていないが，筑波でもモンペリエでも，提携 (6,8) では 8 票を持つプレイヤーの利得が 50 ポイント以上であることがしばしば観察された．その後，筑波では，4 票を持つ 2 人のプレイヤーが 6 票を持つプレイヤーを引き抜いて提携 (4,4,6) を形成するために譲歩し始めた．8 票を持つプレイヤーを引き抜くよりは 6 票を持つプレイヤーとのポイント分割において有利になると踏んだのだろう．ここまでのプレイヤーの選好はガムソンの法則と整合的である．この引き抜きに対抗して，提携 (6,8) では 8 票を持つプレイヤーも 6 票を持つプレイヤーに譲歩し，均等分割に近いポイントで妥協せざるをえなかったのではないだろうか．一方，モンペリエでは，4 票を持つ 2 人のプレイヤーによる 6 票を持つプレイヤーの引き抜きが筑波ほどにはうまくいかず，結果として，表 8.3 に示されている通り，ガムソンの法則が最初の 5 回に続く 5 回でも観察されることになった．ゲーム (b) では，提携 (7,7) での均等分割はガムソンの法則と整合的であり，この場合，7 票を持つプレイヤーを引き抜くには 50 ポイントよりやや多めのポイントが必要となる．

8.4 おわりに：追加実験に向けて

　前提 (1) で述べられた最小勝利提携に対する各プレイヤーの選好は，政治学では頑健な実証的事実上となっているガムソンの法則と整合的である．しかし，最小勝利提携が複数存在するとき，最小勝利提携間での綱引きが起こり，そのことが最小勝利提携内での利得分配にも影響を与えることになる．実際，実験に用いたどちらのゲームでも，幾つかの最小勝利提携においてガムソンの法則はほころびを見せた．それにも拘らず，最小勝利提携の生起頻度の順位に関する予想はガムソンの法則のちょっとしたほころびに対しては頑健であった．

　Warwick and Druckman (2006) は，非協力ゲームによってモデル化された法律制定交渉における理論的帰結を援用しつつ，ガムソンの法則に例外が生じる例を実証研究において見いだしている．Baron and Ferejohn (1989) や Morelli (1999) によって定式化されたこの交渉モデルでは法律案の提案者が大きな交渉力を持つため，提案の順番次第では，ガムソンの法則にほころびを導く．しかし，非協力ゲームの展開形で表現されたそれらのモデルでは，提案とそれに対する応答の順番が予め決められており，実際のに適用できるかという点には疑問が残る．本稿では，そのような提案と応答に関する順序に決まり事がほとんどない協力ゲームの環境において，最小勝利提携間での綱引きがガムソンの法則がほころびを見せることを示した．

　ただし，本稿での考察では，サンプルが少ないだけでなく，2 つのゲームでの結果しか得られていない．さらに，セッションを通じて被験者の役割を固定したプロトコル (fixed role protocol) の下では，Guerci et al. (2014) が示すように，ゲーム (a) では，(6,8) が 37 回，(4,4,6) が 14 回，(4,4,8) が 15 回観察されており，前提 (1) と (2) に基づく予想は僅かではあるが観察されなかった．これは 4 票を持つ 2 人のプレイヤーによる 6 票を持つプレイヤーの引き抜きがやや不調に終わった可能性を示しており，被験者の属性や状況の認知能力等を制御した上で，前提 (1) と (2) に基づく予想の更なる検証が求められる．今後の研究においては，セッションを通じて被験者の役割を固定したプロトコルの下で

の実験データの蓄積がより好ましいだろう．

謝辞：本稿は，「選挙研究（Japanese Journal of Electoral Studies）」に掲載された著者の英文論文 "Coalition Formation in a Weighted Voting Experiment" を基にしているが，実験経済学に初めて触れる読者を念頭に，論点を整理しつつ，日本語で書き直したものである．花木伸行，Eric Guerci, Gabriele Esposito, Xiaoyan Lu とは，ここ数年，一連の投票実験を共同で行ってきた．議論を通じて著者に考えをまとめさせてくれた彼らに感謝する．本稿に関わる実験の一部はフランスのモンペリエにおける経済実験室（LAMETA）にて行われており，文科省科学研究費（25380222, 24330078），日仏二国間共同研究プロジェクト（JSPS-CNRS bilateral research project, JSPS-ANR bilateral research project）から支援を受けている．

付録：インストラクション

　筑波でのセッションでは英文インストラクションの日本語版が使用され，モンペリエでのセッションではそのフランス語版が使用された．このインストラクションを用いて，読者による追試と本稿では取り扱わなかったゲームでの実験が望まれる．ただし，第4節で述べたように，今後の研究においては，セッションを通じて被験者の役割を固定したプロトコル（fixed role protocol）の下での実験データの蓄積が好ましい．そのようなプロトコルでの実験を実施するための z-tree プログラム，英文インストラクションとその日本語版は，リクエストがあれば，送付可能である．

実験に関する説明・注意事項

　ようこそ．

本日は実験に参加していただき，ありがとうございます．あなたは，グループでの意思決定に関する実験に参加しています．実験はおよそ90分続きます．

注意

- 実験実施者の注意及び指示に従って下さい．

- 実験中は，静かにして，他の参加者と会話したり，メモを交換したりしないで下さい．また，他の参加者の行動を覗き見ないで下さい．

- 実験中は，背もたれに寄りかからずに，姿勢を崩さないで下さい．指定された操作以外，絶対にしないで下さい．

- 携帯電話は電源を切り，使用しないで下さい．

- もし，質問がある場合や，手助けが必要な場合は，静かに手を挙げてください．

実験の流れ

実験は，参加者が4人一組になり，100ポイントをどのように分割するかを決定します．合計で20回，同じような状況で意思決定を行います．

組み合わせ

実験の最初にコンピュータがあなたをランダムに2つのタイプ，AまたはB，に分けます．あなたがタイプAならば，あなたのプレイヤーIDは常に1か2です．あなたがタイプBならば，あなたのプレイヤーIDは常に3か4です．各回であなたのプレイヤーIDは同じタイプの中でランダムに割り当てられます．あたなのタイプは実験を通じて変わることはありません．

各回の最初にコンピュータがランダムに 4 人の参加者を 1 つのグループにします．同じグループに入るのはタイプ A からの 2 人，タイプ B からの 2 名です．あなたは同じグループにどの参加者が属しているかを知ることはできません．

同じ流れを 20 回繰り返しますが，あなたのプレイヤー ID は回ごとに変わるかも知れませんし，あなたが同じグループに属することになる他の参加者の ID も変わるかも知れません．その回でのプレイヤー ID は，毎回，あなたの画面上に明確に示されます．

もし，ここまでの内容に質問がある場合は，手を挙げて下さい．

ポイント分割交渉のルール

あなたは同じグループに属する 4 人で 100 ポイントをどのように分割するかをその 4 人で決めるゲームに参加します．あなたはどの参加者があなたと同じグループに属しているかを知ることができませんし，誰が同じグループに属するかは，各回の最初に，コンピュータによってランダムに決められます．

各回の初めに，インストラクションの図 1 のような画面が表示されますので，左側上部に赤字で書かれたあなたのプレイヤー ID を確認して下さい．図 1 ではあなたのプレイヤー ID は 2 です．同じグループに属する 4 人には，各々，決まった票数の投票権が与えられます．この情報は図 1 で示されている画面の左上にある提案入力ボックス内に表示されます．ただし，図 1 に表示されている票数は実験で使われるものとはまったく関係がありません．提案入力ボックス内でプレイヤー ID が表示される順番は毎回変わりますので，注意して下さい．

同じグループに属するメンバーは誰でも，その他のメンバーに対して，100 ポイントの分割案をいつでも提案することができます．提案を実行するには，提案入力ボックス内の空欄に各メンバーに与えるポイントを 0 から 100 までの整数で入力し，その右下にある赤字の Propose ボタンを押して下さい．あなたの提案は，提案入力ボックスの下に提案表示ボックスだけでなく，他のメンバーの画面右側にある提案表示ボックスにも，直ちに表示されます．インストラク

234 第3部:組織における交渉:協力ゲームの理論と被験者実験

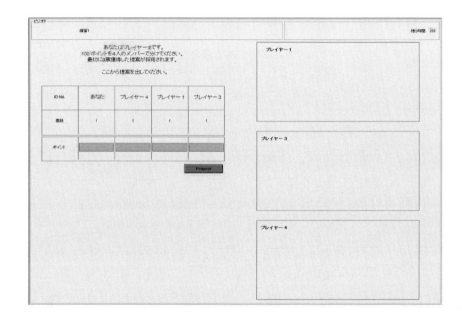

インストラクションの図1

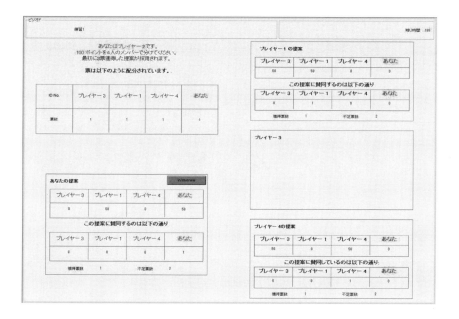

インストラクションの図2：実際のインストラクションでは，提案表示ボックスに表示されているポイント分割案などの情報は黒で塗りつぶしてある．これはインストラクションに記載されている数値が被験者の行動に影響を与えることを防ぐためである．

ションの図2には，プレイヤー2であるあなたの提案だけでなく，プレイヤー1と4の提案も画面右側に示されています．各提案表示ボックスには，誰がどの提案に賛成しているか，採択されるまでにはあと何票必要かという情報も表示されます．

あなたは自分自身の提案を含むただ一つの提案にしか賛成できません．たとえ複数の投票権を持っていたとしても，あなたはそれを分割して複数の提案に賛成票を投ずることはできません．あなたが持つすべての票があなたが賛成するただ一つの提案に対して投じられます．あなたは自分自身の提案をいつでも取り下げることができます．新たな分割案を提案する場合でも，他のメンバーの提案に賛成する場合でも，自分自身の提案を一端取り下げなければなりません．取り下げには提案表示ボックスの右上にある赤字のWithdrawボタンを押し

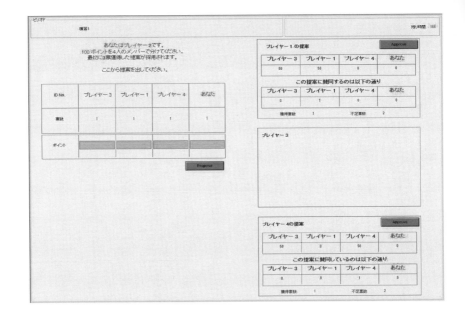

インストラクションの図3：実際のインストラクションでは，提案表示ボックス内のポイント分割案は黒で塗りつぶしてある．

て下さい．あなたの提案取り下げは直ちに他のメンバーの画面に反映されます．

　インストラクションの図3は，プレイヤー2であるあなたが自分自身の提案を撤回した後の画面です．そこには，他のメンバーの提案表示ボックスの右上に，それぞれ，赤字のApproveボタンが見えています．他のメンバーの提案に賛成するには，どれか一つのApproveボタンを押して下さい．それによって，インストラクションの図4のように，賛成した提案を表示しているボックスにあるApproveボタンはWithdrawボタンに変わり，他のすべてのApproveボタンは画面から消えます．あなたは他のプレイヤーの提案への賛成をいつでも取り消すことができます．あなたの賛成取り消しは直ちに他のメンバーの画面に反映されます．

　採択されるために最低限必要な票数と同じかそれを越える票数を得た最初の提案が採択されます．その場合，採択された提案に従って，100ポイントが各

第 8 章　重み付き投票実験における提携形成

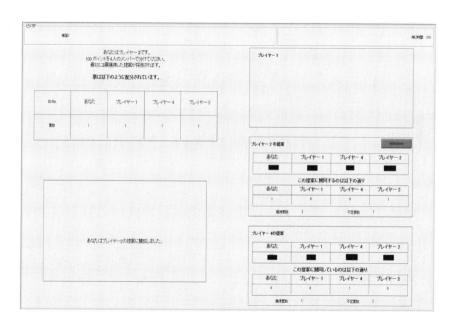

インストラクションの図 4

メンバーに分配され，その回は終了します．

ポイント分割交渉には時間制限があり，毎回，開始後300秒を過ぎると，画面右最上部に赤字で「意思決定してください．」というメッセージが点灯し始め，その後120秒の間に何の前触れもなくその回は突然終了します．もし，制限時間内に採択された提案がない場合には，そのグループのメンバーは全員ゼロポイントをその回に受け取ります．もし，制限時間以内にある提案が採択されるために必要な票数を獲得した場合には，その時点でその回は終了し，採択された提案に基づいて，グループ内の各プレイヤーがポイントを受け取ります．

全20回のうち，前半の10回を通じて票の配分は同じであり，後半10回は，前半とは別のゲームですが，票の配分同じです．採択に必要な最低限必要な票数は前半と後半で同一です．

　　　もし，ここまでの内容に質問がある場合は，手を挙げて下さい．

報酬

実験終了後，コンピューターは，全20回の前半の10回から3回，後半の10回から3回，無作為に合計6回を選びます．あなたにはその6回で獲得した合計ポイントに基づいて報酬が支払われます．それらのポイントは1ポイント14円で報酬に換算されます．あなたには，このように計算された報酬に加えて，参加報酬である1500円が支払われます．

あなたが獲得することができる報酬の最高額は1500円 + 6x14x100 = 8900円です．参加報酬1500円の支払いは実験中に獲得したポイントに関係なく保証されていますので，あなたが獲得することが得きる報酬の最低額は1500円です．

練習

コンピューターの操作に慣れていただくために，1回ほど練習を行います．この練習の結果は，謝金の支払いとは関係がありません．この練習で表示される票数は本番とは関係がありません．

練習を行う前に，質問があれば，手を挙げて下さい．

今から本番を実施します．もし，質問があれば，手を挙げて下さい．

参考文献
references

ALESKEROV, F., A. BELIANI, AND K. POGORELSKIY (2009): "Power and preferences: an experimental approach," mimeo. Higher School of Economics, Russia.

BANZHAF, J. F. (1965): "Weighted voting doesn't work: a mathematical analysis," *Rutgers Law Review*, 19, 317–343.

BARON, D. P., AND J. A. FEREJOHN (1989): "Bargaining in legislatures," *American Political Science Review*, 83, 1181–1206.

CHARNESS, G. AND M. RABIN (2002): "Understanding social preferences with simple tests," *Quarterly Journal of Economics*, 17, 817–869.

DEEGAN, J., AND E. PACKEL (1978): "A new index of power for simple n-person games," *International Journal of Game Theory*, 7, 113–123.

DROUVELIS, M., M. MONTERO, AND M. SEFTON (2010): "The paradox of new members: strategic foundations and experimental evidence," *Games and Economic Behavior*, 69, 274–292.

ESPOSITO, G., E. GUERCI, X. LU, N. HANAKI, AND N. WATANABE (2012): "An experimental study on "meaningful learning" in weighted voting games," mimeo., University of Tsukuba.

FELSENTHAL, D. S., AND M. MACHOVER (1998): *The Measurement of Voting Power: Theory and Practice*, Problems and Paradoxes. Edward Elgar, London

FISCHBACHER, U. (2007): "z-Tree: Zurich toolbox for ready-made economic experiments," *Experimental Economics*, 10, 171–178.

FRÉCHETTE, G. R., J. H. KAGEL, AND M. MORELLI (2005a): "Gamson's law versus non-cooperative bargaining theory," *Games and Economic Behavior*, 51, 365–390.

—— (2005b): "Nominal bargaining power, selection protocol, and discounting in legislative bargaining," *Journal of Public Economics*, 89, 1497–1517.

GAMSON, W. A. (1961): "A theory of coalition formation," *American Sociological Review*, 26, 373–382.

GELMAN, A., J. N. KATZ, AND J. BAFUMI (2004): "Standard voting power indexes do not work: an empirical analysis," *British Journal of Political Science*, 34, 657–674.

GUERCI, E., N. HANAKI, N. WATANABE, G.ESPOSITO, AND X. LU (2014): "A methodological note on a weighted voting experiment," *Social Choice and Welfare*, 43, 827–850.

KAGEL, J. H., H. SUNG, AND E. WINTER (2010): "Veto power in committees: an experimental study," *Experimental Economics*, 13, 167–188.

MONTERO, M., M. SEFTON, AND P. ZHANG (2008): "Enlargement and the balance of power: an experimental study," *Social Choice and Welfare*, 30, 69–87.

MORELLI, M. (1999): "Demand competition and policy compromise in legislative bargaining," *American Political Science Review*, 93, 809–820.

RIKER, W. H. (1962): *The Theory of Political Coalitions*. Yale University Press, New Haven.

SHAPLEY, L. S., AND M. SHUBIK (1954): "A method for evaluating the distribution of power in a committee system," *American Political Science Review*, 48, 787–792.

WARWICK, P. V., AND J. N. DRUCKMAN (2001): "Portfolio salience and the proportionality of payoffs in coalition government," *British Journal of Political Science*, 38, 627–649.

WARWICK, P. V., AND J. N. DRUCKMAN (2006): "The portfolio allocation paradox: an investigation into the nature of a very strong but puzzling relationship," *European Journal of Political Research*, 45, 635–665.

WATANABE, N. (2014): "Coalition formation in a weighted voting experiment," *Japanese Journal of Electoral Studies*, 30, 56–67.

第4部

その他の分析手法：
進化ゲーム，シミュレーション，構造推定

第9章

事前コミュニケーションによる均衡選択：進化ゲームアプローチ

石井良輔

9.1 はじめに

アダム・スミスは，動物が取引を行わないことと動物が言語をもたないことには密接な関係があると言及している．もちろん，これが直ちに人間の取引行動の必要条件として**言語的コミュニケーション**（verbal communication）があることを意味しているわけではないが，やはり言語，コミュニケーションは人間の相互関係において重要な役割を果たしている．本稿では，コミュニケーションがどのように人々の意思決定のありかた・慣習形成に影響するのかについての一連の研究を，進化ゲーム理論の安定性概念を用いて，紹介する。

多くの経済理論研究において協調の問題，ゲーム理論的には，他に様々な均衡が存在する中で**パレート効率的**（Pareto efficient）な**ナッシュ均衡**（Nash equilibrium）をどう実現するかという問題が取り扱われている．複数の均衡が存在するゲームでも，プレイする前の徹底的なコミュニケーションにより合意が形成されるのであれば，パレート効率的なものが最終的に選ばれると考えるのは自然に思える．しかし，Aumann (1990) によれば，戦略的相互依存意思決定主体は，たとえ各々の意思決定主体が密かに逸脱することを計画していようとも，表面上はパレート効率な均衡をプレイするという合意が成立しうる．表9.1 の利得行列で表される2人ゲームを考えてみよう．

行列のセルの左側の数字が，プレイヤーたちの選択がセルの行・列で与えら

		プレイヤー 2	
		C	D
プレイヤー 1	C	9,9	0,8
	D	8,0	7,7

表 9.1: 調整ゲーム

れたときのプレイヤー 1 の利得であり，右側の数字が対応するプレイヤー 2 の利得である．行動をランダムに選ぶ確率装置が存在しないと仮定すると，このゲームには，パレート効率的な均衡 (C,C) とリスク優越的（risk dominant）な均衡 (D,D) の 2 つがある．ともに**強ナッシュ均衡**（strong Nash equilibrium）である．Aumann (1990) は，各プレイヤーが，実際には D をプレイするつもりであるにもかかわらず，(C,C) をプレイしようと提案するインセンティブがあることを指摘している．確かに，両プレイヤーとも，自分が何をしても相手がプレイするのは D よりも C の方が自分にとって好ましい状況にはなっている．しかし果たしてこのゲームで得られる最大利得の 9 を捨ててまで D をとることはありうるのだろうか．Aumann (1990) の論理を追っていく手始めとして，2 人のプレイヤーにアリスとボブという名前を付ける：

> アリスは注意深く慎重であり，合意がない場合には D をとるつもりであったとしよう．今，(C,C) をプレイする合意がなされ，実際の行動選択を行うべく互いに自分の「陣営」に戻ったとする．アリスは C をプレイしようとして，はたと気づく．「ちょっと待って．まだちょっと時間はある．もう一度考えさせて．もしボブが私を信用していなかったとしたら，合意なんて関係なく D をプレイするかもしれない．そうであったとしても，私には C をプレイしておいてほしいはず．だって 7 よりも 8 の方がいいから．もちろん，ボブが合意通り C をプレイするつもりだったとしても，やっぱり私には C をプレイしてほしいはず．ということは，どうするつもりであれ

ボブにとっては，私が C をプレイする方がいいわけか．（中略）ボ
ブだって私と同じように考えることはできるはず．私たちの合意に
は何の情報もないことになる．あたかも合意なんてなかったかのよ
うに．それなら，合意なしのときにプレイするつもりだったものを
プレイすればいい．つまり，D」（前掲書 202 ページ，和訳は著者）

　Aumann (1990) は，このゲームにおける強パレート効率的なナッシュ均衡 (C,C) には独立執行力がないと結論付けている．そうなる最大の原因は，事前のコミュニケーション段階での口頭での行動にはコストがかからないとモデル化されるところにあるだろう．上の例では，(C,C) で合意がなされながら，そして合意されたのはナッシュ均衡であるにもかかわらず，ともに実際には $(D,D$（これもナッシュ均衡ではある）をプレイするのである．実際，コミュニケーションが最終的な利得に全く影響しないのであれば，どういうコミュニケーションがなされるにせよ，引き続いてプレイされる元のゲームでのどんなナッシュ均衡も，コミュニケーション段階付きの拡張されたゲームにおけるナッシュ均衡として実現可能である．非効率なナッシュ均衡をもっともらしくないとの理由で排除しようとする試みは主に直観に基づくものだろうが，ゲーム理論的に定式化された論理展開から，直ちにそういった排除はできない．

　この問題を解決するために，まずは標準的なゲーム理論の枠組みを離れて，このゲームを，構成員が何回も繰り返して似たような状況に出くわすという，より大きな社会の枠組みに埋め込んでみる．Dawkins (1976) の造語を用いて，言語をミーム（mime）—模倣によって人間の脳から人間の脳へ伝達・増殖する仮想の遺伝子—と考えることにしよう．そして，標準的なゲーム理論の意味での合理的なプレイヤーの選択に注目するかわりに，様々な言語ミームがエージェントの注目を集めるべく互いに競り合う状況下での言語ミーム自身の生き残り，安定性を直接的にみていく．

9.2 進化的アプローチ

2人ゲームに注目する．戦略集合 $S = \{s_1, s_2, \ldots, s_n\}$ は各プレイヤーの可能な行動の集合である．つまり，両プレイヤーは同一の戦略集合をもっている．利得関数 $P = S \times S \to$ は選ばれた戦略の組から実数への写像である．第1項が自分のプレイする戦略，第2項が相手のプレイする戦略である．

大きな集団（population）からランダムに選ばれたエージェントの2人組多数がこのゲームをプレイするものとする．これは，初期の生物学的な進化ゲーム理論のフレームワークと同様である．

Maynard Smith (1982) は進化的に安定な戦略を次のように定義している．

定義 13. 戦略 $s^* \in S$ が**進化的に安定な戦略**（*evolutionary stable strategy, ESS*）であるとは，すべての $s \neq s^*$ に対して

$$P(s^*, s^*) > P(s, s^*) \tag{9.1}$$

または

$$P(s^*, s^*) = P(s, s^*) \text{ かつ } P(s^*, s) > P(s, s) \tag{9.2}$$

が成り立つときにいう．

ESS は，ナッシュ均衡であるという要件に加えて，強ナッシュ均衡でないときには追加的な要件が必要になる．

ESS 基準のアイディアは，他の戦略をとる少数の**突然変異体**（mutant）による侵略に対して解は頑健である，というところにある．s を，集団内の比較的小さい割合 ε の突然変異体のとる戦略であるとしよう．すると

$$(1-\varepsilon)P(s^*, s^*) + \varepsilon P(s^*, s) > (1-\varepsilon)P(s, s^*) + \varepsilon P(s, s)$$

が成り立っているときには s^* をとるエージェントは突然変異体よりも高い利得を得られる．ε が十分 0 に近ければ (9.1) または (9.2) が成り立つ．

ESS の概念は静学的なものではあるものの，通常の生物学的な遺伝子解釈における進化動学として自然であると考えられうる，いわゆる**レプリケータ・ダ**

イナミクス（replicator dynamics）- 相対的な適応度（利得）の高さに応じて無性生殖による同戦略個体の再生産数が決まる動学 - において漸近的に安定な不動点になる (Taylor and Jonker, 1978)．残念ながら過去の研究において，ここで考えているようなミーム的な解釈に関して，一般のゲームにおける ESS の明示的な動学的正当化は行われていないが，後の節では，いくつかのモデルで，学習や模倣のメカニズムがどのように働くかを詳細に見ていくことになる．どのような相手が突然変異体で現れようともよりよいパフォーマンスをしなければならないという要件は，厳しすぎる感はあるものの，ミーム的な遺伝の観点からはもっともらしいとは言えそうである．

容易に確認できることではあるが，上記の 2×2 ゲームにおいて，事前にコミュニケーションが許されない場合，C, D の両戦略は ESS である．つまり，進化的安定性だけでは，プレイヤーたちが D をプレイすることを排除できない．Robson (1990) は，コミュニケーションが許されるなら，進化の観点からは (D, D) のような非効率的均衡は不安定になると提案している．もし現集団のエージェントがコミュニケーションという手段を有効活用していないならば，突然変異体はコミュニケーションを通じて同じ遺伝子をもつ突然変異体とコミュニケーションを行い，突然変異体同士での対戦において協調してよりよいパフォーマンスを上げることにより現集団の地位を乗っ取ることができるからである．

例において，戦略の集合を広げ，突然変異体 M_1 を次のように考えてみよう．M_1 は事前にコミュニケーションを行い，対戦相手が自分と同じタイプかどうか見分けることができる．もし相手が M_1 でないならば D をプレイし，M_1 ならば C をプレイする．現集団のエージェントはコミュニケーションを有効活用しておらず，突然変異体の発した**シグナル**（signal）を認識できないと仮定する．このときのゲームは表 9.2 のようになる．

D はもはや ESS ではない．C は ESS であり，突然変異体 M_1 も新しく ESS になった．よって，コミュニケーションの可能性を導入することによって，進化的に安定な戦略はすべて効率的な結果をもたらすこととなった．Robson (1990) はさらに，コミュニケーションなしの場合には非効率的な ESS が存在するよう

		プレイヤー2		
		C	D	M_1
	C	9,9	0,8	0,8
プレイヤー1	D	8,0	7,7	7,7
	M_1	8,0	7,7	9,9

表9.2: 突然変異体 M_1 を追加した調整ゲーム

なゲーム一般について，非効率的な結果が不安定となるような突然変異体を構築しうることを示している．

このアプローチの大きな問題点は，Robson (1990) は可能な突然変異体の集合全体を考えていないところにある．分析を完全なものにするためには，いかなる種類の突然変異体が生じようともよりよい利得を得る，という性質が必要になる．

例えば，追加的に突然変異体 M_2 を考えてみよう．M_2 は M_1 と同じシグナルを送り，常に C をプレイする．新しい利得行列は次の通り．

		プレイヤー2			
		C	D	M_1	M_2
	C	9,9	0,8	0,8	9,9
プレイヤー1	D	8,0	7,7	7,7	8,0
	M_1	8,0	7,7	9,9	9,9
	M_2	9,9	0,8	9,9	9,9

表9.3: M_1 と M_2 を追加した調整ゲーム

このゲームにはもはや ESS は存在しない．C, M_1, M_2 は同一のパレート効率的な利得を得るものの，互いに侵略しあうことができる．したがって，もし，安定的な「利得」に関してのみ注意を払うことが許されるならば，「効率的な利

得のみが安定である」との言い方ができるかもしれない．

効率的な利得をもたらす戦略は，上で定義した ESS の基準を若干緩め，(9.2) における厳密な不等号を弱い不等号に置き換えた基準を満たす．この緩めの基準を満たす戦略を**中立安定**（neutrally stable）であるということにする．

定義 14. 戦略 $s^* \in S$ が**中立安定戦略**（*neutrally stable strategy, NSS*）であるとは，すべての $s \neq s^*$ に対して

$$P(s^*, s^*) > P(s, s^*)$$

または

$$P(s^*, s^*) = P(s, s^*) \text{ かつ } P(s^*, s) \geq P(s, s)$$

が成り立つときにいう．

次節以降では，可能な突然変異体すべてを考慮することができるように事前コミュニケーションをモデルに組み込み，どのような状況のときにどのような安定性基準でパレート効率的な結果が支持されるのかについてみていく．

9.3 事前コミュニケーションゲームの定式化

G を 2 人対称標準型ゲームとし，両プレイヤーにとっての純粋戦略（行動）の有限集合を A，利得関数を $u: A \times A \to$ とする．第 1 項が自分のプレイする行動，第 2 項が相手のプレイする行動である．

両プレイヤーが共通の有限メッセージ（message）集合 M から選んだ，コストのかからないメッセージを同時に送りあうという事前コミュニケーションステージを導入することによりモデルを拡張しよう．両プレイヤーがメッセージを観察した後に G をプレイする．当面，メッセージは特に意味をもたないものとし，メッセージ集合同士で差異があるとすれば集合の要素の数であるとする．全体を通して $|M| \geq 2$（$|X|$ は集合 X の要素の数または濃度を表す）と仮定する．コミュニケーション付きに拡張されたゲームを G^* と呼ぶ．

G^* を標準型ゲームに縮約したゲームにおける純粋戦略は，メッセージ $m \in M$ と対戦相手から受け取ったメッセージそれぞれに対する自らの予定する行動計画 $\alpha : M \to A$ の組からなる．厳密に考えると，α は自分の送ったメッセージと相手から送られたメッセージの組に対する行動計画すなわち $M \times M \to A$ としなければならないが，プレイヤーにとっては，今プレイしている戦略で，自分が送ることになっているメッセージ以外のメッセージが送られた後に引き続く部分ゲームにおいてとるつもりである行動を特定することに意味はなく，どちらの定義の下で議論を行ってもまったく同じ結論を得ることができる．したがって，簡単のため，ここではあえて記法を濫用して $\alpha : M \to A$ と定義し，戦略は $m\alpha$ の形で書く．S を純戦略の集合とする．

G^* の利得関数は $U(m\alpha, m'\alpha) = u(\alpha(m'), \alpha'(m))$ のように定義できる．混合戦略 $\sigma : S \to [0,1]$ は $\sum_{s \in S} \sigma(s) = 1$ を満たす形で定義される．再び記法を濫用して

$$U(\sigma, \sigma') = \sum_{s \in S} \sum_{s' \in S} \sigma(s) \sigma'(s') U(s, s')$$

といった表現を行う．

前節の Robson (1990) の例は，事前コミュニケーションゲーム G^* の表現方法を用いて，例えば，$A = \{C, D\}, M = \{m_1, m_2\}$ とすると，メッセージを活用していない C や D のような戦略は，メッセージ m_1 を送って，どのようなメッセージを受け取ろうとも同じ行動をプレイする，という戦略と読み替えられる．突然変異 M_1 は上 2 つの戦略とは異なるメッセージ m_2 を送り，相手のメッセージが m_1 であれば（すなわち，相手が自分と同じ突然変異体でないならば）D を，相手が m_2 を送るなら C をプレイすると読み替えられる．他色々に考えられるメッセージ m と行動計画 α の組を列挙すれば，「すべての突然変異体に関して考える」ことが可能になる．

このような定式化から，非常に限定的ではあるが，Robson (1990) の議論を支持する結果が得られる．

命題 4 (Wärneryd (1991))**．** G を表 9.4 のような 2×2 ゲームとすると，事前コミュニケーションゲーム G^* の純粋戦略 s が NSS であることの必要十分条件は $U(s, s) = u_H$ を満たすことである．

第 9 章 事前コミュニケーションによる均衡選択：進化ゲームアプローチ 253

	a_1	a_2
a_1	u_H, u_H	$0, 0$
a_2	$0, 0$	u_L, u_L

$u_H > u_L > 0$

表 9.4: 2×2 純粋調整ゲーム

残念ながら，この命題をより広いクラスに拡張はできない．表 9.5 の 3×3 ゲームで反例を示す．

	a_1	a_2	a_3
a_1	3, 3	0, 0	0, 0
a_2	0, 0	2, 2	0, 0
a_3	0, 0	0, 0	1, 1

表 9.5: 3×3 純粋調整ゲーム

事前コミュニケーションゲームで

$$\alpha(m) = \begin{cases} a_2 & m = m_1 \text{のとき} \\ a_3 & \text{その他} \end{cases}$$

となる戦略 $m_1\alpha$ は NSS になる．m_1 を送って（他のメッセージを送ってしまうと高々 1 の利得しか得られない）m_1 に対して a_2 をプレイする戦略しか最適反応にはなりえない．しかし，その戦略では，自分自身との対戦でも利得 2 しか得ることができない．$m_1\alpha$ は，逸脱に対する脅しをちらつかせることによって非効率な利得を維持する戦略なのである．

$m_1\alpha$ は，非効率利得 2 をもたらすために，無駄に複雑かつ作為的に構成された戦略であるようにみえる．表面的には，メッセージにかかわらず a_2 をプレイする戦略となんら変わらない．ある集団の全員が $m_1\alpha$ をプレイしている状況を考えよう．このとき，同じメッセージ m_1 を送り，受け取ったメッセージにかか

わらず常に a_2 をプレイするという戦略の突然変異体は現れうる．この突然変異体は，集団内で $m_1\alpha$ と同じ利得を得るため，集団全体が $m_1\alpha$ からこの突然変異体と同じ戦略をとるように徐々に変化していくというのはもっともらしく思える．そして全員がこの突然変異体の戦略をプレイする状況では，別のメッセージを送って，受け取ったメッセージが自分の送ったメッセージのときには a_1 をプレイするという別の突然変異体に侵略されてしまう．すなわち，非効率的な結果となる戦略は不安定になるのではないか．次節以降でこういった議論をいくつか紹介していくことにする．

9.4 動学における安定性

Kim and Sobel (1995) では，確率的動学適応過程の観点からの戦略集合の安定性が議論されている．想定されているゲーム G は必ずしも対称ゲームではなくともよい．G に要求されるのは，可能な利得プロファイルに関して，唯一のパレート最適なもの (u_1^*, u_2^*) が存在することである．このようなゲームを**共通利害ゲーム**（common interest game）と呼ぶ．

集団には $2N$ 人のエージェントがいるとし，N 人は一方のプレイヤー 1 の役割を演じ，残りの N 人はもう一方のプレイヤー 2 の役割を演じる．

事前コミュニケーションゲーム G^* におけるエージェントたちは，相手方 N 人の誰と対戦しても，相手によって異なる戦略をプレイすることはできないものとする．これは，対戦相手が無名であり，誰なのかよく分かっていない状況であるとも解釈でき，集団の人数が多いときに特にもっともらしい仮定であると思われる．

役割 i を演じるエージェント n の純粋戦略を $\theta_i(n)$ とする．すべてのエージェント $n_1, n_2 = 1, \ldots, N$ の戦略 $\theta_1(n_1), \theta_2(n_2)$ を並べあげたものを**集団戦略プロファイル**（group strategy profile）と呼ぶ．

集団戦略プロファイルが $\theta = (\theta_1(1), \theta_2(1), \ldots, \theta_1(N), \theta_2(N))$ のときの役割 1 のエージェント n_1 の集団利得を，役割 2 の全エージェントとの 1 回ずつの対

戦で得る利得の和

$$\hat{U}_1(n_1;\theta) = \sum_{n=1,\ldots,N} U_1(\theta_1(n_1), \theta_2(n)) \qquad (9.3)$$

とし，役割 2 のエージェント n_2 の集団利得を

$$\hat{U}_2(n_2;\theta) = \sum_{n=1,\ldots,N} U_2(\theta_2(n_2), \theta_1(n)) \qquad (9.4)$$

とする．

集団戦略プロファイル θ で，役割 i のエージェント n の戦略を $\theta_i(n)$ から $\theta_i'(n)$ に置き換えたものを $\theta/\theta_i'(n)$ と書く．

$$\hat{U}_i(n;\theta/\theta_i') \geq \hat{U}_i(n;\theta)$$

のとき，$\theta_i'(n)$ を θ における i にとっての**良反応**（better response）という．

集団は任意の戦略プロファイルから始まる．毎期，どのエージェントも，相手方の役割のエージェント全員と 1 回ずつ事前コミュニケーションゲーム G^* をプレイする．期初の集団戦略プロファイルが θ の場合，役割 i のエージェント n_i は (9.3) もしくは (9.4) の利得を得る．

毎期末，1 人のエージェントがランダムに選ばれて戦略を変更する機会を得る．選ばれなかった残りの $2N-1$ 人のエージェントは，今期と同じ戦略を来期も引き続きプレイすることになる．戦略変更の機会を得たエージェントは，今期の集団戦略プロファイル θ における良反応のうち 1 つに，すべての良反応に正の確率が割り振られるような確率装置に基づいて変更する．そして来期の対戦が行われ，再び 1 人だけ戦略変更の機会を得る…という動学過程である．

$A(\theta)$ を，集団戦略プロファイル θ から始まる動学において，正の確率で到達しうる集団戦略プロファイルの集合とする．この記法を集合に関するものまで拡張して適用し，集団戦略プロファイルの集合 Θ に関して，$\theta \in \Theta$ なる $A(\theta)$ の合併を $A(\Theta)$ と書くことにする．Θ が**吸収的**（absorbing）であるとは，$A(\Theta) \subset \Theta$ であるときにいう．最小の空でない吸収集合を**安定**（stable）であると定義する．すべての集団戦略プロファイルからなる集合は吸収的で有限なので，安定集合は必ず存在する．次の 2 つの性質は容易に確認できる．

1. 吸収集合の共通部分は吸収集合である.

2. どの Θ に対しても $A(\Theta)$ は吸収的である.

1. から，2つの安定集合は一致するか互いに素であることがわかる．2. から，安定集合 Θ^* は $A(\Theta^*) = \Theta^*$ を満たし，どのような集団戦略プロファイル θ をとってきても，$\Theta^* \subset A(\theta)$ なる安定集合 Θ^* が存在することが分かる．

その集団戦略プロファイルから始まった動学で，正の確率で無限回起こりうるプロファイルを**再帰的**（recurrent）であるといい，そうでないものを**遷移的**（transient）であるという．安定集合内の戦略プロファイルは必ず再帰的であり，そうでない戦略プロファイルは遷移的である．

集団戦略プロファイル θ においてどのエージェントも送っていないメッセージを受け取ったときにプレイするであろう行動のみを変更する戦略変更の連続でプロファイル θ' が得られるとき，この類の戦略変更を**ドリフト**（drift）と呼ぶ．

命題 5. 事前コミュニケーションつき共通利害ゲームにおいて，すべての対戦でパレート効率的な利得をもたらす戦略がプレイされている集団戦略プロファイルの集合 Θ^{**} は安定集合に一致する．

Proof. すべての $\theta \in \Theta^{**}$ に対して $A(\theta) = \Theta^{**}$ であることを示せば十分である．まず，$\theta \in \Theta^{**}$ ならば $A(\theta) \subset \Theta^{**}$ である．θ において，既にパレート効率的な利得が得られているので，どのエージェントが戦略変更の機会を得たとしても，それよりも厳密に悪い利得を得るような良反応はありえず，これはほぼ自明に成り立つ．

次に $\theta \in \Theta^{**}$ ならば $\Theta^{**} \subset A(\theta)$ であることを示す．任意の $\theta \in \Theta^{**}$ から始まった動学が，両役割のどのエージェントに関しても，今送られていないすべてのメッセージに対してパレート効率的な利得をもたらす行動をプレイする戦略プロファイルにドリフトが起こり，その後，戦略変更の機会を得たエージェントが戦略変更を行い，集団戦略プロファイルが θ' にうつる確率は正である． □

9.5 複雑回避性向

Wärneryd (1998) では,ゲームをプレイするエージェントが非効率な利得を維持するために必要以上に複雑な戦略をとることにコストを感じるようにモデルを定式化している.

戦略 $s = m\alpha$ において,どのメッセージを送ろうとも複雑さは同じなのでメッセージ分に関しては1と数え,これに α の値域の行動の数を加えたものを複雑さの指標とする.つまり,s は $1 + |\alpha(M)|$ だけ複雑である.最初の1はどの戦略でも共通なので無視することにして,$c(m\alpha) = |\alpha(M)|$ を $m\alpha$ の複雑さ(complexity)と呼ぼう.明らかに,複雑さの最小値は1であり,どのようなメッセージを受け取るにせよ同じ行動をとることを意味する.対して,最大値は $\min\{|A|, |M|\}$ であり,受け取ったメッセージに応じて可能な限り多様な行動をとることを意味する.

複雑さを導入した利得関数を新たに定義しよう.U^c を**複雑さ適応利得関数**(complexity-adjusted payoff function)と呼び,

1. $U^c(s, s') > U^c(s'', s')$ とは,$U(s, s') > U(s'', s')$ または $[U(s, s') = U(s'', s')$ かつ $c(s) < c(s'')]$ であることをいい,

2. $U^c(s, s') \geq U^c(s'', s')$ とは,$U(s, s') > U(s'', s')$ または $[U(s, s') = U(s'', s')$ かつ $c(s) \leq c(s'')]$ であることをいう,

と定義し,これを進化的安定性概念に組み込む.

定義 15. 事前コミュニケーションゲーム G^* の純粋戦略 s が **c-安定**(c-stable)であるとは,すべての $s' \neq s$ に関して

1. $U(s, s) > U(s', s)$ または

2. $U(s, s) = U(s', s)$ かつ $U(s, s') > U(s', s')$ または

3. $U(s, s) = U(s', s)$ かつ $U(s, s') = U(s', s')$ かつ $c(s) \leq c(s')$

であるときにいう.

前述の 3×3 ゲーム（表 9.5）での非効率 NSS の例である．

$$\alpha(m) = \begin{cases} a_2 & m = m_1 \text{のとき} \\ a_3 & \text{その他} \end{cases}$$

なる戦略 $m_1\alpha$ は c-安定でない．m_1 を送り，どのメッセージを受け取っても a_2 をプレイする戦略 $m_1\alpha'$ に侵略されてしまうからである．一般に c-安定な戦略は「人の話を聞いていない」という性質をもつ．複雑さを最低水準にしておかなければ，同じメッセージ，同じ行動をとるより単純な戦略の侵略を許してしまうからである．結果的に，「メッセージの交換はあるものの，どちらも何も聞いていない」状況にならざるを得ない．つまり，c-安定戦略では，コミュニケーションはなんらの効果をもたない．しかし，潜在的にはコミュニケーションは有効活用される．実際，$m_2\alpha'$ は NSS ではなく，

$$\alpha''(m) = \begin{cases} a_2 & m = m_1 \text{のとき} \\ a_1 & \text{その他} \end{cases}$$

なる戦略 $m_2\alpha''$ に侵略されてしまう．結果，パレート効率的な利得をもたらす純粋戦略だけが c-安定となる．

命題 6. G を共通利害ゲームとするとき，事前コミュニケーションゲーム G^* において純粋戦略 s が c-安定となるための必要十分条件は，s がパレート効率的な利得をもたらし，$c(s) = 1$ となることである．

9.6 集団の数とパレート効率性

Kim and Sobel (1995) は，役割の数と同じ数だけのエージェントの集団を考え，どのエージェントも，自分の所属していない集団に所属するエージェントとの対戦を考えている．確かに，これは，非対称なゲームを対称ゲームに変換するツールとして非常に有用である．例えば，何らかの非対称な 2 人有限ゲーム $G = <\{1,2\}, A_1, A_2, u_1, u_2>$ を考えるとき，あるエージェントが行動戦

略 $\alpha = (\alpha_1, \alpha_2) \in \Delta(A_1) \times \Delta(A_2)$ を，自分以外の他エージェントが β をとったときの利得を

$$u(\alpha, \beta) = \frac{u_1(\alpha_1, \beta_2) + u_2(\beta_1, \alpha_2)}{2}$$

と定義するなどできる．これは，多数のエージェントがゲームをプレイするにあたって，半々の確率でプレイヤーの役割1か2を割り当てられ，他方の役割のエージェントと，この非対称ゲームをプレイするというもので，役割が割り当てられる前時点では対称であるといってよいだろう．

しかし，この，プレイヤーの数だけ役割を用意する手法は，元のゲームが対称である場合のESSやNSSといった安定性概念と調和しないようにも思える．Kim and Sobel(1995)での定式化に即して考えると，自分と同じ役割のエージェントと対戦することがないので，同役割の他エージェントがどのような戦略をとろうとも，自らのこの役割における意思決定には全く影響しない．これに対してESSやNSSでは，突然変異体同士での対戦が考慮されていることからも分かるように，想定されているエージェントの集団は単一で，どのエージェントも自分以外のすべてのエージェントと（確率的に等しく）対戦していると考えるのが自然である．

もちろん，ゲームの戦略集合や利得関数が非対称なら複数集団，対称なら単一集団と，機械的に役を割り当てるのは不適当である．例えば男女間の関係を想定するときのみ意味をもつゲームがたまたま対称になっている場合には，複数集団を考えることが妥当するであろうし，総当たり戦を背後に考えているゲームであるものの，たまたま戦略や利得が非対称になっている場合には単一集団を考えることが妥当するだろう．重要なのは，複数集団と単一集団の二通りの定式化法は，一方が他方の拡張という性格をもつものではなく，全く異なったモデルの下で議論しているという認識である．「一方を分析しさえすれば他方は無視して全く問題ない」とするのは暴論である．この意味で，Kim and Sobel(1995)の複数集団の分析だけでは不十分であり，単一集団における安定性と効率性を再考することに一定の意味はあるだろう．

実は，今問題となっている事前コミュニケーションゲームにおける均衡選択

の話題においては，複数の集団を想定することは，エージェント間の協調を促進する効果をもっている．次の例を見れば，単一集団を想定することによる非効率的な結果を招きやすいという含意を得ることができるかもしれない．

例 1 (Wärneryd (1998)). G を表 9.2 のゲーム

	a_1	a_2
a_1	2,2	0,0
a_2	0,0	1,1

表 9.6: 2×2 純粋調整ゲーム

とし，メッセージ集合 $M = \{m_1, m_2\}$ としたとき，次の 2 つの純粋戦略を等確率でプレイする混合戦略は事前コミュニケーションゲーム G^* において ESS となる．

$$\alpha_1(m) = \begin{cases} a_2 & m = m_1 \text{のとき} \\ a_1 & m = m_2 \text{のとき} \end{cases}$$

なる戦略 $s_1 = m_1 \alpha_1$ と

$$\alpha_2(m) = \begin{cases} a_1 & m = m_1 \text{のとき} \\ a_2 & m = m_2 \text{のとき} \end{cases}$$

なる戦略 $s_2 = m_2 \alpha_2$．均衡においては，0.5 の確率で (a_1, a_1) がプレイされ，0.5 の確率で (a_2, a_2) がプレイされる．利得は 1.5 であり，パレート効率的なものではない．G におけるある種の**相関均衡**（*correlated equilibrium*）とも考えられる．

ここで例示された ESS は，上 2 節の動学や複雑回避性向の導入では不安定化されず，何らかの追加的なモデルの改変が必要になる．それに先立って，次節以降では，前節までとはやや趣を変えて，単一集団の下で得られるであろう非効率的な結果を検討する．

9.7 中立安定戦略の列挙

Banerjee and Weibull (2000) は，表 9.7 のゲーム G をベースにした事前コミュニケーションゲーム G^* の対称 NSS で得られるすべての利得を求めている．

	a_1	a_2
a_1	a,a	b,c
a_2	c,b	d,d

$a > c, d > b, d < a$

表 9.7: 2×2 対称調整ゲーム

命題 7. 上記 2×2 ゲーム G をベースにした事前コミュニケーションゲーム G^* の対称 NSS で得られる利得の集合は次の通りである．

$$\left\{ a, \frac{a+d}{2}, \frac{2+2d}{3}, \ldots, \frac{a+(|M|-1)d}{|M|}, d \right\}$$

NSS はすべて，上で例示した非効率 NSS の「脅し」的要素，および非効率 ESS の相関均衡的要素の一方もしくは両方をもっている．

例 2. 再び，表 9.6 のゲームをベースに，メッセージ集合 $M = \{m_1, m_2, m_3, m_4\}$ での NSS を見ていこう．

任意にメッセージの非空部分集合 $M' \subset M$ を固定し，メッセージ $m_i \in M'$ に関して

$$\alpha_{M' m_i a_j}(m) = \begin{cases} a_2 & m = m_i \text{のとき} \\ a_1 & m \in M' \setminus \{m_i\} \text{のとき} \\ a_j & m \notin M' \text{のとき} \end{cases}$$

を定義する．このとき，「M' 内のメッセージを等確率で送り，自分と相手の送ったメッセージが一致する場合には a_2 をプレイし，違いかつ M' のメッセージを受け取ったときには a_1 をプレイし，受け取ったメッセージが M' 外のものであればミニマックス行動 $(1/3)a_1 + (2/3)a_2$ をプレイする」という混合戦略

$$\sum_{m \in M'} \frac{1}{|M'|} \left(\frac{1}{3} m \alpha_{M' m a_1} + \frac{2}{3} m \alpha_{M' m a_2} \right)$$

は NSS である．このようにして構成される対称戦略プロファイルから得られるもので，命題で言及されているすべての利得を実現することができる．

なお，自分と相手の送ったメッセージが一致しない場合にも a_1 をプレイすることで，命題で挙げられているもの以外の利得を実現する戦略は，対称ナッシュ均衡戦略となることはあっても NSS にはならない．例えば，$i = 1, 2, 3, 4$ に関して

$$\alpha_i(m) = \begin{cases} a_2 & m = m_{5-i} \text{のとき} \\ a_1 & m \neq m_{5-i} \text{のとき} \end{cases}$$

を定義したとき，混合戦略

$$\sum_{i=1,2,3,4} \frac{1}{4} m_i \alpha_i$$

は対称ナッシュ均衡戦略ではあるが，

$$\frac{1}{2} m_1 \alpha_1 + \frac{1}{2} m_4 \alpha_4$$

などの侵略を許してしまい，NSS ではない．

9.8　予想動学

Ishii (2008) では，2×2 対称調整ゲームにおいて，Kim and Sobel (1995) に類似する動学が考えられているが，二つの点で大きく異なる．ゲームをプレイするエージェントは単一集団に属し，毎期自分以外のすべてのエージェントと一対一の総当たり戦を行う，というのが一つ目の相違点である．

Kim and Sobel (1995) でパレート効率性達成のカギになっているのは，現状で送られていないメッセージに対して，集団が，パレート効率的な利得をもたらす行動にドリフトするという事象である．生物学的な観点からは，このドリフトの後，突然変異などで，新たにこのメッセージを送るエージェントが登場するという物語はごく自然に見える．しかし，人間の意思決定問題として事前コミュニケーションゲームを眺めると，現時点で誰も送っていないメッセージを送る最初の人に自分がなるというのには多少なりとも勇気が必要なことのようにも感じられる．

あるメッセージが一度送られなくなると，そのメッセージに対して他のエージェントがどのように対応するつもりであるのか，観察できないとしてみよう．すると，実際にはパレート効率的な利得につながるドリフトが起こっていたとしても，誰かがこのメッセージを送って，確かに好ましいドリフトが起こったことを確認するまで，誰もこのメッセージ送る最初の一人になろうとはしないかもしれない．すべてのエージェントがドリフトの成否に疑心暗鬼が生じている状況では，誰もこのメッセージを送ろうとせず，非効率的な利得を得る状況が永遠に続くかもしれない．

Ishii (2008) における二つ目の相違点は，Noldeke and Samuelson (1993) で用いられている**予想**（conjecture）を採用し，上の問題を取り扱っているところにある．どのエージェントも，各メッセージに対して自分以外のエージェントがプレイするであろう行動計画の予想を抱いており，毎期の総当たり戦において実際に送られたメッセージに対する行動については，予想を実際にプレイされたものに更新し，誰も送らなかったメッセージに対する他者の行動予想は，直近に抱いていたものと同じものを引き続き抱く．

戦略プロファイルおよび予想プロファイルを一列に並べたベクトルを**状態**（state）とみなすと，Kim and Sobel (1995) と同様に，過程はマルコフ性をもち，安定集合を定義することができる．

補題 1. どの安定集合内のどの 2 つの状態を見ても，少なくとも一回の対戦で送られているメッセージの集合は一致する．

つまり，この動学では，十分時間が経つと，一度送られなくなったメッセージは，その後永遠に送られることがないのである．以下のような解釈が可能かもしれない．あるメッセージが送られないということは，そのメッセージを送ったとしても良い利得が得られないであろうことを意味する．最後にそのメッセージが送られたときに，すべてのエージェントはそれを観察し，「このメッセージを送ると良くないことが起こる」という予想を抱く．この悲観的な予想の下では，たとえこのメッセージを送ることが好ましくなるようにドリフトが起こったとしても，誰もそのメッセージを送るインセンティブをもたない．

したがって，このメッセージは未来永劫送られなくなる．

一度送られなくなったメッセージは，あたかも存在しないかのような取り扱いをしてよいことになり，Kim and Sobel (1995) で議論されているドリフトはうまく機能しなくなる．その結果，安定集合は NSS を特徴付けることになる．

命題 8. 予想付きの動学での安定集合内での毎期の総当たり戦で得られる平均利得の集合は，整数問題を無視すれば事前コミュニケーションゲームの NSS で得られる利得の集合に一致する．

9.9　嘘つき回避性向

ここまでの議論では，個々のメッセージを抽象的に取り扱い，Aumann (1990) の例で見られたように，コミュニケーション段階での何らかの合意に行動段階で背いたり，嘘をついたりすることが心理的な重しになるような状況は考えられていない．Demichelis and Weibull (2008) は，「若干の嘘つきコスト」を導入することによって，非効率な結果が進化的に不安定になることを示している．

嘘つきコストは辞書的に選好に組み込まれている．通常の事前コミュニケーションゲーム G^* を，プレイヤーの選好関係を変更することによって，辞書的コミュニケーションゲーム（lexicographic communication game）$\tilde{G}^*$ に改変する．$\tilde{G}^*$ において，個々のメッセージは，直後にプレイする行動に関する意味をもっている．Demichelis and Weibull(2008) は，メッセージ集合には非常に多くのメッセージが含まれており，少なくとも次の 2 つの公理は満たされているものと仮定している．

公理 1. どの G の行動についても，「当該行動のみをプレイするつもりである」という意味をもつメッセージは M に含まれている．

公理 2. 「プレイする行動については何も言わない」というメッセージは M に含まれている．

コミュニケーション段階での発言に拘束力はなく，「行動 a をプレイする」と言った後，実際には他の行動 $a' \neq a$ をプレイすることも可能である．ただし，

この場合は嘘つきになる．プレイヤーは，第一にはゲーム G^* で得られる**物質的利得**（material payoff）が大きいものを好むが，もし物質的利得が同じであれば嘘をつかないものをより好む．2つの公理を前提とすると，次が成り立つ．

補題 2. G が $n \times n$ の対称調整ゲームであるとき，$\tilde{G}^*$ の対称ナッシュ均衡において，少なくとも 1 つのメッセージは送られていない．

つまり，すべてのメッセージを正の確率で送る上記 ESS のような対称ナッシュ均衡は辞書的コミュニケーションゲームには存在しないことになる．以下のような直観が働く．仮に，すべてのメッセージを送る戦略が対称ナッシュ均衡戦略であるとすると，ここで正の確率が付されている $\tilde{G}^*$ の純粋戦略は，どれをプレイしても無差別になるはずである．確かに物質的利得ベースでは無差別になるかもしれない．しかし，公理を前提とすると，ある純粋戦略では，（例えば「これからプレイする行動については何も言わない」という純粋戦略である場合）全く嘘をついていないものの，他の少なくとも１つの純粋戦略では，実現した対戦相手の純粋戦略如何では嘘をつかざるを得ない．よって，どれをプレイしても無差別とはならず，矛盾となる．

辞書的コミュニケーションゲームでは，集合としての進化的な安定性概念を定義している．

定義 16. 辞書的コミュニケーションゲーム $\tilde{G}^*$ の**ナッシュ成分**（Nash component）が中立安定であるとは，ナッシュ成分の閉包が，通常の事前コミュニケーションゲーム G^* の中立安定戦略の集合に含まれているときにいう．

すると，2つの公理を前提とすると，パレート効率的な物質的利得をもたらすナッシュ成分だけが中立安定になることが示される．

命題 9. G を唯一のパレート効率的なナッシュ均衡利得 α をもつ有限対称調整ゲームとしたとき，$\tilde{G}^*$ のナッシュ成分が中立安定であることと，結果が α をもたらすことは同値である．

例 3. 再び，表 9.6 のゲームをベースに，メッセージ集合 $M = \{\text{"}a_1\text{"}, \text{"}a_2\text{"}, \text{"}n\text{"}\}$ での NSS を見ていこう．ここで，"a_1"，"a_2" はそれぞれ「行動 a_1，a_2 のみを

プレイする」という意味をもち，"n" は「プレイする行動については何も言わない」という意味をもつメッセージである．

「メッセージ "a_1" と "n" を非負の確率で送り，対戦相手のメッセージが自分が正の確率で送っているメッセージ（のいずれか）と同じであれば，a_1 をプレイする」戦略の集合はナッシュ成分であり，中立安定となる．これは，物質的利得がパレート効率的であるのみならず，嘘もついていないため，真にパレート効率的であると言ってよいだろう．

「メッセージ "a_2" を送り，対戦相手のメッセージが "a_2" であれば a_1 をプレイし，"a_1" または "n" であれば，a_1 をプレイする確率が 1 未満であるような（混合）行動をプレイする」戦略を集めたナッシュ成分も中立安定になる．物質的利得は 2 であるが嘘つきコストはかかっている．

非効率な物質的利得をもたらすナッシュ成分は存在するが，中立安定にならない．「メッセージ "a_1" を送り，対戦相手のメッセージが "a_1" であれば，a_2 をプレイし，"a_2" または "n" であれば，a_1 をプレイする確率が正かつ $1/2$ 未満であるような混合行動をプレイする」戦略戦略の集合はナッシュ成分であるが，閉包をとると G^* の中立安定成分に含まれない．

9.10 無限回繰り返しゲーム

Binmore and Samuelson (1992) は，ゲームを無限回繰り返すことで，あたかも事前にコミュニケーションを行っているかのような効果をもたらすことを示している．**無限回繰り返しゲーム**（infinitely repeated game）の利得を，割引なしのステージゲームで得られる利得の平均と定義すると，有限回のステージゲームでどんなに悪い利得を得るような行動をとったとしても，繰り返しゲーム全体の利得には全く影響しない．この意味で，有限回の行動はコストのかからないメッセージと同じような働きをする．

さらに都合が良いことに，事前コミュニケーションゲームで問題になっているパレート非効率的な ESS は繰り返しゲームの設定では存在しない．「すべて

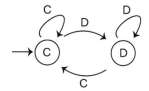

しっぺ返し戦略

のメッセージを等確率で送る」ことは,「すべての有限回の行動を等確率でプレイする」ことに相当し,これを満たす戦略は存在し得ないからである.

Wärneryd (1998) と同様,複雑回避性向を導入した形での進化的安定性を議論する.ステージゲーム G を無限回繰り返すゲーム G^∞ でのプレイヤーの戦略空間を,Hopcroft and Ullman (1979) で詳細に定義されている**有限オートマトン**(finite automaton, Moore machine)の集合とし,その状態の数を戦略の複雑さと定義する.

まず,有限オートマトン $<Q, q_0, o, t>$ を定義しよう.Q は有限集合であり,$q \in Q$ は**状態**(state)と解釈される.**アウトプット関数**(output function)$o: Q \to A$ は,状態 $q \in Q$ にあるときに次のステージゲームでとる行動 $o(q)$ を記述している.q_0 は,初めて G をプレイするときの**初期状態**(initial state)である.**推移関数**(transition function)$t: Q \times A \to Q$ は,対戦相手のステージゲームでの行動に応じてどのように次の状態に移っていくかを記述している.今,状態 q にあり,対戦相手が行動 a をプレイするとき,次の状態は $t(q,a)$ になる.

単純なオートマトンの絵を描いてみよう.図 9.1 は,繰り返し囚人のジレンマゲームなどでよく言及される**しっぺ返し戦略**(tit-for-tat strategy)を表したものである.各円はそれぞれ可能な状態を表している.円の内部に書かれた文字は,このオートマトンがこの状態においてステージゲームでプレイする行動を示す.矢印はこのオートマトンが行う状態間の推移を示している.しっぺ返しは,相手が行動 C をプレイしている限り状態は C に留まり続け,相手が D をプレイすると状態 D に移る.初期状態は,推移元のない矢印で表される.

この繰り返しゲーム G^∞ をもとに,オートマトン選択ゲーム $G^\#$ を構築しよ

う．Binmore and Samuelson (1992) では，特に調整ゲームに限定されない，一般の 2 人有限非対称ゲームが考えられているが，ここでは対称ゲームに限って考察する．G^∞ での両プレイヤーの利得関数を $U : S \times S \to$ とすると，$G^\#$ の利得関数 $U^\#$ は次のように与えられる．

$$U^\#(s,s') > U^\#(s'',s') \iff [U(s,s') > U(s'',s')] \text{ または}$$
$$[U(s,s') = U(s'',s') \text{ かつ } |s| < |s''|]$$

戦略 s は有限オートマトンで表現できるものに限定しており，$|s|$ は s のオートマトンの状態数である．ここでも複雑さを回避する辞書的選好が入っており，プレイヤーは繰り返しゲームでの利得を第一に考えるものの，利得が同じならより単純なものを厳密に好む．

ゲーム $G^\#$ での NSS に相当する安定性概念である**修正進化的安定戦略**（modified evolutionary stable strategy, MESS）は，可能な突然変異戦略 s' に対して次のいずれかを満たすものである：

1. $U^\#(s,s) > U^\#(s',s)$

2. $U^\#(s,s) = U^\#(s',s)$ かつ $U^\#(s,s') > U^\#(s',s')$

3. $U^\#(s,s) = U^\#(s',s)$ かつ $U^\#(s,s') = U^\#(s',s')$ かつ $|s| \leq |s'|$

このとき，次の結果が成り立つ．

命題 10. 元のゲーム G の利得プロファイルの凸包での対称かつパレート最適な点で得られる利得が，G でのミニマックス利得以上であれば，$G^\#$ には *MESS* が存在し，同じ *MESS* 同士のプレイは，この対称でパレート最適な結果をもたらす．

簡単な例を示そう．

例 4. ゲーム G が表 9.6 のときの $G^\#$ において，例えば図 9.2 のような $(1,1)$ を平均利得として得るオートマトンは *MESS* にならない．

第 9 章　事前コミュニケーションによる均衡選択：進化ゲームアプローチ　269

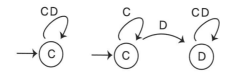

左：不安定な戦略．　右：侵略する戦略．

　確かに，平均利得が $(1,1)$ となるもののなかでは状態数が 1 であり，最も単純なものであるが，例えば図 9.2 右の戦略に侵略されてしまう．この侵略の様子は，事前コミュニケーションによって非効率的な均衡が侵略される様とよく似ている．突然変異体は初期に C をプレイする．最悪のステージ利得 0 をもたらしてしまうかもしれないが，初期の結果単独では割引なしの平均利得に対して何の影響もない．もし対戦相手の初期の行動が D であるならば，相手は今後何があろうとも D をプレイしてくるはずである．そこで，それに合わせて今後は D をプレイし続ける．もし対戦相手の初期の行動が C であるならば，相手は自分と同じ突然変異体であることが判明するので，今後は突然変異体同士で (C,C) をプレイし，平均利得はパレート効率的なものになる．利得に影響しない一度限りの行動で今までにないものをとることによって相手を識別し，突然変異体同士での協調を達成するというからくりは *Robson (1990)* の議論とよく似ている．

　図 9.3 左のようなオートマトンは *MESS* になる．自分自身との対戦では，初期に $(1,1)$ という悪い利得プロファイルが実現されるが，それ以降のすべてのステージゲームで $(2,2)$ が得られるため，平均利得プロファイルはパレート効率的なものとなる．なお，図 9.3 中（図 9.1 再掲）の，初期から $(2,2)$ を得るしっぺ返し戦略のオートマトンは，*MESS* ではない．これはより単純な図 9.3 右のオートマトンに侵略されてしまうからである．

270　第4部：その他の分析手法：進化ゲーム，シミュレーション，構造推定

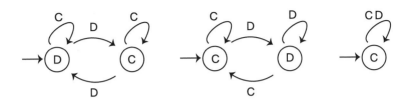

左：MESS となる戦略．中：しっぺ返し戦略．右：しっぺ返し戦略を侵略する戦略．

9.11　おわりに

　事前コミュニケーションの文脈では，Demichelis and Weibull (2008) の定式化が，パレート効率的な結果のみを進化的に導くことを示唆するという意味で決定版のようにも思えるが，依然として安定性概念は静学的なものである．「全員がその戦略をとる状況に一旦落ち着いたら，少々の突然変異があっても，その戦略が駆逐されるわけではない」ことを示しているに過ぎず，「どのような状況からスタートしても，全員がその戦略をとる状況に経済が移ることが予想される」ことは未解決の問題である．実際，Demichelis and Weibull (2008) の意味での辞書的選好下で，単一集団の Kim and Sobel (1995) の動学を考えてみると，依然として，すべてのメッセージが送られるタイプの非効率的な結果をもたらすものが安定集合になってしまう．具体的な動学においてもパレート効率性が達成されることを示すような研究が今後期待される．

　また，2×2 ゲームをベースに考えるならば，Ishii (2008) の動学での個々の安定集合内で予想と整合的な戦略と NSS には（利得関数に緩い制約を与えると）1 対 1 対応がみられるものの，3×3 以上になると，一般に対応しない．NSS であるにもかかわらず安定集合に含まれないもの，安定集合に含まれるのに NSS にはならないものが存在してしまう．この不対応がどういう条件の下で生じるのかは明らかになっておらず，今後の研究が望まれるところであろう．

参考文献
references

AUMANN, R. (1990): "Nash equilibria are not self-enforcing," In J. Gabszewicz, J.-F. Richard, and L. Wolsey eds. *Economic Decision Making: Games, Econometrics, and Optimization*, 201–206.

BANERJEE, A. AND J. W. WEIBULL (2000): "Neutrally stable outcomes in cheap-talk coordination games," *Games and Economic Behavior*, 32, 1–24.

BINMORE, K AND L. SAMUELSON (1992): "Evolutionary stability in repeated games played by finite automata," *Journal of Economic Theory*, 57, 278–305.

DAWKINS, R. (1976): *The Selfish Gene*, Oxford University Press.

DEMICHELIS S. AND J. W. WEIBULL (2008): "Language, meaning, and games: A model of communication, coordination, and evolution," *American Economic Review*, 98, 1292–1311.

HOPCROFT, J. AND J. ULLMAN (1979): *Introduction to Automata Theory, Languages, and Computation*, Addison Wesley.

ISHII, R. (2008): "The analysis of pre-play communication under adaptive conjectures," KIER Working Papers, 652.

KIM, Y. G. AND J. SOBEL (1995): "An evolutionary approach to pre-play communication," *Econometrica*, 63, 1181–1193.

MAYNARD SMITH, J. (1982): *Evolution and the Theory of Games*, Cambridge University Press.

NÖLDEKE, G. AND L. SAMUELSON (1993): "An evolutionary analysis of backward and forward induction," *Games and Economic Behavior* 5, 425–454.

ROBSON, A. J. (1990): "Efficiency in evolutionary games: Darwin, Nash and secret handshake," *Journal of Theoretical Biology*, 144, 379–396.

WÄRNERYD, K. (1991): "Evolutionary stability in unanimity games with cheap talk," *Economics Letters*, 36, 375–378.

WÄRNERYD, K. (1998): "Communication, complexity, and evolutionary stability," *International Journal of Game Theory*, 27, 599–609.

第10章
ミクロ経済学理論における
コンピュテーショナルアプローチ

花木伸行, 渡邊直樹

10.1 序論

コンピュータは経済学研究において, もはやなくてはならないものとなっている. 統計データを用いた実証分析・マクロ経済モデルに基づく政策効果のシミュレーションなどその用途は様々だ. 理論分析においても, コンピュータは大きな役割を果たしている. 理論分析が数理モデル用いて命題を証明したりするものだと思われている読者は意外に思われるかもしれないが, 命題を証明するにあたり, 様々な数値計算を通じて直感を確認するという作業はかなり以前から行われてきていた事である. これらの伝統的な裏方的役割に加えて, コンピュータがより中心的な役割を果たすような研究が近年増えてきている.

コンピュータ実験（computational experiment）を積極的に用いた有名な研究の例として, 2005年にノーベル経済学賞を受賞したシェリング（T. C. Schelling）の人種棲み分けの分析 (Schelling, 1978) や, 近年, 様々な専門分野で盛んに研究されている複雑系ネットワーク研究の嚆矢であるワッツ（D. J. Watts）とストロガッツ（S.H. Strogatz）のスモールワールドネットワークのモデル分析 (Watts and Strogatz, 1998; Watts, 1999), そして, 花木, 石川, 秋山 (2008) でも紹介したグッド及びサンダーによるゼロ知能ロボットを使ったダブルオークションのコンピュータ実験 (Gode and Sunder, 1993) 等を挙げる事ができる.

ワッツ・ストロガッツやグッド・サンダーのコンピュータ実験は, 特に後者

は比較的でたらめな行動をする主体を仮定しているが，通常，経済学で分析の対象とされている行動主体は，何らかの目的を達成しようとする．例えば，消費者であれば，より高い効用を得ようとし，生産者であればより高い利益を得ようとする．行動主体になんらかの目的があるのであれば，それらの主体はランダムに行動し続けるわけではなく，その目的を達成できるように徐々に行動を変えて行くと想定するのが自然だろう．以下では，戦略的状況下（ゲーム論的枠組みの中）で，それぞれの主体がより高い利得を得るという目的を達成するために，時間を通じて行動を変化させて行くという**学習**（learning）モデルの研究を紹介する．

ゲーム論的枠組みの中での学習プロセスの研究は，大きく二つの流れにわける事ができる．様々な学習プロセスがどのような行動に収束していくのかという理論的な研究と，実験室における被験者の行動を学習モデルを用いて説明・再現しようという研究である[1,2]．後者においては，実験結果をよりうまく再現できるようなモデルパラメーターの推定という実証的研究が盛んである．

10.2 主な学習モデル

ゲーム論的枠組みの中で考察される主な学習モデルには，**強化学習モデル**（reinforcement learning model）を始めとした**行動学習**（action learning）モデルとフィクティシャスプレイのような**信念学習**（belief learning）モデルがある．行動学習モデルには，相手の将来の行動を予測するという側面が明示的には含まれないのに対して，信念学習モデルは，たとえナイーブな予測ではあったとしても，それらが中心的な役割を果たす．どちらのモデルが，実験室における被験者の行動をより良く説明できるかを検証するために，キャメラーとホー (Camerer and Ho, 1999) は，強化学習モデルとフィクティシャスプレイを特別なケースとして扱う事ができる複合モデル，**EWA モデル**（Experience-Weighted Attractions model）を提唱した．このモデルは強化学習モデルを拡張した物であ

---

[1] これら理論的研究は Fudenberg and Levine (1998) が詳しい．
[2] 近年までのこれらの実験経済学的研究は Camerer (2003) を参考．

るが，通常の強化学習モデル（例えば，エレブとロス (Erev and Roth, 1998) が考察したもの）が，プレイヤーが実際にとった行動と，それにともなって得られた利得をもとに学習すると仮定するのに対し，EWA モデルでは，それらに加えて，相手の行動を所与として，プレイヤーが他の行動を選んだ時に得られたであろう仮想的な利得も考慮しながら学習すると仮定している．実験室における被験者の行動データを用いた EWA モデルのパラメーター推定の結果，学習プロセスにおいて仮想的な利得も重要な役割を果たしている可能性が確認された．

実験室における被験者の行動をうまく説明できるモデルとして強化学習，フィクティシャスプレイ，EWA モデルをはじめ様々な学習モデルが提唱されている．しかし，それぞれのモデルは一部の戦略的状況ではうまく被験者の行動を説明できても，他の状況ではうまく説明できないことが多い．より多くの戦略的状況下で被験者の行動が再現できるようなモデルを探し当てるために，アリフォビックら (Arifovic, McKelvey, and Pevnitskaya, 2006) はチューリングトーナメントを開催した．このトーナメントでは，研究者に (1) 人々の行動を再現できるようなモデルのコンピュータプログラム（emulator）や，(2) あるデータが，実験室における被験者の行動のものなのか，または，モデルのコンピュータシミュレーションによって作り出されたデータなのかを見分けるプログラム（detector）を提出してもらい，それらを競わせようとしたものである．アリフォビックらによる論文が出版された時点では，emulator も defector もあまり多くのプログラムが集まっておらず，本格的なトーナメントとはなっていなかったようであるが，それでも，主催者が用意した被験者データの結果をすべてうまく説明できるような既存の学習モデルは皆無であった．特に，図 10.1 に示されている Battles of the sexes ゲーム等，被験者が繰り返しゲーム戦略を用いていると考えられるような状況では，プレイヤーにそれらの戦略を用いる余地を全く与えない既存の学習モデルが，被験者の行動をほとんど再現できないであろうことは容易に理解できる．

アリフォビックらのチューリングトーナメント以前から，**戦略学習**（learning strategies）を考慮する必要性は認められていたものの，そのような学習モデル

276   第4部：その他の分析手法：進化ゲーム，シミュレーション，構造推定

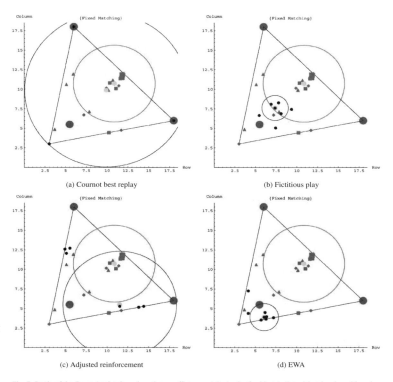

Fig. 7. Battle of the Sexes (each token gives the payoffs to a matched pair of subjects). *Note*: Must be viewed in color. Red = Human, Black = Machine. (For interpretation of the references to color in this figure legend, the reader is referred to the web version of this article.)

図 10.1: Battle of the Sexes における被験者及び学習モデルの平均利得ペアーの分布．赤点は，被験者のペアーの平均利得．紫はナッシュ均衡での利得のペア．黒点は，それぞれの学習モデルが生み出した利得のペアー．ここでは，4つの学習モデルが考察されている．(a) クールノー最適反応，(b) フィクティシャスプレイ，(c) 強化学習，(d) EWA モデル．出典: Arifovic, McKelvey, and Pevnitskaya (2006)，図 7．

はほとんど存在しなかった．そんな中，花木・セティ・エレブ・ピーターハンスル (Hanaki, Sethi, Erev, and Peterhansl, 2005) は，強化学習モデルを繰り返しゲーム戦略まで拡張した単純な戦略学習モデルを提唱した．戦略学習モデルを構築するにあたって問題となるのは，モデルで考慮すべき戦略の数を限定する事と学習プロセスで用いられる情報を特定することである．単純な2プレイヤー2アクションゲームでさえも，学習の対象となりうる戦略（例えば繰り返しゲーム戦略）の数は莫大である．それらの中から出来るだけ恣意的でない形でモデルに組み入れる戦略の数を減らす必要がある．また，プレイヤーが繰り返し戦略を用いている場合，観察されたこれまでの行動（選ばれたアクションのペア）からは相手が用いている繰り返し戦略を特定できないことがある．相手の戦略が特定できなければ，EWAモデルが仮定する様な仮想的な利得を推測する事は不可能となる．花木らは，モデルで考慮する戦略は，繰り返しゲーム戦略の複雑性を基準として戦略のセットを限定する事で解決し，学習プロセスに反映される情報の問題は，基本的な強化学習モデルと同じく，実際に用いた戦略と実際に得られた利得のみに基づいて学習すると仮定する事で解決している．しかし，戦略の数の問題に関しては，限定してもなお学習の対象となりうる戦略の数が多く，通常，実験室で被験者が体験するような短い期間では学習モデルがうまく機能しないため，花木らは，被験者は「通常，実験室外で学習した事を実験室に持ち込んでくる」という点をヒントにして，戦略学習は長期間にわたって行われると仮定した．花木らは，この戦略学習モデルをコンピュータシュミレーションを用いて分析し，囚人のジレンマ，Battles of the Sexes，コーディネーションゲーム，チキンゲームにおいて，それぞれのケースで，プレイヤー二人の合計利得が最大になり，かつ，それらが二人の間で平等に分配される事を可能にするような少数の繰り返しゲーム戦略が学習されるという結果を示した．もし，これら少数の戦略を被験者が無意識のうちに実験室に持ち込み，その上で，実験室での戦略的環境に応じて学習するのであれば，既存の学習モデルでは再現できなかった実験室における被験者の行動を十分に再現できる可能性がある．しかし，花木らの戦略学習のモデルは，あくまでも実験室外での長期学習のモデルであり，そのままでは，実験室における被験者

の行動を十分に説明できるものとはなっていない．戦略の学習も取り入れたような学習モデルを用いて，実験室における被験者の行動をうまく説明するできるかどうかは，今後の発展が望まれる研究テーマの一つである．

10.3 戦略的状況自体の学習

前述の花木らの戦略学習モデルは，ゲームによって学習される繰り返しゲーム戦略が異なることを示している．つまり，ゲームによって異なる戦略のセットを学習し，「実験室外で学習した事を実験室に持ち込んでくる」被験者らは，実験室で自らが直面する状況を何らかの形で認識し，実験室外での体験と比較した上で，適切な戦略を選んでいるようである．では，被験者は，自らが直面する戦略的状況をどのように認識し区別するのであろうか．この問題は，戦略学習の研究にとって重要なだけではない．キャメラー (Camerer, 2003, p.474) は，コーディネーションゲームの実験を囚人のジレンマゲームの実験と勘違いして，「裏切り」戦略を採り続けた被験者の例を挙げ，「被験者が自らが直面する戦略的状況（ゲーム）を，どのように理解するのか．」は，今後の実験経済学の発展のために最も重要な研究課題の一つであるとしている．

既存の戦略的状況下での学習を扱う研究の大部分は，各主体が「どのように行動するか」について学習するという分析に集中しており，各主体が直面する戦略的状況そのものを学習するという研究はほとんどない．しかし，同じような状況に何度も直面し，経験を積み重ねていく中で，人間は，その状況を学習し，自分なりに理解しようと試みるものではないだろうか．

被験者が直面するゲーム自体を学習出来るのかどうかを検証しようとした唯一の試みにオエシュラーとシッパーの実験 (Oechssler and Schipper, 2003) がある．彼らの実験では，各被験者は，それぞれが直面する状況が2プレイヤー2アクションゲームであること，そして，直面するゲームの自分自身の利得表は知らされていたが，対戦相手の利得に関する情報は与えられず，同じゲームを15回繰り返してプレイした後で，相手の利得（の大小関係）を正確に当てるように指示されていた（また，そのための金銭的な誘因も与えられていた）．彼

らの実験結果が示したのは，2×2 という非常に単純なゲームであっても，相手の利得の大小関係を学習できた被験者はほとんどいなかったということである．また，興味深い結果として，被験者達は，それぞれ間違って理解したゲーム（主観的ゲーム）の均衡戦略に近い行動を採っていたことも示されている．では，人々はどのようにして自らが直面する戦略的状況を理解して行くのであろうか．また，その学習（理解）のプロセスが，これまで主に研究されてきた「どのように行動するか」という行動学習とどのような相互作用を持ちうるのか．そして，その結果として，人々の行動や戦略的状況に対する理解はどのようなものになりうるのか．これらはすべて，未解決の研究課題である．

　これらの問いを理論的に考察すべく，実験経済学や学習理論とは全く独自に進められた研究に金子・クラインの**帰納的ゲーム理論**（inductive game theory）(Kaneko and Kline, 2008) がある．以下に，金子・クラインが提唱した理論的枠組みに基づき，当初，自らが直面している戦略的状況を理解していないプレイヤーが，同じゲームに繰り返し直面する中で，ゲーム自体を学んでいくと同時に，どのように行動すればよいかも学んでいくという花木・石川・秋山 (Hanaki, Ishikawa, and Akiyama, 2009) の**ゲーム学習モデル**（a model of learning games）を紹介しよう．

花木・石川・秋山のゲーム学習モデル

　2 プレイヤー同時手番ゲームを考えよう．プレイヤー $i \in \{1,2\}$ は当初自らのアクションセット S^i 及びゲームが 2 プレイヤー同時手番ゲームであることのみを知っていると仮定する[3]．つまり，各プレイヤーは，相手のアクションセット及び利得表は知らない．ゲームをプレイするたびに，各プレイヤーは，それぞれのプレイヤーが選んだアクションのペア (s^i, s^j) と自らが受け取った利得 $\pi^i(s^i, s^j)$ を観察することができるが，相手が受け取った利得は観察できないと

---

[3] このモデルは，同時手番ゲームであり，かつ，どのプレイヤーがどのアクションを用いたのかさえ区別できるのであれば，プレイヤーの数は 3 人以上の場合にそのまま拡張する事ができる．

する．それぞれのプレイヤーは，同じゲームを繰り返しプレイする事で，自らの利得表を学習していくと同時にどのアクションを用いるべきかも学習していくと想定する[4]．以下では，まず，利得表の学習プロセスのモデルについて説明し，その後で，行動学習のモデルに関して説明する．

利得表の学習

それぞれのプレイヤーは，**短期記憶**（short-term memory）と**長期記憶**（long-term memory）を持つと仮定する．短期記憶は，プレイ毎のゲームの結果に関しての短期的な記憶であり，ある一定の期間を過ぎると消えてなくなるものである．一方で，長期記憶は利得表に対するプレイヤーの理解であり，一度獲得されると永久にプレイヤーの頭に残るものであるとする．それぞれのプレイヤーは，短期記憶長と**認識閾値**（recognition threshold）で特長付けられるとしよう．短期記憶長 m^i と認識閾値 $k^i (\leq m^i)$ を持つプレイヤーは m^i プレイ前までのゲームの結果と受け取った利得に対しての短期記憶を持つ事ができる（それ以前の短期記憶は消えてしまう）．そして，とある結果 (s^i, s^j) とそれが起こった時に自らが得られる利得 ($\pi^i(s^i, s^j)$) が長期記憶として獲得されるためには，その結果が直近の m^i 回のプレイ中に k^i 回以上観察される事が必要であると仮定する．

ある時点でプレイヤーが認識している（主観的な）利得表は，真の利得表とその時点におけるプレイヤーの長期記憶の獲得状況で表すことができる．真の利得表を Π とし，その内，プレイヤー i が受け取る利得を示した部分を Π^i としよう．つまり

$$\Pi^i \equiv \begin{pmatrix} \pi^i(s^i_1, s^j_1) & \cdots & \pi^i(s^i_1, s^j_{n^j}) \\ \vdots & \ddots & \vdots \\ \pi^i(s^i_{n^i}, s^j_1) & \cdots & \pi^i(s^i_{n^i}, s^j_{n^j}) \end{pmatrix},$$

ここで，n^i 及び n^j はそれぞれのプレイヤーのアクションセット S^i 及び S^j に含

---

[4] このモデルでは，相手の利得表に関しての学習は考えられていないため，前述のオエシュラーとシッパーの実験結果を分析するようなモデルとはなっていない．

まれるアクションの数であり，$\pi^i: S^i \times S^j \to \mathbf{R}$ は，プレイヤー i の利得関数である．以下で述べるように，プレイヤーの主観的な利得表でゼロに特別な意味を持たせるので $\pi^i(s^i, s^j) \neq 0$ であると仮定する．

$L^i(t)$ を t 期における，プレイヤー i の長期記憶の獲得状況を示す行列としよう．ここでは，各期に一度ゲームがプレイされるとしよう．この行列のそれぞれの要素はゼロまたは1の値をとり，(s^i, s^j) 要素 $L^i_{s^i, s^j}(t)$ が1であるのは $\pi^i(s^i, s^j)$ が長期記憶として獲得されていることを示す．一方，ゼロの場合は，その長期記憶が獲得されていないことを示す．

$$L^i_{s^i, s^j}(t) = \begin{cases} 1 \text{ もし} \pi^i(s^i, s^j) \text{ が長期記憶として獲得されている場合} \\ 0 \text{ そうではない場合} \end{cases}$$

前述のように，$\pi^i(s^i, s^j)$ が長期記憶として獲得されるためには，直近 m^i 回のゲームの繰り返しの中で，(s^i, s^j) が k^i 回以上観察される必要がある．

これらを用いると t 期におけるプレイヤー i の主観的な利得表 $\widetilde{\Pi}^i(t)$ は

$$\widetilde{\Pi}^i(t) = L^i(t) \cdot \Pi^i. \tag{10.1}$$

と定義することができる．つまり，もし t 期において，プレイヤー i が真の利得 $\pi^i(s^i, s^j)$ を学んでいなかった（長期記憶を獲得していなかった）場合，結果 (s^i, s^j) に関しての主観的利得 $\widetilde{\Pi}^i_{s^i, s^j}(t)$ はゼロであり，反対にその結果を学習していた場合は，主観的利得は真の利得となる．

行動学習のモデル

次に，プレイヤーが選ぶアクションが学習を通じてどのように変化して行くのかを説明する．このプロセスのモデル化に関しては，花木・石川・秋山は，単純化された強化学習の枠組みを採用している．強化学習モデルでは，各プレイヤーはそれぞれのアクションに対して，スコアをキープしていると仮定する．あるアクションのスコアには，プレイヤーが過去にそのアクションを採用した（しなかった）事から得られた利得情報が集約されている．そして，ゲームを

プレイする際にプレイヤーが選ぶアクションは，これらのスコアに基づいて決まると仮定される．

プレイヤー i の t 期におけるアクション $s \in S^i$ についてのスコアを $A_s^i(t)$ で示すとする．アクション s が t 期にプレイヤー i によって選ばれる確率は，

$$p_s^i(t) = \frac{e^{\lambda^i A_s^i(t)}}{\sum_{k \in S^i} e^{\lambda^i A_k^i(t)}}. \tag{10.2}$$

で表現されると仮定しよう．ここで，パラメーター λ^i は，アクションが選ばれる確率がどの程度スコアに依存するかを決定するものである．もし $\lambda^i = 0$ であれば，スコアの値に関係なく，すべてのアクションは同じ確率で選ばれる．λ^i の値が大きくなればなるほど，スコアの値の高いアクションがより高い確率で選ばれるようになり，$\lambda^i \to \infty$ の極限では，スコアの値の最も高いアクションが確率 1 で選ばれることになる．この定式化は，実験経済学における被験者の行動をモデル化する際に頻繁に採用されている定式化である．また，当初，プレイヤーはゲーム自体を知らないので，すべてのアクションに関して無差別 ($A_s^i(0) = 0$) であると仮定しよう．

プレイヤーの短期記憶の長さが m^i であることを反映させて，各アクションに対するスコアは以下のように変化して行くと仮定しよう．

$$A_s^i(t+1) = \frac{1}{h^i} \sum_{\tau=0}^{h^i-1} R_s^i(t-\tau), \tag{10.3}$$

ここで $h^i = \min(m^i, t+1)$ である[5]．また，$R_s^i(t)$ は，プレイヤーが t 期に，アクション s に対して受け取る刺激である．この定式化から分かるように，ゲームが十分に繰り返された後では，各アクションのスコアは，直近 m^i 期にそれぞれのアクションが受けた刺激の平均となっている．各アクションが受け取る刺激 $R_s^i(t)$ は，その期のゲームの結果とプレイヤーのその時点でのゲームに対す

---

[5] $h^i = \min(m^i, t+1)$ は，ゲームがまだ m^i 回繰り返されていない状況に対応するためのものである．

る理解に次のように依存するとする.

$$R_s^i(t) = \begin{cases} \pi^i(s^i(t), s^j(t)) & \text{もし } s = s^i(t) \\ \tilde{\Pi}_{s,s^j(t)}^i(t) & \text{そうでない場合} \end{cases} \quad (10.4)$$

ここで，$s^i(t)$ は，プレイヤー i が t 期に選んだアクションである．式（10.4）は，プレイヤー i が t 期にアクション s に対して受け取る刺激は，もしプレイヤーがアクション s をその期に選んだ場合は，実際に受け取った利得であることを示している．また，もし，プレイヤーが s を選ばなかった場合にプレイヤーが受け取る刺激は，$(s, s^j(t))$ に関しての長期記憶が獲得されている場合は，仮に s を選んだのであれば得られたであろう仮想的な利得となり，反対に長期記憶が獲得されていない場合はゼロとなる．

　この定式化で仮定されているのは，プレイヤーが学習した利得に関しては，実際にそのアクションを選んだかどうかには関係なく，そのアクションを選んだであれば得られたであろう利得を推量できるという点である．一方で，プレイヤーが学習できていない利得に関しては，当然のことながらそのような推量はできない．

　このゲーム学習モデルでは，プレイヤーの自らの利得表に関する主観的な理解（獲得した長期記憶の状態）の変化にともない，学習のプロセスに使用される情報も変化していく．例えば，プレイヤーが，長期記憶を全く獲得していない状況では，このモデルはエレブとロス (Erev and Roth, 1998) が分析したような実現した利得のみに基づく強化学習モデルの特殊形となる．一方で，プレイヤーがすべての利得に関しての長期記憶を獲得してしまった後は，実現した利得に加えて仮想的な利得を考慮しながら学習が進むため，キャメラーとホーが (Camerer and Ho, 1999) が EWA モデルを用いて示したように，フィクティシャスプレイの特殊形となる[6]．このモデルでは，利得表の学習とアクションの学習が相互に影響を与えるため，紙と鉛筆を用いての解析的な分析には限界がある．以下では，このモデルのコンピュータシミュレーションの結果をみること

---

[6] ゲーム学習モデルには記憶の長さに制限があると仮定されているため，そのような仮定のない強化学習やフィクティシャスプレイとは完全に一致しない．

で，モデルが生み出すパターンをみることにしよう．

モデルシミュレーション

花木・石川・秋山は，2つの2プレイヤー2アクションゲーム（囚人のジレンマとコーディネーションゲーム）を組み合わせた次のような2プレイヤー3アクションゲームに上述のゲーム学習モデルを当てはめた．

	s_1^2	s_2^2	s_3^2
s_1^1	$1-a, 1-a$	$0, 1$	$1, 0$
s_2^1	$1, 0$	a, a	$a, 0$
s_3^1	$0, 1$	$0, a$	$1-a, 1-a$

ここで，$a \in [0, 0.5]$ はパラメーターである．このゲームでは，左上の4つのセルが囚人のジレンマに，右下の4つのセルはコーディネーションゲームに相当する．また，前節で述べられたように，主観的利得表においてゼロは特別な意味を持つため，分析に使用された真の利得表は上の利得表のすべての利得に $b = 0.01$ を足されたものである．以下，最初にすべてのプレイヤーが同じ短期記憶長 m と認識閾値 k を持っていると仮定したケースを考察し，次に，プレイヤーは同じ短期記憶長を持つが，異なる認識閾値を持つと仮定したケースを考察する．すべての分析において，すべてのプレイヤーは同じ λ を持っていると仮定している．また，以下に示すシュミレーションでは，プレイヤーは同じ対戦相手と1000回同じゲームを繰り返しプレイすると仮定している[7]．

プレイヤーの短期記憶長及び認識閾値が同一のケース

図10.2は，$a = 0.25$ のケースに関してモデルシミュレーションの結果を示している．すべての図において短期記憶長 $m = 5$ を仮定しながら，3つの認識閾

---

[7]途中で対戦相手が変わると結果がどのように変わるのかは興味深い問題であるが，ここでは考察しない．

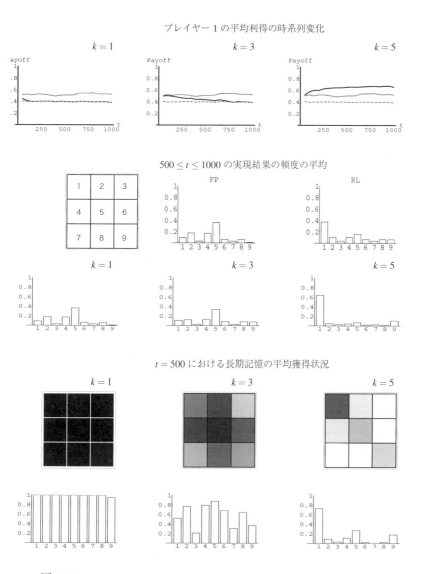

図 10.2: $m = 5, \lambda = 5.0, a = 0.25$ を仮定. 出所：Hanaki, Ishikawa, and Akiyama (2009).

値を考察している（左から，$k=1$, $k=3$, $k=5$）．図の上段には，プレイヤー1の利得の時系列変化，中段には後半500回繰り返しにおける実現した結果の頻度がバーグラフで，下段には500期における長期記憶の獲得状況を示している[8]．すべての図は，100ペアーについてのシュミレーション結果の平均である．また，比較の為に，図にはプレイヤーが全く利得を学ばないケース（RLモデル）とプレイヤーが最初からすべての利得を知っているケース（FPモデル）の結果も示されている．上段の利得の時系列変化の図では，ゲーム学習モデル（GLモデル）が黒の実線で，RLモデルの結果が灰色の実線，FPモデルの結果は灰色の点線で示されている．

　図の左側，$k=1$の結果を見てみよう．長期記憶の獲得状況から分かるように500回繰り返した後には，ほぼすべての利得が学習されている．その結果，後半500回の繰り返しでモデルが生み出す行動パターンは，FPモデルと同じになるが中段に示されている実現した結果の頻度及び上段の利得の変化から見て取れる．上段の利得の時系列をみると，GLモデルとFPモデルの利得は100期前後に一致しており，利得の学習が非常に早い段階で完了している事が理解できる．

　中央の$k=3$の結果を見てみると，長期記憶の獲得状況を見る限り，利得の学習は$k=1$と比較して遅いものの，上段の利得の時系列変化をみると，GLモデルのプレイヤーが受け取る利得は徐々にFPモデルのそれに近づいていき，1000期頃には両者が一致する事がわかる。GLモデルが，基本的にはFPモデルとRLモデルの中間モデルである事を考えると，この結果は理解しやすい。GLモデルのプレイヤー（GLプレイヤー）は当初は全く利得を知らないので，RLモデルのプレイヤー（RLプレイヤー）と同じように行動する．しかし，ゲームをより数多く繰り返し，より多くの利得を学習していく結果，GLプレイヤーは，FPモデルのプレイヤー（FPプレイヤー）に近づいていくのである．

　しかし，図の一番右側$k=5$の結果は，この考え方が必ずしも当てはまらない場合がある事を示している．利得の時系列変化をみると，考察された1000回の繰り返しの間，GLプレイヤーの平均利得は，RLプレイヤー（及びFPプ

---

[8]対称ゲームであるので，プレイヤー2の利得の時系列変化もほぼ同様の結果となる

レイヤー）のそれを上回っている．一方で，下段の長期記憶の獲得状況からは，右上の利得（結果 1 に対応）に関しては高い頻度で学習されているが，他の利得に関しては学習されていない場合が多いことが見て取れる．また，後半 500 回において観察されたプレイの結果の頻度分布を見ると，利得が学習された結果 1 が非常に頻繁に観察されている事がわかる．どうやら，考察されているゲームにおいて，利得表の理解が少しでも進むと生み出される行動パターンが RL モデルから FP モデルに近づくというわけではなさそうである．一体，何が起こっているのであろうか．

　GL モデルでは，ゲーム（利得表）自体の学習とアクションの学習は相互に影響を与えながら同時進行で進む．利得が高く，何度も選ばれるようなアクションペアーについては，対応する利得も簡単に学習される．また，一度，長期記憶が獲得されると，プレイヤーは他のアクションを選んだ際にも，獲得された長期記憶に関係するアクションを選んでいれば得られたであろう仮想的な利得を推量する事ができるため，そのアクションに対するスコアが下がらない．他方で，長期記憶が獲得されていない他のアクションに関してはそのような推量が出来ないため，それらのアクションのスコアは下がる．その結果，利得が高く何度も選ばれるアクションが選ばれ続ける結果となる．そして，行動の変化があまり起こらないため，他の利得に関しての学習が進まず，ゲームの理解は部分的なものであり続けるのである．

　この相乗効果は示唆に富む．我々の現実に対する理解は間違っているかもしれないし部分的なものかもしれない．しかし，そのような不完全な理解でも満足できるような結果が得られている間は，行動を変化させようとはなかなか思わない．だが，現状に満足し，普段と同じように行動し続けるからこそ，我々の理解は不完全であり続けるのである．ここで考察された単純なゲームでは想像しがたいが，もうすこし複雑なゲームに直面している場合は，その結果として，より素晴らしい結果を得る事が出来るチャンスに永久に気付かないという

事も十分起こりうるだろう．

プレイヤーの認識閾値が異なるケース

　すべてのプレイヤーが同一の短期記憶長と認識閾値を持つ場合，認識閾値が高くゲームそのものの学習がなかなか進まないプレイヤーの方が，ゲームを全く理解しないプレイヤーやゲームを素早くすべて理解してしまうプレイヤーよりも高い利得を得る事があり得る事を見た．それでは，プレイヤーの短期記憶長は同じであるが，認識閾値がことなり，一方のプレイヤーはゲーム自体を比較的簡単に学習してしまい，もう一方のプレイヤーはなかなか学習しないケースはどのような結果になるであろうか．

　図10.3は，プレイヤーの短期記憶長 $m=5$ と仮定し，プレイヤー2の認識閾値は $k^2=5$ である一方，プレイヤー1の認識閾値を $k^1=1$，$k^1=3$，$k^1=5$ と変化させた場合の結果を示している．図は，上段に利得の時系列変化（プレイヤー1の利得は実線，プレイヤー2の利得は点線），中段に後半500回の繰り返しの中で観察された結果の頻度，下段に500期における長期記憶の獲得状況をそれぞれのプレイヤーについて示している．

　利得の時系列変化をみると，ゲームの学習が早いプレイヤー1の方が，プレイヤー2によりも高い利得を得ることが出来る事が分かる．しかし，プレイヤー1がゲームをより素早く学習してしまうケース（$k^1=1$ 及び $k^1=3$）では，より高い利得を得ているプレイヤー1の利得でさえも，二人ともがなかなかゲームを学習しないケース（$k^1=k^2=5$）よりも低くなる事が示されている．また，下段の長期利得の獲得状況から，ゲームの理解が遅いプレイヤー2が学習する利得も，プレイヤー1が素早くすべての利得を学習してしまうようなケース（左）と，そうでないケース（右）とでは，かなり異なっている事が見て取れる．

　つまり，ゲームの部分的な理解がより高い利得につながるケースは確かにあるけれども，それはあくまでも，すべてのプレイヤーがゲームをなかなか学習

しない場合のみであり，どちらかのプレイヤーが素早くゲームを学習してしまう場合は，素早く学習するプレイヤーの行動がもう一方のプレイヤーの学習プロセスに影響を与えてしまうのである．

10.4　考察

もしプレイヤーが，自らが直面している戦略的状況を知らないでいたら，同じ状況に繰り返し直面するなかで，どのように行動するようになるのか．また，その中で，プレイヤーは，戦略的状況自体をどのように理解するようになるのか．この二つの学習プロセスの間には，どのような相互作用が生じるのか．これらは，経済学，特にゲーム論的な枠組みの中での学習の研究ではあまり考察されてこなかった問題である．

一方で，EWA モデルや本稿で紹介したモデルシミュレーションが示すように，行動学習のプロセスでどのような情報が用いられるのかによって生じる行動パターンは大きくことなる[9]．そして，行動学習のプロセスで用いられる情報は，プレイヤーがどのようにゲームを理解しているかに依存する．花木・石川・秋山のゲーム学習モデルは，行動学習のプロセスに用いられる情報を，ゲーム（利得表）自体の学習プロセスとリンクさせる事で，内正化させようとした最初の試みと言える．

花木・石川・秋山のゲーム学習モデルのシュミレーションでは，ある特定の利得表を仮定していたが，他の利得表を考察するとどうか．同様の結果が得られるのであろうか．また，対戦相手がずっと同じであると仮定されていたが，

---

[9] 学習プロセスに反映される情報の違いが結果を大きく左右させる例の一つとして，ブリンド (Vriend, 2000) が発表したクルーノーモデルにおける社会的学習モデルと個人的学習モデルの比較がある．ブリンドが示したのは，社会的学習を仮定した場合は競争均衡に近い結果が得られるのに対して，個人的学習ではナッシュ均衡に近い結果になるというものであった．後の研究 (Arifovic and Maschek, 2006; Vallée and Yildizoğlu, 2009) で，ブリンドが考察した社会的学習モデルと個人的学習モデルの重要な違いは，前者では，仮想的な利得も学習プロセスに反映されるのに対し，後者では実現した利得のみが反映されるという点であり，この違いが競争均衡とナッシュ均衡という結果の差を生み出していることが指摘された．

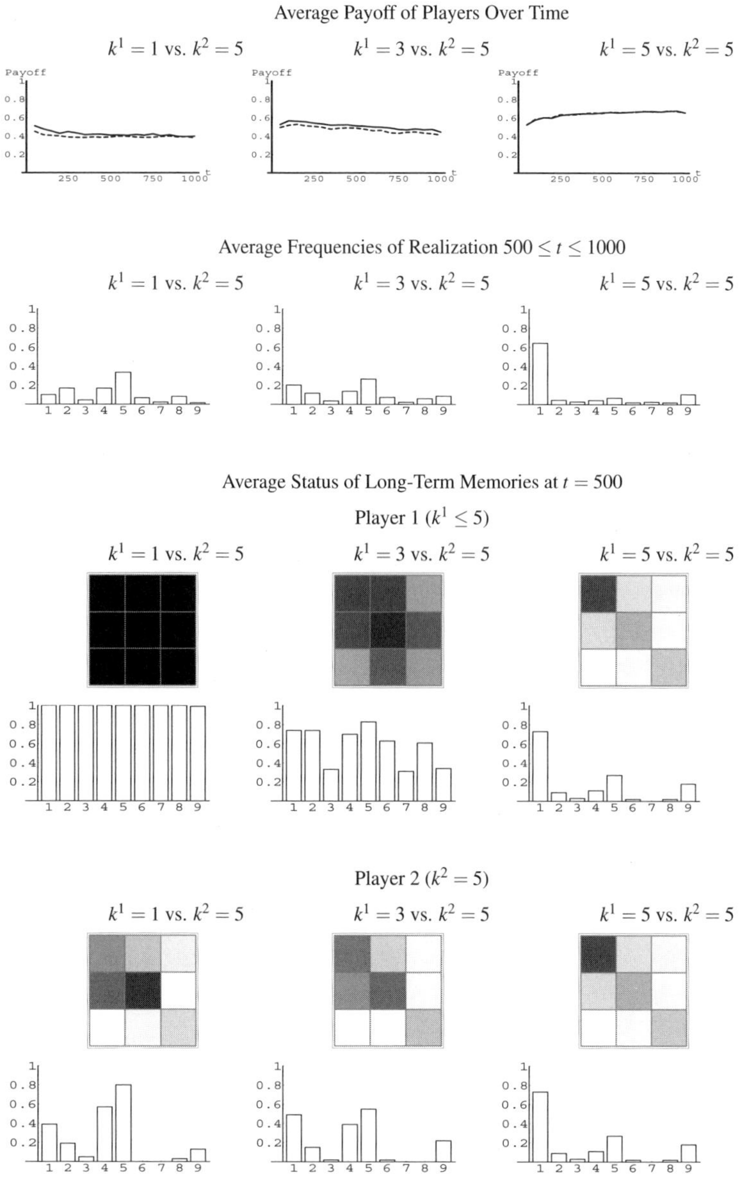

Average Payoff of Players Over Time

$k^1 = 1$ vs. $k^2 = 5$ $k^1 = 3$ vs. $k^2 = 5$ $k^1 = 5$ vs. $k^2 = 5$

Average Frequencies of Realization $500 \leq t \leq 1000$

$k^1 = 1$ vs. $k^2 = 5$ $k^1 = 3$ vs. $k^2 = 5$ $k^1 = 5$ vs. $k^2 = 5$

Average Status of Long-Term Memories at $t = 500$

Player 1 ($k^1 \leq 5$)

$k^1 = 1$ vs. $k^2 = 5$ $k^1 = 3$ vs. $k^2 = 5$ $k^1 = 5$ vs. $k^2 = 5$

Player 2 ($k^2 = 5$)

$k^1 = 1$ vs. $k^2 = 5$ $k^1 = 3$ vs. $k^2 = 5$ $k^1 = 5$ vs. $k^2 = 5$

図 10.3: 出所：Hanaki, Ishikawa, and Akiyama (2009).

同じゲームを同じ相手と 1000 回も繰り返すことはあまり現実的ではない．対戦相手が変わって行くような状況では，結果はどのように変わるだろうか．他にも，2 プレイヤーゲームではなく，n 人ゲームを考えたらどのようになるだろうか．n 人ゲームを考察する際に，プレイヤー間のネットワークを導入して，ゲームが局所的にプレイされると考えるとどうなるか．ネットワーク上に複数の異なった主観的利得表のクラスターが生じる事はあるのだろうか．これらはそれぞれ興味深い研究テーマである．

また，花木・石川・秋山モデルで仮定されていたのは，プレイヤーは自らの利得表を学ぶというものであったが，対戦相手の利得表等，他のことを学習するような状況も考えられるだろう．その際，ゲームのその特長を学ぶ事が，行動へどのような影響を与えるのかという点に関して十分に考察する必要が出てくる．さらには，ゲームに時間という側面も導入し，展開形ゲームで，ゲーム自体の学習という問題を考えることもできるだろう．その際，プレイヤーは自らのアクションセット自体も時間とともに学んで行くという事も生じうる．そのプロセスをどのようにモデル化し分析して行くのが良いのか，現在のところ筆者にとっても全く明らかではないが，挑戦するに値するテーマである．

最後に，プレイヤーの学習のスピードや理解に差がある場合，プレイヤーはその差を認識し，利用しようとするかもしれない．例えば，実験室において，対戦相手がコンピュータプログラムであることを伝えられた被験者は，頻繁にコンピュータプログラムが学習する行動を戦略的に操作しようすることが確認されている (Dürsch, Kolb, Oechssler, and Schipper, 2010)[10]．ゲームの認識に差があることを認識したプレイヤーがどのような行動をとるのか，これは学習の研究の範疇を超える問題ではあるが，ゲーム自体の学習の研究の延長線上にある面白い研究テーマの一つである．

---

[10]この戦略的教育（strategic teaching）と呼ばれる行動は，前出の実験では相手が別の被験者である場合には観察されなかった．

参考文献
references

ARIFOVIC, J. AND M. K. MASCHEK (2006): "Revisiting individual evolutionary learning in the cobweb model – An illustration of the virtual spite-effect," *Computational Economics*, 28, 333–354.

ARIFOVIC, J., R. D. MCKELVEY, AND S. PEVNITSKAYA (2006): "An initial implementation of the Turing tournament to learning in two person games," *Games and Economic Behavior*, 57, 93–122.

CAMERER, C., AND T.-H. HO (1999): "Experience-weighted attraction learning in normal form games," *Econometrica*, 67, 827–874.

CAMERER, C. F. (2003): *Behavioral Game Theory: Experiments in Strategic Interaction*. Russell Sage Foundation, New York, NY.

DÜRSCH, P., A. KOLB, J. OECHSSLER, AND B. C. SCHIPPER (2010): "Rage against the machines: how subjects learn to play against computers," *Economic Theory*, 43, 407–430.

EREV, I., AND A. E. ROTH (1998): "Predicting how people play games: Reinforcement learning in experimental games with unique, mixed strategy equilibria," *American Economic Review*, 88, 848–881.

FUDENBERG, D., AND D. K. LEVINE (1998): *The theory of learning in games*. MIT Press, Cambridge, MA.

GODE, D. K., AND S. SUNDER (1993): "Allocative efficiency of markets with zero-intelligence traders: Market as a partial substitute for individual rationality," *Journal of Political Economy*, 101, 119–137.

HANAKI, N., R. ISHIKAWA, AND E. AKIYAMA (2009): "Learning games," *Journal of Economic Dynamics and Control*, pp. 1739–1756.

HANAKI, N., R. SETHI, I. EREV, AND A. PETERHANSL (2005): "Learning strategy," *Journal of Economic Behavior and Organization*, 56, 523–542.

HART, S., AND A. MAS-COLELL (2000): "A simple adaptive procedure leading to correlated equilibrium," *Econometrica*, 68(5), 1127–1150.

KANEKO, M., AND J. J. KLINE (2008): "Inductive game theory: A basic scenario," *Journal of Mathematical Economics*, 44, 1332–1363.

OECHSSLER, J., AND B. SCHIPPER (2003): "Can you guess the game you are playing?," *Games and Economic Behavior*, 43, 137–152.

SCHELLING, T. C. (1978): *Micromotives and Macrobehavior*. W.W. Norton & Company, New York, NY.

VALLÉE, T. AND M. YILDIZOĞLU (2009): "Convergence in the finite Cournot oligopoly with social and individual learning," *Journal of Economic Behavior and Organization*, 72, 670–690.

VRIEND, N. (2000): "An illustration of the essential difference between individual and social learning, and its consequences for computational analyses," *Journal of Economic Dynamics and Control*, 24, 1–19.

WATTS, D. J. (1999): *Small Worlds: The Dynamics of Networks Between Order and Randomness*. Princeton University Press, Princeton, New Jersey.

WATTS, D. J., AND S. H. STROGATZ (1998): "Collective dynamics of 'small-world' networks," *Nature*, 393, 440–442.

花木伸行・石川竜一郎・秋山英三 (2008): "理論的分析の可能性を広げるコンピューター実験,"「経済セミナー」, 642, 29–32, 日本評論社.

# 第11章
マッチングゲームの顕示選好分析

中嶋 亮

11.1 はじめに

現代社会では，就職と結婚は人生最大のイベントと考えられている．人々は望ましい就職先や望ましい伴侶を見つけるために，意識的かつ積極的な「就職活動 (就活)」や「結婚活動 (婚活)」が行っていることは周知の通りである[1]．このような人と人，人と組織をパートナーとしてマッチさせる，いわゆる，マッチング問題は近年多くの経済学者の関心を集めているトピックの一つである．

例えば，労働経済学の分野では，労働者と企業の間のマッチングの分析が重点的に行われている．労働市場では，求職労働者はどのような企業を志望し，また，求人企業はどのような労働者を求めているのだろうか．

また，社会格差の問題として家計間の所得格差が指摘されている．貧富の差は家計単位で見るといっそう明らかになり，近年は高所得者は高所得者と低所得者は低所得差と結婚することが多いことが明らかになっている[2]．こうした家計間の所得格差は結婚というマッチングの結果として生じたとも考えられる．それでは，婚活というパートナー探しの場では，男女はどのような相手を望み，それを結婚という形で実現させているのだろうか．

こうした疑問は就活や婚活といった人々や企業の「最適な相手を選び，最適な相手として選ばれる」という行動をゲーム理論の手法を用いてモデル化して，

---

[1] 山田・白川 (2008) は，結婚相手を見つける一連の活動のことを「結婚活動」，略して，「婚活」と名付けた．

[2] 例えば，橘木・迫田 (2013) を参照のこと．

そのモデルに依拠した詳細なデータ分析を行うことで答えられる可能性がある．これまでゲーム理論家は，人々が「望ましい」マッチングをどのようにしたら実現できるかという事に関心をもち，それを実現する制度の設計に関する理論的な分析を重点的に行ってきた[3]．このようなマッチングの制度設計の理論的問題はマーケットデザインよばれる研究分野として確立され，大きな進展がなされている[4]．

一方で，マッチング問題のゲーム理論モデルに依拠する実証分析はまだ萌芽的段階にある．現実の人々や企業のマッチング行動が，理論モデルと整合的であるのか，また，それがどのような誘因からどのくらい影響を受けるのかを明らかにする実証分析が開発されたのは 2000 年代後半以降である．そこで，本稿は新たに開発され研究が進展しつつあるマッチングゲームの実証分析の基本的な技法について紹介する．

本稿で明らかにするマッチングゲームの実証分析の課題は，現実に観察されるマッチング結果から，それをもたらした人々や企業のマッチング相手に対する好みを識別し，推定することである．このような経済主体が現実にとった離散的な選択行動の結果に基づいて，その選好を推定する作業は顕示選好分析とよばれ，これまでに，膨大な実証研究の蓄積がある．しかしながら，マッチングゲームで分析される「誰を選ぶか，誰に選ばれるか」という経済主体の意思決定は，通常の顕示選好分析の対象である「何を選ぶか」という意思決定に比べて，選好が発現するメカニズムが複雑で，その分だけ選好の推定作業が難しくなることが知られている．

その直感的説明として，例えば，結婚におけるマッチング問題を考えてみよう．いま，婚活の結果，太郎と花子，および，次郎と桃子というカップルが誕生したとする．この結果から，太郎の好みの女性は桃子より花子であるといってよいだろうか？そうとは限らないというのがマッチング問題の難しさである．

---

[3] マッチングゲームの理論に関するすぐれた研究書として Roth and Sotomayor (1992) がある．また，マッチングゲームの理論の日本語の教科書としては，Sakai (2010) がある．

[4] マッチングゲームの理論とマーケットデザイン理論の発展に対する貢献が評価され，2012 年ノーベル経済学賞は，ハーバード大学のアルヴィン・ロス教授とカリフォルニア大学ロサンゼルス校のロイド・シャプリー名誉教授に与えられた．

たとえ太郎の好みの女性は花子でなく桃子であるとしても桃子が太郎でなく次郎を結婚相手とするならば，太郎は桃子を結婚相手とすることはできないのである．

このようにマッチング問題では，人々や企業の意思決定を通じて発現するマッチング結果は，必ずしも彼らの真の選好を反映しているとは限らない．マッチングにおいて現実には観察されることはない隠された選好を推し量るためには構造 (または制約) を明示的にモデルに導入する必要がある．本稿で紹介するマッチングゲーム理論の実証分析の手法では，その顕示選好に必要な構造 (または制約) を明示し，その構造のもとでマッチング相手に対する選好を推定する統計的な解析手法を示すことになる．

このようなマッチングゲームの顕示選好分析を行うことの利点は何であろうか．一つの利点は参加者の意思決定行動に焦点を当てた定量的なマッチング問題の分析が可能となることである．例えば近年の同類婚–所得，教育，職業といった階層内における似た者同士の結婚–の増加という現象を考えてみる．こうした結婚マッチングの変化の要因としては人々が結婚相手に求める条件が変化したこと (つまり選好の変化) によるもの，または，そのような条件を持つ人々の社会における分布が変化したこと (つまり社会属性分布の変化) により生じたよるものなどいくつか指摘できる．顕示選好分析により，マッチングを行う意思決定者の選好を推定し，その選好の下で彼らが社会属性分布の変化にどう反応するかを明らかにすることで，そうした諸要因がマッチングに与える影響を定量的に分離して解明することができる．また，顕示選好分析のもう一つの利点として，推定された選好に基づいて仮想的な政策実験が容易に実行できる点もあげることができる．つまり，推定されたマッチングゲームモデルの選好パラメータを利用してマッチングゲームの解を解く際に，マッチング参加者の行動に影響を与える仮想的な政策を構造として明示的にモデルに導入し，その政策を様々に変更することで，それらがマッチングに与える効果を測る政策実験を行うことが可能となる．

本稿の構成は以下の通りである．まず，第 2 節では，マッチングゲームの一つである **結婚問題**（marriage problem）について主要な理論的結果を示す．第 3

節では，結婚問題のプレーヤーの選好を明らかにするのに必要な構造を導入し，確率効用モデルと呼ばれる計量経済モデルを導入する．第 4 節では，確率効用モデルのパラメータを推定する技法について説明する．第 5 節は結果を要約し，残された課題を述べる．

11.2　マッチングゲームの理論

結婚問題

　マッチングのゲーム理論分析を説明するための具体例として，結婚問題を考えてみよう．ここでは，婚活中の男性と女性のグループを考え，それぞれ自分の好み (選好) に従って異性の相手を結婚相手として選ぶとする．この相手に対する選好は結婚することで得られる「効用 (または価値)」により相手を順序づけたものとも考えることができる．よって，結婚問題では，男性も女性もそれぞれの「効用」が最大になるような結婚相手を選ぶことが想定されている．本稿では，「効用」は結婚する男女間で移転することができないと仮定して結婚問題を分析する[5]．
　結婚問題の特徴の一つは男性グループと女性グループといった異なるグループ属するゲームのプレーヤーの間にマッチが生じることである[6]．このようなマッチ方式を**両側マッチング**（two-sided matching）と呼ぶ[7]．また，結婚問題では，男性と女性はそれぞれ 1 人の異性と結婚する．この結果，1 人の男性と

---

[5] 一方，「効用」が結婚する男女間で移転することができるという仮定に立ち，結婚問題を分析するマッチングのゲーム理論分析も存在する．マッチングのゲーム理論はプレーヤーの効用が移転することができるかどうかで異なる分析枠組みが用いられる．プレイヤーの移転可能な効用 (transferable utility) を伴うマッチングゲームの理論については，例えば，Roth and Sotomayor (1992) 第 8 章を参照のこと．

[6] 先行研究では，マッチとは 2 人のプレイヤーのペアの間に発生する組み合わせであり，マッチングは発生した全てのマッチを指すことが多い．本稿でもそのような使い分けに従う．

[7] 一方，同じグループに属するプレイヤーの間にマッチが生じるゲームを**片側マッチング**（one-sided matching）ゲームと呼ぶ．例えば，片側マッチングゲームは学生寮のルームメイトとして 2 人の学生のマッチを分析する際に用いられる．

1人の女性の間にマッチが生じるが，このようにあるグループの1人のプレイヤーが別のグループの1人のプレイヤーとマッチを組むマッチングを**一対一マッチング**（one-to-one matching）という[8]．以下では，結婚問題を例として一対一の両側マッチングを考える．

また，結婚問題では，男性と女性は自分が希望する結婚相手を瞬時に，しかも無料で探し出すことができるということを前提としている．つまり，誰が結婚相手を探していて，どのような相手を求めているかという情報は全ての男女に完全に共有されており，男女の出会いが「なめらかに」進行していくような理想的な状態を想定している．もちろん，現実の婚活では，情報は不完全であり，結婚相手を探しだし，その結婚相手と出会うためには時間的および金銭的な費用が発生している．本稿では，このような男女の出会いに伴う「摩擦」がない状況を仮定していることには注意しておく必要がある[9]．

セットアップ

分析の単純化のために，男性と女性は同数で，最終的に必ず誰かと結婚し，独身のままでいることはないと仮定しよう[10]．いま，男性と女性の人数をそれぞれ N とする．男性の集合は $M = \{m_1, m_2, \cdots, m_N\}$ であらわし，女性の集合は $W = \{w_1, w_2, \cdots, w_N\}$ であらわす．

ある男性 m_i とある女性 w_j が結婚しているとき，それをマッチとよび (m_i, w_j) というペアで表す．マッチの全体，すなわち，どの男性とどの女性が結婚して

---

[8] 両側マッチングであってもマッチが一対一ではない場合もある．例えば，1つの病院に複数の研修医を配属する問題は多対一の両側マッチングの1例である．

[9] 結婚問題において，出会いに「摩擦」が発生するという前提の下では，男性と女性は費用を支払って結婚相手を探索（サーチ）する必要がある．このような不完全情報下におけるマッチング相手の探索行動についてはサーチ理論と呼ばれる経済理論分野で重点的に分析が行われてきた．サーチ理論についてのサーベイは Rogerson (2005) を参照のこと．また，日本語におけるサーチ理論の教科書として?がある．

[10] 男性と女性のプレイヤー数が異なると仮定し，独身を選んでもよいと仮定しても以下で述べる結論は本質的に変わらない．

いるかという状態は0と1からなる $N \times N$ 行列 μ であらわすことができる．この行列 μ をマッチングと呼ぶことにする．男性 $i \in M$ と女性 $j \in W$ についてマッチング μ の (i,j) 要素を $\mu_{ij} \in \{0,1\}$ とする．男性 $m_i \in M$ が女性 $w_j \in W$ と結婚し，(m_i, w_j) というマッチが形成される時，$\mu_{ij} = 1$，それ以外には $\mu_{ij} = 0$ とする．男性と女性は最終的に必ず誰かと結婚するので，マッチング μ の行和と列和は常に1となる．つまり，$\sum_{i=1}^{N} \mu_{ij} = \sum_{j=1}^{N} \mu_{ij} = 1$ となる[11]．すべての可能なマッチングの集合を $\mathscr{M}$ で表記することにしよう．このとき，どのようなマッチング μ も $\mathscr{M}$ の要素であり，可能なマッチングの状態の総数は $|\mathscr{M}| = N!$ であることがわかる．

具体例として，$N = 3$ のときの結婚問題を考えてみよう．図11.1で左右に描かれた各点は男女それぞれの婚活参加者をあらわし，点をつなぐ線が結婚をあらわしている．このときのマッチングは

$$\mu^{\diamond} = \begin{pmatrix} 0 & 0 & 1 \\ 1 & 0 & 0 \\ 0 & 1 & 0 \end{pmatrix}$$

であたえられる．以下では，男性 m_i の結婚相手の女性を μ_{m_i}，女性 w_j の結婚相手の男性を μ_{w_j} とする．例えば，図11.1であらわされるマッチング $\mu^{\diamond}$ では，男女それぞれの結婚相手は以下で与えられている．

$$\mu_{m_1} = w_3, \quad \mu_{m_2} = w_1, \quad \mu_{m_3} = w_2,$$
$$\mu_{w_1} = m_2, \quad \mu_{w_2} = m_3, \quad \mu_{w_3} = m_1.$$

結婚問題のプレイヤーである男女はどのような相手と結婚したいかについて選好を持っている．結婚相手として異性 p を異性 p' より好むことを $p \succ p'$ と書き，男性 m_i の女性に対する選好が $w_{j_1} \succ w_{j_2} \succ \cdots \succ w_{j_N}$ であるとき，その選好を $P_{m_i} = (w_{j_1} : w_{j_2} : \cdots : w_{j_N})$ という女性のリストであらわす．この場合，男性 m_i はリストの左の女性から順に高い選好をもっているとする．同様に，女

---

[11] 多対一のマッチング問題では，$\sum_{i=1}^{N} \mu_{ij} \geq 1$ や $\sum_{j=1}^{N} \mu_{ij} \geq 1$ となる．

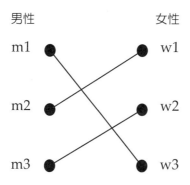

図 11.1: マッチングの 1 例

性 w_j の男性に対する選好は $P_{w_j} = (m_{i_1} : m_{i_2} : \cdots : m_{i_N})$ という男性のリストであらわされる．

いま，すべての男女の選好の組を $P = \{P_{m_i}; P_{w_j} | m_i \in M, w_j \in W\}$ で表記する．例えば，男女の結婚相手について選好の組 P として

$$P^{\clubsuit} = \begin{Bmatrix} P_{m_1} = (w_1 : w_2 : w_3); P_{w_1} = (m_2 : m_1 : m_3) \\ P_{m_2} = (w_2 : w_1 : w_3); P_{w_2} = (m_2 : m_1 : m_3) \\ P_{m_3} = (w_2 : w_1 : w_3); P_{w_3} = (m_2 : m_1 : m_3) \end{Bmatrix} \quad (11.1)$$

が考えられる．いま，すべての可能な男女の結婚相手に対する選好の集合を $\mathscr{P}$ とすれば，ある選好 P についても $P \in \mathscr{P}$ と表記できる．このとき，考え得る可能な選好の数は全部で $|\mathscr{P}| = (N!)^{2N}$ となる．

マッチングの安定性

結婚問題では，男女は自分が一番望んでいる結婚相手と結婚できるとは限らない．しかしながら，マッチングゲームの理論によれば，結婚問題では，最終

的に，ある「望ましい」相手の組み合わせに落ち着く可能性のあることが示されている．

マッチングゲームの理論では，望ましさのひとつの基準として**安定性**（stability）という概念を考える．いま，ある男性が現在の妻以外の既婚の女性と結婚したいと考えているならばどうなるだろうか？さらに，その男性から結婚を望まれている女性も現在の彼女の夫よりもその男性と結婚するほうが望ましいと考えているならばどうなるだろうか．この場合，当初のマッチングは望ましくない，ある不安定な状態にあるともいえる．

いま，あるマッチング μ において男性 m_i と女性 w_j が結婚していないにも関わらず，お互いを自分の望ましい結婚相手と考え，

$$w_j \succ \mu_{m_i} \text{ かつ } m_i \succ \mu_{w_j} \tag{11.2}$$

が成立しているとしよう．このマッチ (m_i, w_j) はマッチング μ における結婚関係を破綻させかねないため，このような状況では，マッチング μ は安定的ではないといえる．あるマッチ (m_i, w_j) について式 (11.2) が成立すれば，そのマッチ (m_i, w_j) は μ をブロックするという．安定マッチングは以下のように定義される[12]．

定義 あるマッチング μ がどのようなマッチ (m_i, w_j) によってもブロックされないならば，そのマッチングを安定的という．

すなわち，あるマッチングが安定的であるのは現在の結婚相手と関係を解消し，お互いに再婚することで状態を改善することができる男女がいないときである．例えば，選好が (11.1) 式であたえられる $P^{\clubsuit}$ であるとき，図 11.1 で与えられるマッチング行列 $\mu^{\diamond}$ は (m_1, w_2) というマッチによってブロックされる．つまり，男性 m_1 は女性 w_3 より女性 w_2 との結婚を望み，かつ，女性 w_2 は男性 m_3 よ

---

[12] 協力ゲーム理論では，結婚問題における安定マッチングはある協力ゲームのコアとなっていることが示されている．協力ゲームとその解概念の一つであるコアについては，例えば，Nakayama (2012) などを参照のこと．

り男性 m_1 との結婚を望んでいる．よって $\mu^\diamond$ というマッチングは安定的ではない．

受入留保アルゴリズム

Gale and Shapley (1962) はどのような結婚問題にも必ず安定マッチングが存在することを示した．

定理 (Gale and Shapley 1962) 結婚問題では，男女の選好がどのようなものであっても，必ず安定マッチングが存在する．さらに，安定マッチングは以下に示す受入保留 (Deffered Acceptance) アルゴリズムによって必ず発見することができる．

この受入留保アルゴリズムは中央集権的な運営主体が各プレイヤーからの情報を集めてマッチングを行うことで実行される．図 11.2 には男性がプロポーズする場合の受入保留アルゴリズムを示した．ただし，男性または女性のどちらの側が先にプロポーズをするかでマッチングが異なるには注意が必要である．例えば，男女の結婚相手についての選好が (11.1) 式で与えられる $P^\clubsuit$ であったとき，図 11.3 にはそれぞれ男性がプロポーズする場合および女性がプロポーズする場合の受入保留アルゴリズムによって発見される安定マッチングを示している．このときのマッチング行列はそれぞれ

$$\mu^\spadesuit = \begin{pmatrix} 1 & 0 & 0 \\ 0 & 1 & 0 \\ 0 & 0 & 1 \end{pmatrix}, \quad \mu^\heartsuit = \begin{pmatrix} 0 & 1 & 0 \\ 1 & 0 & 0 \\ 0 & 0 & 1 \end{pmatrix}$$

となる．このように選好の組が唯一のものであっても複数の安定マッチングが存在することがある．

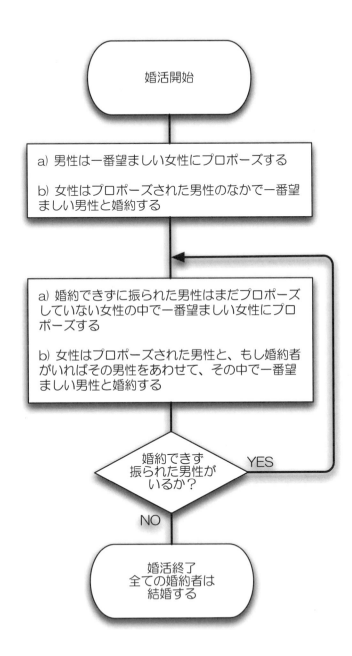

図 11.2: 男性がプロポーズする場合の受入留保アルゴリズム

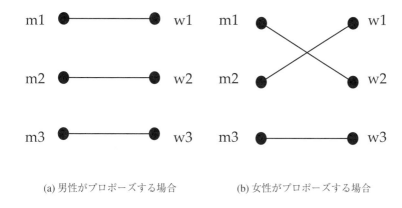

図 11.3: 安定マッチング

受入保留アルゴリズムで発見される安定マッチングは次に示すような興味深い性質を持っている

定理 男性が先にプロポーズをする場合の受入保留アルゴリズムでは，男性は他のどのような安定マッチングと比べて，最も望ましい相手と結婚している．また，女性が先にプロポーズをする場合の受入保留アルゴリズムでは，女性は他のどのような安定マッチングと比べて，最も望ましい相手と結婚している．

この定理は一方の集団にとって最適なマッチングは受入保留アルゴリズムによって安定マッチングとして実現できるということを示している．男性がプロポーズする場合の受入保留アルゴリズムによって発見される安定マッチングを男性最適な安定マッチングという．同様に，女性がプロポーズする場合の受入保留アルゴリズムによって発見される安定マッチングを女性最適な安定マッチングという[13]．

---

[13]これらの定理と同様な結果は結婚問題のような一対一のマッチングゲームのみならず

11.3 マッチングゲームの計量経済モデル

前節では,結婚問題と呼ばれるマッチングゲームには,安定マッチングが必ず存在するという理論上の帰結を紹介した.マッチングゲームの実証分析では,実際にデータとして観察されるマッチングの結果から顕示されるプレイヤーの選好を明らかにすることを試みる.以下では,マッチングゲームの顕示選好分析で用いられる基本的な計量経済モデルを提示する.

メカニズム

いま,マッチングゲームにおける全プレイヤーの選好のリスト $P \in \mathscr{P}$ から安定マッチング $\mu \in \mathscr{M}$ への写像

$$\mathscr{F}(P) = \mu \tag{11.3}$$

をメカニズム $\mathscr{F}$ と呼ぶことにする.例えば,前節の図 11.2 で示した結婚問題における男性がプロポーズする場合の受入留保アルゴリズムはメカニズムの一つである.

マッチングゲームの顕示選好分析とは,現実に研究者が観察するマッチング $\mu^o \in \mathscr{M}$ が安定的であると仮定して,それと整合的な人々の選好のリスト $P^* \in \mathscr{P}$ を探ることである.すなわち,以下のような**マッチングの逆問題**(an inverse problem of the matching)

$$P^* \in \mathscr{F}^{-1}(\mu^o) \tag{11.4}$$

を考えることともいえる.ここで $\mathscr{F}^{-1}$ はメカニズムの逆像をあらわしている.例えば,図 11.3(a) であたえられるマッチング $\mu^\spadesuit$ が観察されたとする.(11.4) 式の逆問題とは,そのマッチングを生み出した (11.1) 式で与えられる男女の結婚

多対一の両側マッチングゲームでも得られることが明らかにされている.詳細は Roth and Sotomayor (1992) 第 5 章を参照のこと.

相手に対する選好 $P^♣$ を発見するという作業となる.

確率効用モデル

マッチングゲームでは，選好リストの可能な組み合わせの数 $|\mathscr{P}|$ は膨大となるため[14]．すべての選好リスト $P \in \mathscr{P}$ について，それが (11.4) 式の逆問題の解 $P \in^{-1}(\mu^o)$ となっていることをしらみつぶしに調べ上げることはほぼ不可能である．そこで，マッチングゲームの実証分析では，プレーヤーのマッチング相手に対する選好に制約を与えることで，選好リストの場合の数を大幅に削減し，顕示選好分析を進めることが常である．

顕示選好分析における選好の制約の与え方にはいくつかの方式が知られている[15]．その一つに McFadden (1974) により開発された確率効用モデル (random utility model) と呼ばれる定式化がある．この確率効用モデルは様々な実証分析問題へ適用されており，異質な個人の離散的な選択行動を観察可能な属性に回帰する計量経済モデルとして実証分析が行われてきた[16]．マッチングゲームの顕示選好分析においても McFadden の確率効用モデルが援用されている．

結婚問題において，男性 m_i が女性 w_j を結婚することから得られる効用を U_{ij} とする．効用 U_{ij} を以下のように定式化する．

$$U_{ij} = U(X_i^m, X_j^w) + \varepsilon_{ij} \tag{11.5}$$

ここで X_i^m と X_j^w はそれぞれ研究者が観察可能な男性 m_i および女性 w_j の属性であり，U_{ij} はその観察可能な属性によって説明される効用部分 $U(X_i^m, X_j^w)$ と

---

[14] 結婚問題において男女それぞれ N 人いる場合，考え得る可能な選好の数は $|\mathscr{P}| = |(N!)^{2N}|$ となる．例えば，参加者数が $N = 10$ 人という比較的小さな場合であっても可能な選好の組み合わせは $|\mathscr{P}| = (10!)^{20}$ となる．これは 10 の 131 乗という膨大な数であり，全宇宙に存在する原子数 (約 10 の 80 乗といわれている) よりも大きい．
[15] 顕示選好分析は Samuelson (1948) に遡ることができる．顕示選好分析のための計量経済モデルについては Manski (2007) 第 13 章を参照のこと．
[16] 確率効用モデルに基づく静学および動学モデルの構造推定の最近の進展については，例えば Ackerberg et al. (2007) などを参照のこと．

研究者が観察することができない効用部分 ε_{ij} に分解されると仮定される．婚活中の男女は誰でも ε_{ij} の値は知っているが，研究者はその値を知らないので，研究者にとっては ε_{ij} は確率変数となる．いま，観察されない確率効用部分である ε_{ij} はどの男性 m_i とどの女性 w_j の組み合わせについても独立かつ同一の確率分布に従うと仮定し，その同時確率分布を F_ε とする．すなわち，$\varepsilon_{ij} \overset{iid}{\sim} F_\varepsilon$ であると仮定しよう．同様に，女性 w_j が男性 m_i と結婚することで得られる効用 V_{ij} は

$$V_{ij} = V(X_i^m, X_j^w) + \eta_{ij} \tag{11.6}$$

で与えられているとする．ここで $V(X_i^m, X_j^w)$ は研究者が観察可能な男女の属性 X_i^m と X_j^w によって説明される効用部分であり，η_{ij} は研究者が観察不可能な効用分である．さらに $\eta_{ij} \overset{iid}{\sim} F_\eta$ とする．いま $X^m = \{X_i^m | m_i \in M\}$ および $X^w = \{X_j^w | w_j \in W\}$ とすれば，通常の確率効用モデル同様に，観察される属性は外生変数とし，

$$E(\varepsilon_{ij}|X^m, X^w) = 0$$
$$E(\eta_{ij}|X^m, X^w) = 0$$

さらに男女の観察されない確率効用項は互いに独立性

$$E(\varepsilon_{ij}\eta_{ij}|X^m, X^w) = 0$$
$$E(\eta_{ij}\varepsilon_{ij}|X^m, X^w) = 0$$

であると仮定する．この仮定の下で，男女それぞれの効用の期待値は

$$E(U_{ij}|X^m, X^w) = U(X_i^m, X_j^w)$$
$$E(V_{ij}|X^m, X^w) = V(X_i^m, X_j^w)$$

となる．従って，関数 U や V は様々な属性を持つ男女が結婚した時に得られる平均的な効用と解釈される．

確率効用モデルでは，観察可能な属性に関する選好の同質性を仮定することで，結婚相手に対する選好に制約を課しているともいえる．例えば，2人の異

なる男性 m_i と $m_{i'}$ の属性が全く同じであれば（$X_i^m = X_{i'}^m$），両者が結婚から得る効用は平均的にみて同一である．つまり，どの女性 $w_j \in W$ についても

$$U(X_i^m, X_j^w) = U(X_{i'}^m, X_j^w)$$

となる．さらに，2人の異なる女性 w_j と $w_{j'}$ の属性が全く同じであれば（$X_j^w = X_{j'}^w$），男性が女性 w_j との結婚で得る効用と女性 $w_{j'}$ との結婚で得る効用は平均的にみて同一である．つまり，どの男性 $m_i \in M$ も

$$U(X_i^m, X_j^w) = U(X_i^m, X_{j'}^w)$$

となる．女性の平均的な効用 $V(X_i^m, X_j^w)$ についても同様の観察可能な属性に対する選好の同質性が仮定されている．

構造パラメータ

McFaden の確率効用モデルでは，平均的効用関数や確率効用の分布関数はパラメータ化されて分析される．モデルを簡潔に記述するために，男性と女性の観察可能な属性についての効用関数 U と V の関数型が等しく，さらに，確率効用関数の分布関数 F_ε と F_η の関数型が等しいと仮定する．すなわち，ある既知の関数 $u(\bullet, \bullet | \beta)$ を用いて

$$U(X_i^m, X_j^w) = u(X_i^m, X_j^w | \beta^m)$$
$$V(X_i^m, X_j^w) = u(X_i^m, X_j^w | \beta^w)$$

とする．ここで β^m と β^w は関数 $u(\bullet, \bullet | \beta)$ についての男女それぞれのパラメータである．また，男女の観察されない確率効用項について $\varepsilon_{ij} = \varepsilon_{ij}(\sigma^m)$ と $\eta_{ij} = \varepsilon_{ij}(\sigma^w)$ とおき，$F(\bullet | \sigma)$ を既知の分布関数として

$$\varepsilon_{ij}(\sigma^m) \overset{i.i.d.}{\sim} F(\bullet | \sigma^m)$$
$$\varepsilon_{ij}(\sigma^w) \overset{i.i.d.}{\sim} F(\bullet | \sigma^w)$$

とする．ここで σ^m と σ^w は分布関数 $F(\bullet|\sigma)$ についての男女それぞれのパラメータである．このときの確率効用は男女それぞれのプレイヤーについて

$$U_{ij} = u(X_i^m, X_j^w | \beta^m) + \varepsilon_{ij}(\sigma^m) \tag{11.7}$$

$$V_{ij} = u(X_i^m, X_j^w | \beta^w) + \varepsilon_{ij}(\sigma^m) \tag{11.8}$$

で与えられる．

例えば，以下のような結婚問題の確率効用モデルによる定式化を考えてみよう．いま，男女が婚活を行う際に，相手の学歴にもとづき結婚相手のランク付けを行っていると仮定する．男性 m_i と女性 w_j の教育年数をそれぞれ X_i^m および X_j^w として，関数 u が線形ならば

$$\begin{cases} U_{ij} = \beta_0^m + \beta_1^m X_j^w + \sigma^m \varepsilon_{ij}^m \\ V_{ij} = \beta_0^w + \beta_1^w X_i^m + \sigma^w \varepsilon_{ij}^w \end{cases}$$

というモデルを考えることができる．ここで ε_{ij}^m と ε_{ij}^w はそれぞれ独立に標準正規分布 $\mathcal{N}(0,1)$ とに従っていると仮定する．このとき男女の観察されない確率効用項の標準偏差は σ^m と σ^w となっている[17]．

もし，$\beta_1^m, \beta_1^w > 0$ ならば，男女はできるだけ学歴の高い相手との結婚を好むと考えられる (高学歴嗜好)．また，2次の関数 u を使って

$$\begin{cases} U_{ij} = \beta_0^m - \beta_2^m (X_i^m - X_j^w)^2 + \sigma^m \varepsilon_{ij}^m \\ V_{ij} = \beta_0^w - \beta_2^w (X_j^w - X_i^m)^2 + \sigma^w \varepsilon_{ij}^w \end{cases}$$

とすることもできる．もし $\beta_2^m, \beta_2^w > 0$ を仮定すれば，男女はできるだけ自分と学歴が近い結婚相手を好む（同学歴志向）．一方，高学歴嗜好と同学歴志向を組み合わせた効用関数として，

$$\begin{cases} U_{ij} = \beta_0^m + \beta_1^m X_j^w - \beta_2^m (X_i^m - X_j^w)^2 + \sigma^m \varepsilon_{ij}^m \\ V_{ij} = \beta_0^w + \beta_1^w X_i^m - \beta_2^w (X_j^w - X_i^m)^2 + \sigma^w \varepsilon_{ij}^w \end{cases}$$

---

[17] 男性と女性の観察されない確率効用項はそれぞれ $\varepsilon_{ij}(\sigma^m) \equiv \sigma^m \varepsilon_{ij}^m$ と $\varepsilon_{ij}(\sigma^w) \equiv \sigma^w \varepsilon_{ij}^w$ で与えられ，分布はそれぞれ $\mathcal{N}(0, (\sigma^m)^2)$ と $\mathcal{N}(0, (\sigma^w)^2)$ になっている．

を考えることも可能である．ただし $\beta_1^m, \beta_1^w > 0$ および $\beta_2^m, \beta_2^w > 0$ とする．この場合，男女はできるだけ高い学歴の相手との結婚を望むと同時にあまり学歴の離れた相手とは結婚したくないとも考えている．

結婚問題に確率効用モデルという「構造」を導入することにより，顕示選好分析は現実に観察されるマッチングと整合的な構造を発見するという単純化された問題として定式化することができる．具体的には，構造 とは，プレイヤーの観察可能な属性 $X = (X^m, X^w)$，観察される属性の効用関数 $u(\bullet, \bullet|\beta)$，確率効用の分布関数 $F(\bullet|\sigma)$ で与えられる．ここで $\beta = (\beta^m, \beta^w)$ と $\sigma = (\sigma^m, \sigma^w)$ は確率効用モデルを特徴づけるパラメータであり，**構造パラメータ**（structural parameter）と呼ぶ．以下では構造パラメータをまとめて $\theta = (\beta, \sigma) \in \Theta$ と表記することがある．ただし Θ は構造パラメータのとりうる範囲（パラメータ空間）である．構造 と構造パラメータ θ の依存関係を明示的に (θ) と書けば，それは

$$(\theta) = \{X, u(\bullet, \bullet|\beta), F(\bullet|\sigma)\}$$

で与えられる．

結婚問題に構造が与えられれば，安定マッチングは次のような手順で発見することができる．構造 (θ) のもとで (11.7) 式によって決定される男性 m_i が女性 w_j と結婚したときの確率効用を $U_{ij}^{(\theta)}$ とする．この効用を望ましい結婚相手順に並び替え

$$U_{ij_1}^{(\theta)}, U_{ij_2}^{(\theta)}, \cdots, U_{ij_N}^{(\theta)}$$

という数列を得たとすれば，男性 m_i の女性に対する選好は

$$P_{m_i}^{(\theta)} = (w_{j_1} : w_{j_2} : \cdots : w_{j_N}) \tag{11.9}$$

で与えられる．同様な並び替え手順により，構造 (θ) が与えられた時の女性 w_j の男性に対する選好

$$P_{w_j}^{(\theta)} = (m_{i_1} : m_{i_2} : \cdots : m_{i_N}) \tag{11.10}$$

も得ることができる．このように導かれる各プレーヤーの選好の組 $P^{(\theta)} = \{P_{m_i}^{(\theta)}; P_{w_j}^{(\theta)} | m_i \in M, w_j \in W\}$ はもともとの選好の組 $P = \{P_{m_i}; P_{w_j} | m_i \in M, w_j \in W\}$ に構造 (θ) を与えることで制約をかけたものと考えることができる．(11.3) 式で示したメカニズム を考えれば，制限された選好 $P^{(\theta)} \in \mathscr{P}$ から安定マッチングへの写像は

$$\left(P^{(\theta)}\right) = \mu^{(\theta)} \tag{11.11}$$

となっている．よって，確率効用モデルを導入した場合の結婚問題の顕示選好分析とは，市場で現実に観察されるマッチング $\mu^o \in \mathscr{M}$ が安定的であると仮定し，それと整合的な構造パラメータ $\theta^o \in \Theta$ を特定化することである．すなわち，(11.11) 式の逆問題で与えられる

$$P^{(\theta^o)} \in {}^{-1}(\mu^o) \tag{11.12}$$

の解を求める作業といってもよい．

安定マッチングの複数性

　結婚問題の顕示選好分析では，異なる安定マッチングを導く複数のメカニズムが共存することには注意が必要である．例えば，結婚問題の受入留保アルゴリズムには男性が先にプロポーズするのものと女性が先にプロポーズするのものがあり，それらのメカニズムの結果として生じる安定マッチングはそれぞれ異なることは前節で示された通りである．実際，安定マッチングは受入留保アルゴリズム以外の中央集権的なマッチング方式により実現することもあるし，マッチング参加者の分権的な意思決定によって実現される[18]．よって，結婚問題の確率効用モデルでは構造 を所与としても，1つの構造パラメータ θ_0 から複数のメカニズム $_{1,2,\cdots,n}$ に従って，それぞれ異なる複数の安定マッチング $\mu_1, \mu_2, \cdots, \mu_n$ が導かれる可能性がある．こうした状況を図 11.4 に模式的に

---

[18] 分権的なマッチング方式によっても安定マッチングがもたらされることが証明されている．詳細は Roth and Vande Vate (1990) を参照せよ．

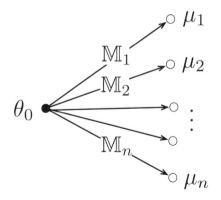

図 11.4: 構造パラメータから複数の安定マッチングへの対応関係

示している.この場合には構造パラメータから安定マッチングの集合への対応 (correspondense) となっている.

一般に計量経済モデルが複数の結果を予測し,そのモデルのパラメータから予測される結果への関係が関数ではなく,対応で与えられる場合,その計量経済モデルは不完全 (incomplete) であると呼ばれる [19]. 代表的な不完全な計量経済モデルとしては,実証産業組織論の分野において Bresnahan and Reiss (1990); Besnahan and Reiss (1991) が分析した複数均衡が存在する企業の参入ゲームモデルがある [20]. 結婚問題に導入した上記の確率効用モデルも不完全な計量経済モデルの一例である.先行研究で明らかにされているように不完全な計量経済モデルの多くはパラメータの識別が不可能ではないが困難となることが知られている [21]. 結婚問題を含むマッチングゲームの顕示選好分析では,モデルに複数のメカニズムが同時に存在することに起因するパラメータ識別の問題を解決

---

[19] 不完全な計量経済モデルの定義と詳細については Manski (1988) を参照のこと.また,不完全な計量経済モデルのパラメータ識別については Manski and Tamer (2002) などに詳しい.

[20] Besnahan and Reiss (1991) の研究以降,複数均衡が存在する離散ゲームのパラメータの識別と推定の問題は様々に発展してきた.その詳細と最近の計量経済学的手法の展開については,例えば Berry and Reiss (2007) を参照のこと.

[21] 詳細な議論は Jovanovic (1989) を参照せよ.

するために，以下のような対処方法がとられることが多い．

メカニズムの制約

　第1のアプローチとして，研究者が結婚問題の共存可能な複数のメカニズムから先験的に1つを選んで，顕示選好分析を進めるというものもある．例えば，ある結婚問題ではマッチングゲームのプレイヤーである男女が，結婚相談所などの結婚仲介サービス業者を利用し，その結婚相手を紹介する仕組みが，なんらかの中央集権的な仕組みで運営されているとする．さらに，結婚仲介業者が使っている結婚相手のマッチング方式が男性が先にプロポーズする受入留保アルゴリズムで実施されているという仮定を導入する．この場合には，前節で示したとおり，1つの選好に対して唯一の安定マッチング，この場合には，男性最適な安定マッチングが発生する．このように研究者が，マッチングのメカニズムを一意に特定することができれば，1つの構造に1つの安定マッチングを対応させることができる．

　その状況を模式的に示したのが図11.5である．ここでは潜在的には複数の異なるメカニズム $_{1,2,\cdots,n}$ が共存している．男性が先にプロポーズする受入留保アルゴリズムを ^{m} で表記し，$_1 = {}^m$ であるとしよう．もし，マッチング方式が男性が先にプロポーズする受入留保アルゴリズムで行われていると仮定すれば，実線で示されたメカニズムにより，ある1つの構造パラメータ θ_0 から唯一の安定マッチングは μ_1 が導かれている．このように研究者がメカニズムを選択することが可能であるならば，1つの構造パラメータから予測される安定マッチングも1つになり，完全な計量経済モデルとして結婚問題の確率効用モデルを定式化することが可能となる．

　いくつかのマッチングゲームの実証研究がこのアプローチにもとづき顕示選好分析を行っている．例えば，Del Boca and Flinn (2012) は現実の婚活プロセスが男性が先にプロポーズする受入留保アルゴリズムで実施されているという仮定に基づき，結婚問題の実証研究を行っている．また，Boyd et al. (2013) は

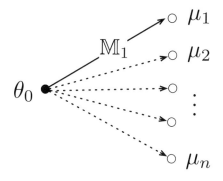

図 11.5: 制約したメカニズムでの構造パラメータと安定マッチング

ニューヨーク州における学校と教師のマッチングにおいて学校が教師に職のオファーを行う受入留保アルゴリズムで行われるという仮定を置いて，学校と教師それぞれのジョブマッチについての効用関数を推定している．

選好の制約

第 2 のアプローチとして，1 つの構造に 1 つの安定マッチングが対応するように確率効用モデルの選好に制約を加えるという方法がある．例えば，結婚問題に導入した (11.7) と (11.8) 式の確率効用モデルにおいて

$$\beta^m = \beta^w,\ \sigma^m = \sigma^w,\ \varepsilon_{ij}^m = \varepsilon_{ij}^w \tag{11.13}$$

と仮定する[22]．この仮定の下ではどの男性 $m_i \in M$ とどの女性 $w_j \in W$ について

---

[22]この仮定の下では，確率効用モデルから導かれる各プレイヤーの選好の組 $P^{(\theta)}$ が整列的 (aligned) と呼ばれる性質を持つことになる．マッチングゲームの選好 P が整列的であるとは，プレイヤーについての関数 $Q(m_i, w_j)$ が存在し $(m_i \in M, w_j \in W)$．男性 m_i の女性に対する選好が $w_j \succ w_{j'}$ ならば $Q(m_i, w_j) > Q(m_i, w_{j'})$ であり，さらに女性 m_i の男性に対する選好が $m_i \succ m_{i'}$ ならば $Q(m_i, w_j) > Q(m_{i'}, w_j)$ となる状況をいう．このような整列された選好のもとで，結婚問題の安定マッチングが一意になることの証明は Eeckhout (2000) や Clark (2006) を参照のこと．

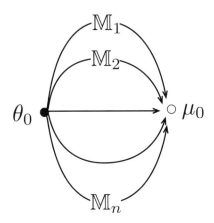

図 11.6: 制約した選好での一対一対応

も $U_{ij} = V_{ij}$ となり，自分が結婚から得る効用と相手が結婚から得る効用は完全に等しい．

この男女で対称的となる効用関数を仮定すれば，どのようなメカニズム であっても構造パラメータから導かれる安定マッチングは一意であることが示されている．すなわち，ある構造パラメータ $\theta_0 \in \Theta$ について，2 つのどのような異なるメカニズム $\mathbb{M} \neq \mathbb{M}'$ に対しても $\mu(P^{(\theta_0)}) = \mu'(P^{(\theta_0)})$ となる．図 11.6 は，複数のメカニズム $\mathbb{M}_{1,2,\cdots,n}$ の下でも構造パラメータ θ_0 から唯一のマッチング μ_0 が導かれる様子を模式的に示している．

このように効用関数に対称性の仮定を追加することで，結婚問題の確率効用モデルは完全な計量経済モデルとなる．よって，次節で見るように，確率効用モデルのパラメータ推定には，通常の離散選択分析で用いられる計量的手法，例えば，最尤推定法や一般化積率法等を援用することが可能となる．

マッチングゲームの確率効用モデルにおいて対称的な効用関数を仮定して顕示選好分析を行っている実証研究としては，Sorensen (2007) がある．彼はベンチャーキャピタルと起業家の間に生じる投資-被投資関係を通じたマッチングを結婚問題として定式化し，効用関数に (11.13) と同様の対称性制約を課すこと

で顕示選好分析を行っている．また，Gordon and Night (2009) は，アイオワ州で発生した学区の再編に関連して，学区の統合をマッチングゲームとして定式化し，対称性を仮定した確率効用モデルを援用して実証分析を行っている．

どのアプローチ?

以上，結婚問題の顕示選好分析において，安定マッチングが複数存在することに起因するパラメータ識別の困難性を解決するために 2 つのアプローチを提示した[23]．では，一般にマッチングゲームを使った顕示選好分析で，どちらのアプローチを使うべきであろうか？それは研究者が分析対象とするマッチングについてどれぐらい情報をもっているかに依存する．例えば，もし，分析対象が中央集権的な受入留保アルゴリズムでマッチングが行われていることが明白な場合，例えば，研修医のマッチングを分析する場合には，そこで実際に使用されているマッチングアルゴリズム (研修医が配属を希望する研修先病院を先に表明する受入留保アルゴリズム) をメカニズムとして選択して顕示選好分析を行えばよい．よって，この場合にはメカニズムを制約するアプローチをとるのが自然である．

しかしながら，多くのマッチングは中央集権的な制度によらず，分権的に実施されている．また，中央集権的なマッチングが実施されている場合でもその方式の形態は多様であり，研究者はそのメカニズムを具体的に特定化できるほどの情報を持ち合わせていない場合が普通である．このような状況では研究者

---

[23]これらのアプローチ以外にも不完全な計量経済モデルに対する一般的な推定手法である包含分析 (bound analysis) を援用することでパラメータ識別の困難性に対処することは可能である．この包含分析を結婚問題の顕示選好分析に適用する詳細な説明は本稿の範囲を超えるため割愛する．一般的な包含分析についての詳細な説明は Imbens and Manski (2004) および Chernozhukov et al. (2007) などを参照のこと．また，複数均衡を持つ離散ゲームを分析する際に発生知る不完全な計量経済モデルに包含分析を適用した研究としては，例えば Ciliberto and Tamer (2009) および Pakes et al. (2011) を参照のこと．また，包含分析をマッチングゲームの顕示選好分析に援用したものとしては Echenique et al. (2000) や，Uetake and Watanabe (2012) がある．

は特定のメカニズムを仮定する，または，選好に対称性を仮定するといったある種の先験的な仮定をおくことで顕示選好分析を行ってきた．

よって，これらの仮定が正しくない場合には，推定された選好のパラメータの信頼性は低いものとなることには留意が必要である．

11.4 推定方法

前節で導入した構造 (θ) を持つ結婚問題の確率効用モデルの構造パラメータ θ を推定することを考える．推定の前提として結婚問題のマッチングメカニズムまたはプレイヤーの選好に制約を課すことで，モデルの構造パラメータ θ に対応する安定マッチング μ は一意であるとする．このときの推定問題は，構造を所与として，メカニズムの逆問題である (11.12) 式を解き，観察されるマッチング μ^o と整合的な構造パラメータ θ^o を発見することである．この場合，ミクロ実証分析の構造推定問題で広く援用されている最尤法と一般化積率法を適用することができる．

尤度関数と最尤推定法

まず，確率効用モデルの定式化の下では，結婚問題の安定マッチングは確率変数となることに留意しよう．その確率分布を導出するために，いくつかの記法を導入する．いま，プレイヤーの観察されない確率効用項のベクトルを $\varepsilon(\sigma)$ で表す[24]．その分布関数は $F(\bullet|\sigma)$ であったので，$\varepsilon(\sigma) \sim F(\bullet|\sigma)$ と書く．また，構造 (θ) における確率効用項 $\varepsilon(\sigma)$ の役割を明示的にするために，以下のよう

---

[24] より正確には $\varepsilon(\sigma) = \{(\varepsilon_{ij}(\sigma^w), \varepsilon_{ij}(\sigma^w)) | m_i \in M, w_j \in W\}$ というベクトルであり，その要素 $(\varepsilon_{ij}(\sigma^w), \varepsilon_{ij}(\sigma^w))$ はそれぞれそれぞれ独立に $F(\bullet|\sigma^m)$ と $F(\bullet|\sigma^w)$ という分布関数に従っている．

に分解して表記する.

$$(\theta) = \{(\beta), \varepsilon(\sigma)\}$$
$$(\beta) = \{X, u(\bullet, \bullet|\beta)\}$$
$$\varepsilon(\sigma) \sim F(\bullet|\sigma)$$

この記法によれば (11.7) 式と (11.8) 式で与えられるモデルの確率効用は $U_{ij}^{(\theta)}$ に代えて,$U_{ij}^{\{(\beta),\varepsilon(\sigma)\}}$ と書くことができ,これを適宜並べ替えることで得られる男女の選好の組は $P^{(\theta)}$ に代えて,$P^{\{(\beta),\varepsilon(\sigma)\}}$ と書ける.さらに,(11.11) 式により導かれる安定マッチングは

$$\mu^{\{(\beta),\varepsilon(\sigma)\}} = \mathscr{M}(P^{\{(\beta),\varepsilon(\sigma)\}})$$

となる.

あるマッチング $\mu^o \in \mathscr{M}$ が観察されたときに,それが結婚問題の確率効用モデルから導かれる安定マッチング $\mu^{\{(\beta),\varepsilon(\sigma)\}}$ と一致する確率は以下で与えられる.

$$\text{Prob}\left(\mu^o = \mu^{\{(\beta),\varepsilon(\sigma)\}}\right) = \left[\varepsilon(\sigma) \sim F(\bullet|\sigma) \middle| \left(P^{\{(\beta),\varepsilon(\sigma)\}}\right) = \mu^o\right] \quad (11.14)$$

この確率は構造パラメータ $\theta = (\beta, \sigma) \in \Theta$ のみの関数となり,これを構造パラメータ推定のための尤度関数と見なすことができる.すなわち,μ^o が観察されたときの尤度関数は

$$\mathscr{L}(\theta|\mu^o) = \int \left[\left(P^{\{(\beta),\varepsilon\}}\right) = \mu^o\right] dF(\varepsilon|\sigma) \quad (11.15)$$

で与えられる.ただし [●] は指示関数 (indicator function) であり,関数の引数が真のときに 1 を偽のときは 0 をとる関数である.

いま,研究者は一つの地域の男女について誰と誰が結婚したかということを記録した複数年のデータを持っているとしよう.つまり,その地域における T 年分の時系列マッチングデータを持っているとしよう[25].単純化のた

---

[25] 研究者がある年における異なる T 個の場所 (例えば A 地区,B 地区,C 地区 … など) のマッチングの横断面データをもっているとしても,時系列データの場合と同様の尤度関数を導出することができる.ただしこの場合には 2 つの地区をまたいだ結婚は発生せず,異なる地区の間で結婚問題は互いに影響を与えないといった追加的な仮定が必要である.

め，どの年 $t \in \{1, \cdots, T\}$ においても結婚問題に参加するプレイヤーの数は男女ともに N であるとし，男性の集合を $M = \{m_1, m_2, \cdots, m_N\}$，女性の集合を $W = \{w_1, w_2, \cdots, w_N\}$ とする[26]．

ここで t 年における男性 $m_i \in M$ と女性 $w_j \in W$ の属性をそれぞれ X_i^{mt} と X_j^{wt} で表記し，それぞれの属性ベクトルとして $X^{mt} = \{X_i^{mt} | m_i \in M\}$ および $X^{wt} = \{X_j^{wt} | w_j \in W\}$ とする．どの年も結婚問題のプレイヤーは同じであるが，その属性 (X^{mt}, X^{wt}) は毎年変わりうるものと想定している．このときの男女の確率効用は

$$U_{ij}^t = u(X_i^{mt}, X_j^{wt} | \beta^m) + \varepsilon_{ij}^t(\sigma^m) \tag{11.16}$$

$$V_{ij}^t = u(X_i^{mt}, X_j^{wt} | \beta^w) + \varepsilon_{ij}^t(\sigma^m) \tag{11.17}$$

で与えられ，男女の観察されない確率効用項 $\varepsilon_{ij}^t(\sigma^m)$ と $\varepsilon_{ij}^t(\sigma^w)$ の分布を $F(\bullet | \sigma^m)$ と $F(\bullet | \sigma^w)$ とする．これらの観察されない確率効用項をまとめて $\varepsilon^t(\sigma)$ と表記する．さらに観察される属性について強外生性を仮定し，

$$\mathrm{E}\left(\varepsilon_{ij}^t(\sigma^m) | X^{ms}, X^{ws}\right) = 0$$

$$\mathrm{E}\left(\varepsilon_{ij}^t(\sigma^w) | X^{ms}, X^{ws}\right) = 0,$$

$$\forall t, s \in \{1, \cdots, T\}$$

とする．また，観察されない確率効用項は互いに独立

$$\mathrm{E}(\varepsilon_{ij}^t(\sigma^m) \varepsilon_{ij}^s(\sigma^w) | X^{mt}, X^{ws}) = 0$$

$$\mathrm{E}(\varepsilon_{ij}^t(\sigma^w) \varepsilon_{ij}^s(\sigma^m) | X^{mt}, X^{ws}) = 0$$

$$\forall t, s \in \{1, \cdots, T\}$$

---

[26]この男女のプレイヤーの数が時間を通じて同数であるという仮定は説明上の単純化のためのものであり，実際の結婚問題の顕示選好分析では，男女のプレイヤーは毎年変化するという仮定をおくべきである．もし，t 年の結婚問題では男女それぞれ N^t 人が参加するならば，その場合の男女の集合は $M^t = \{m_1^t, m_2^t, \cdots, m_{N^t}^t\}$ および $W^t = \{w_1^t, w_2^t, \cdots, w_{N^t}^t\}$ となる．このような時間可変なプレイヤー集合の場合でも以下で述べる推定手法は援用可能である．

かつ，系列相関なし

$$E(\varepsilon_{ij}^{t}(\sigma^m)\varepsilon_{ij}^{t'}(\sigma^m)|X^{mt},X^{wt'}) = 0$$
$$E(\varepsilon_{ij}^{t}(\sigma^m)\varepsilon_{ij}^{t'}(\sigma^w)|X^{mt},X^{wt'}) = 0,$$
$$\forall t \neq t' \in \{1,\cdots,T\}$$

と仮定する．

ここで t 年に観察されるマッチングを μ^{ot} とすれば，上記の確率効用項と観察可能属性に関する仮定の下では，異なる 2 つの期間 $t \neq t' \in \{1,\cdots,T\}$ についてマッチング μ^{ot} と $\mu^{ot'}$ が観察される確率は互いに独立となる．よって，構造パラメータの最尤推定量 $\hat{\theta}^{ML}$ は

$$\ln\mathscr{L}(\theta|\mu^{o1},\cdots,\mu^{oT}) = \sum_{t=1}^{T}\ln\mathscr{L}(\theta|\mu^{ot}) \tag{11.18}$$

という観察期間全体の尤度の対数を最大化するものとして与えられる．ただし各年 t の個別尤度 $\mathscr{L}(\theta|\mu^{ot})$ は (11.15) 式で与えられる．

シミュレーション最尤法

構造パラメータ θ を最尤法で推定するためには，(11.15) 式で与えられる個別尤度関数の積分を計算する必要がある．そこでは多重積分計算，より具体的には $2N^2$ 重積分の計算を実行する必要がある[27]．観察されたマッチングが μ^o である時の尤度関数の積分領域を $A(\beta|\mu^o) \subset 2N^2$ と表記し，

$$A(\beta|\mu^o) \equiv \left\{\varepsilon \in 2N^2 \middle| \left(P^{\{(\beta),\varepsilon\}}\right) = \mu^o\right\}$$

と定義すれば，尤度関数は以下のようにも書くことができる．

$$\mathscr{L}(\theta|\mu^o) = \int_{\varepsilon\in A(\beta|\mu^o)} dF(\varepsilon|\sigma) \tag{11.19}$$

---

[27] 脚注 24 に記したように $\varepsilon(\sigma)$ というベクトルは $2N^2$ の要素から成る．よって (11.15) 式中の $F(\varepsilon|\sigma)$ は $2N^2$ 変数関数であり，その積分は $2N^2$ 空間上の多重積分となる．

一般に，この積分領域 $A(\beta|\mu^o)$ は $2N^2$ 次元空間内の複雑な領域であり，低次元の直積集合に分解することはできない．よって，(11.19) 式の多重積分は数値的に解く必要がある．このような多重積分を含む尤度関数は例えば，以下に示したシミュレーション・アルゴリズムを用いて近似的に計算することができる．

シミュレーション・アルゴリズム

1. 第 r 回の試行では，確率効用項の実現値を $F(\bullet|\sigma)$ という分布から派生させ，それを $\tilde{\varepsilon}^r(\sigma)$ とする[28]．

2. 構造を $\{(\beta), \varepsilon^r(\sigma)\}$ とする男女の選考の組 $P^{\{(\beta), \varepsilon^r(\sigma)\}}$ を発見する．

3. 結婚問題の安定マッチングを予測し，$\tilde{\mu}^r(\theta) = (P^{\{(\beta), \varepsilon^r(\sigma)\}})$ とする．

4. 予測される安定マッチング $\tilde{\mu}^r$ が現実に観察されるマッチング μ^o と一致する時に確率効用項の実現値 $\tilde{\varepsilon}^r(\sigma)$ を受容する．すなわち

$$I^r(\theta|\mu^o) = [\tilde{\mu}^r(\theta) = \mu^o]$$

という指示関数を定義して記録する．

5. 上記 1-4 のステップを各試行 $r = 1, \cdots, R$ について行う．

上記の一連のシミュレーションを行った後，(11.19) 式で与えられる尤度関数は

$$\mathscr{L}(\theta|\mu^o) \simeq \frac{1}{R}\sum_{r=1}^{R} I^r(\theta|\mu^o) \qquad (11.20)$$

で近似される．

このシミュレーション・アルゴリズムはモデルから予想される安定的なマッチングが観察されるマッチングと一致するときにのみ，その結果が受容 (accept)

---

[28]具体的には，すべての男性 m_i と女性 w_j について，それらの確率効用項の実現値である $\tilde{\varepsilon}_{ij}^m(\sigma^m)$ と $\tilde{\varepsilon}_{ij}^w(\sigma^w)$ をそれぞれ $F(\bullet|\sigma^m)$ と $F(\bullet|\sigma^w)$ という分布から独立に派生させ，$\tilde{\varepsilon}^r(\sigma) = \{\tilde{\varepsilon}_{ij}^m(\sigma^m), \tilde{\varepsilon}_{ij}^w(\sigma^w)|m_i \in M, w_j \in W\}$ とする

され,シミュレーション尤度の計算に反映されている.このようなシミュレーション方法は**受容-棄却シミュレータ**(Accept-Reject Simulator)と呼ばれ[29],離散選択モデルにおける選択確率の計算に広く使われる手法である[30].

シミュレーションで近似された尤度を最大化することによってパラメータを推定する手法を**シミュレーション最尤法**(Simulated Maximum Likelihood)という.受容-棄却シミュレータにより(11.20)式で尤度関数を近似した場合,シミュレーション最尤推定量は

$$\hat{\theta}^{SML} \equiv \arg\max_{\theta \in \Theta} \sum_{t=1}^{T} \ln \tilde{\mathscr{L}}(\theta|\mu^{ot})$$

で与えられる.

シミュレーション試行回数 R を十分大きくとれば真の尤度をシミュレーションによって近似したことによって発生するバイアスは無視できる.すなわち,$R \to \infty$ のとき $\tilde{\mathscr{L}}(\theta) \to \mathscr{L}(\theta)$ となる.よって $R \to \infty$ のときシミュレーション最尤法による推定量 $\hat{\theta}^{SML}$ は最尤推定量 $\hat{\theta}^{ML}$ と同じ漸近的な性質をもつ[31].

シミュレーション最尤推定法をマッチングゲームの構造推定に適用する際の最大の問題点として,計算量の爆発的な増大がしばしば指摘される.実際,結婚問題に参加する男女のプレイヤー数 N が中程度の大きさでもマッチングの全ての可能性の場合の数 $|\mathscr{M}| = N!$ は膨大なものとなることに注意すれば,シミュレートされたマッチング $\tilde{\mu}^r$ と現実に観察されるマッチング結果 μ_t^o が偶然に一致する確率は一般には極めて小さい.よって,試行回数 R が不十分な大きさである場合には,シミュレートしたマッチング結果を受容するケースが発生せず,結果的にシミュレーション尤度(11.20)がゼロとなり,シミュレーション最尤法が実施できないということがある.

---

[29]この受容-棄却シミュレータから計算される確率(尤度)は全体のシミュレーション回数に対する受容されたマッチング回数の相対頻度でもある.よって,しばしば,受容-棄却シミュレータは頻度シミュレータ(frequency simulator)とも呼ばれる.
[30]その他のシミュレーション・アルゴリズムについての詳細は例えば,Geweke and Keane (2001)などを参照のこと.
[31]シミュレーション最尤推定量の漸近的性質についての詳細については,例えば Gourieroux and Monfort (1993) を参照のこと.

この問題を避けるためには,シミュレーション試行回数 R を男女のプレーヤー数 N の増大とともに指数関数的に大きく設定する必要があり,計算コストが爆発的に増大するという問題が発生する[32]. 特に,シミュレーション最尤法では,最適なパラメータ値を探索する際にある適当な初期値から最終的に最適解に収束するまで,幾度となくシミュレーション尤度を評価する必要があり,推定には多大な計算時間がかかることになる. このような計算上の理由で,シミュレーション最尤法を適用したマッチングゲームの実証分析はこれまでのところ数例にとどまっている[33].

シミュレーション積率推定法

確率効用モデルを適用した離散ゲームモデルの構造パラメーター推定では,McFadden (1989) や Pakes and Pollard (1989) により開発された**シミュレーション積率法**(Method of Simulated Moments)が援用されることが多い. この推定方法の基本的なアイディアはゲーム理論モデルのプレイヤーが現実に選ぶ選択結果とモデルからシミュレートされる選択予測の差である「残差」が外生変数と直交することを利用するというものである[34]. このシミュレーション積率法の推定手法は結婚問題の顕示選好分析にも適用可能である.

前節の最尤推定量の導出で仮定した場合と同様に,研究者は T 年分のマッチ

---

[32] この計算量の爆発的増大の問題は次元の呪い (curse of dimensionality) とも呼ばれる.

[33] Sorensen (2007) はマッチングゲームモデルの顕示選好分析にベイズ的アプローチを援用している. すなわち,対数尤度 (11.18) 式を構造パラメータについて最大化する代わりに,尤度に基づいて計算される構造パラメータの事後分布を求めている. この意味で,彼の実証研究は純粋にシミュレーション最尤法を適用した分析とはいえない. ただし,その事後分布平均は本文中に示した受容-棄却シミュレータを利用して近似計算することが可能である. なお,ベイズ的アプローチにおける事後分布の平均値は最尤推定量と漸近的に同値となることが証明されている (Bernstein-von Mises 定理). ベイズ法に基づく構造推定の手法,および,計算機集約的手法の詳細については,例えば,Train (2009) 第 12 章などを参照のこと.

[34] 例えば,Berry (1992) は主体間に相互依存関係がある離散ゲームの構造推定にシミュレーション積率法を適用した最初期の実証研究である. この分野の関連文献については,Bajari et al. (2010) に詳しい.

ングについての時系列データを持っているとする．各 t 年に観察されるマッチングを μ^{ot} とする．さらに，各 t 年の構造 $^t(\theta)$ の確率効用モデルから予測されるマッチング $\mu^t(\theta)$ を簡略に $\hat{\mu}^t(\theta)$ と書くことにする[35]．マッチングゲームの計量経済モデルにおけるマッチ「残差」とは実際に観察されるマッチとモデルから予測されるマッチの差である．すなわち

$$\nu_{ij}^t = \mu_{ij}^{ot} - \mathrm{E}\left[\hat{\mu}_{ij}^t(\theta)\middle| X^{mt}, X^{wt}\right]$$

をマッチ残差と定義する．観察される属性が強外生性を満たすという仮定の下では，マッチ残差は男女の観察される属性と直交している．例えば，男性の属性 X_i^{mt} について

$$\mathrm{E}[X_i^{mt}\nu_{ij}^t | X^{mt}, X^{wt}] = 0 \iff$$
$$\mathrm{E}\left[X_i^{mt}\{\mu_{ij}^{ot} - \mathrm{E}[\hat{\mu}_{ij}^t(\theta)|X^{mt},X^{wt}]\}\middle| X^{mt}, X^{wt}\right] = 0$$

が成立している．これをマッチ残差についての積率条件と呼ぶ．女性の属性 X_j^{wt} についても同様の積率条件が得られる．これらの積率条件の理論的期待値の一部を標本アナログで置き換えたものを

$$\psi_\nu^m(\theta) \equiv \sum_{t\in\{1,\cdots,T\}} \sum_{m_i \in M} \sum_{w_j \in W} X_i^{mt}\{\mu_{ij}^{ot} - \mathrm{E}[\hat{\mu}_{ij}^t(\theta)|X^{mt},X^{wt}]\}$$
$$\psi_\nu^w(\theta) \equiv \sum_{t\in\{1,\cdots,T\}} \sum_{w_j \in W} \sum_{w_j \in W} X_j^{wt}\{\mu_{ij}^{ot} - \mathrm{E}[\hat{\mu}_{ij}^t(\theta)|X^{mt},X^{wt}]\}$$

と定義すれば，積率推定量は

$$\psi_\nu^m(\theta) = 0, \quad \psi_\nu^w(\theta) = 0 \qquad (11.21)$$

というモーメントに関する連立方程式の解として定義される．

上記のマッチに関する残差を利用した積率条件以外にもいくつかの積率条件を発見することが可能である．例えば，前述の Boyd et al. (2013) はマッチング相手の属性に注目して積率条件を得ている．いま，t 年に観察されるマッチ

---

[35] 各 t 年の構造 $^t(\theta)$ とは，前述の表記を使えば $^t(\theta) = \{^t(\beta), \varepsilon^t(\sigma)\}$ であり，さらに $^t(\beta) = \{(X^{mt}, X^{wt}), u(\bullet, \bullet|\beta)\}, \varepsilon^t(\sigma) \sim F(\bullet|\sigma)$ である．

ング結果が μ^{ot} であるときに，男性 m_i の結婚相手である女性は $\mu^{ot}_{m_i}$ で表される[36]．この女性の t 年における属性は $X^{wt}_{\mu^o_{m_i}}$ で与えられる．一方で，モデルが予測する男性 m_i 結婚相手の女性は $\hat{\mu}^t_{m_i}(\theta)$ であり，その女性の属性は $X^{wt}_{\hat{\mu}^t_{m_i}(\theta)}$ で与えられる．このとき，男性 m_i と結婚する女性の属性についての観察値と予測値の差から

$$\xi^{wt}_i = X^{wt}_{\mu^o_{m_i}} - \mathrm{E}\left[X^{wt}_{\hat{\mu}^t_{m_i}(\theta)}\middle|X^{mt},X^{wt}\right]$$

という属性に関する残差を定義する．上記で示したマッチの残差についての積率条件と同様に，以下の積率条件を得る．

$$\mathrm{E}[X^{mt}_i \xi^{wt}_i | X^{mt},X^{wt}] = 0 \iff$$
$$E\left[X^{mt}_i \{X^{wt}_{\mu^o_{m_i}} - \mathrm{E}[X^{wt}_{\hat{\mu}^t_{m_i}(\theta)}|X^{mt},X^{wt}]\}\middle|X^{mt},X^{wt}\right] = 0$$

同様にして，女性 w_j の結婚相手の男性の属性に関する残差は

$$\xi^{mt}_j = X^{mt}_{\mu^o_{w_j}} - \mathrm{E}\left[X^{mt}_{\hat{\mu}^t_{w_j}(\theta)}\middle|X^{mt},X^{wt}\right]$$

と定義され，そのときの積率条件は

$$\mathrm{E}[X^{wt}_j \xi^{mt}_j | X^{mt},X^{wt}] = 0 \iff$$
$$E\left[X^{wt}_j \{X^{mt}_{\mu^o_{w_j}} - \mathrm{E}[X^{mt}_{\hat{\mu}^t_{w_j}(\theta)}|X^{mt},X^{wt}]\}\middle|X^{mt},X^{wt}\right] = 0$$

で与えられる．ここで

$$\psi^m_\xi(\theta) \equiv \sum_{t\in\{1,\cdots,T\}} \sum_{m_i\in M} X^{mt}_i \{X^{wt}_{\mu^o_{m_i}} - \mathrm{E}[X^{wt}_{\hat{\mu}^t_{m_i}(\theta)}|X^{mt},X^{wt}]\}$$
$$\psi^w_\xi(\theta) \equiv \sum_{t\in\{1,\cdots,T\}} \sum_{m_i\in M} X^{wt}_j \{X^{mt}_{\mu^o_{w_j}} - \mathrm{E}[X^{mt}_{\hat{\mu}^t_{w_j}(\theta)}|X^{mt},X^{wt}]\}$$

と定義すれば，追加的なモーメント等式として

$$\psi^m_\xi(\theta) = 0, \quad \psi^w_\xi(\theta) = 0 \tag{11.22}$$

---

[36]この表記については，11.2 節で説明したセットアップを参照せよ．

を得る．積率推定量は (11.21) 式と (11.22) 式で与えられる連立方程式の解であるが，一般にこれらは過剰識別となるため，後で述べる一般化積率法 (Generalized Method of Moments) で実際の推定が行われる[37]．

シミュレーション積率法では，上記のモーメント等式の中に残されている条件付き期待値をモデルからのシミュレーションによる近似で置き換えが行われる．具体的にはシミュレーション最尤法で使用したものと同様の以下のシミュレーション・アルゴリズムによって計算する[38]．

シミュレーション・アルゴリズム

1. 第 t 年の第 r 回の試行では，確率効用項の実現値を $F(\bullet|\sigma)$ という分布から派生させ，それを $\tilde{\varepsilon}^{tr}(\sigma)$ とする．

2. 構造を $^t(\theta) = \{^t(\beta), \varepsilon^{tr}(\sigma)\}$ とする男女の選考の組 $P^{\{^t(\beta),\varepsilon^{tr}(\sigma)\}}$ を発見する．

3. 結婚問題の安定マッチングを予測し，$\tilde{\mu}^{tr}(\theta) = (P^{\{^t(\beta),\varepsilon^{tr}(\sigma)\}})$ とする．

4. 上記の 1-3 のステップを各試行 $r = 1, \cdots, R$ について行い，以下のマッチおよびマッチ属性の条件付き期待値の近似を行う．

$$\mathrm{E}[\hat{\mu}_{ij}^t(\theta)|X^{mt},X^{wt}] \simeq \frac{1}{R}\sum_{r=1}^{R}\tilde{\mu}_{ij}^{tr}(\theta)$$

$$\mathrm{E}[X_{\hat{\mu}_{m_i}^t(\theta)}^{wt}|X^{mt},X^{wt}] \simeq \frac{1}{R}\sum_{r=1}^{R}X_{\tilde{\mu}_{m_i}^{tr}(\theta)}^{wt}$$

$$\mathrm{E}[X_{\hat{\mu}_{w_j}^t(\theta)}^{mt}|X^{mt},X^{wt}] \simeq \frac{1}{R}\sum_{r=1}^{R}X_{\tilde{\mu}_{w_j}^{tr}(\theta)}^{mt}$$

この時，(11.21) 式と (11.22) 式で与えられるモーメント等式は

---

[37] 過剰識別とは，モーメント等式で与えられる制約の数が構造パラメータ θ の次元がよりも大きくなるため，(11.21) 式と (11.22) 式で与えられる連立方程式に解が存在しなくなることをいう．

[38] 例えば，$\mathrm{E}[\hat{\mu}_{ij}^t(\theta)|X^{mt},X^{wt}]$ や $\mathrm{E}[X_{\hat{\mu}_{m_i}^t(\theta)}^{wt}|X^{mt},X^{wt}]$ といった条件付き期待値のこと．

$$\tilde{\psi}_\nu^m(\theta) \equiv \sum_{t\in\{1,\cdots,T\}} \sum_{m_i\in M} \sum_{w_j\in W} X_i^{mt} \left\{ \mu_{ij}^{ot} - \frac{1}{R}\sum_{r=1}^{R} \tilde{\mu}_{ij}^{tr}(\theta) \right\} = 0$$

$$\tilde{\psi}_\nu^w(\theta) \equiv \sum_{t\in\{1,\cdots,T\}} \sum_{m_i\in M} \sum_{w_j\in W} X_j^{wt} \left\{ \mu_{ij}^{ot} - \frac{1}{R}\sum_{r=1}^{R} \tilde{\mu}_{ij}^{tr}(\theta) \right\} = 0$$

$$\tilde{\psi}_\xi^m(\theta) \equiv \sum_{t\in\{1,\cdots,T\}} \sum_{m_i\in M} X_i^{mt} \left\{ X_{\mu_{m_i}^o}^{wt} - \frac{1}{R}\sum_{r=1}^{R} X_{\tilde{\mu}_{m_i}^{tr}(\theta)}^{wt} \right\} = 0$$

$$\tilde{\psi}_\xi^w(\theta) \equiv \sum_{t\in\{1,\cdots,T\}} \sum_{w_j\in W} X_j^{wt} \left\{ X_{\mu_{w_j}^o}^{mt} - \frac{1}{R}\sum_{r=1}^{R} X_{\tilde{\mu}_{w_j}^{tr}(\theta)}^{mt} \right\} = 0$$

で近似される．一般にこれらの方程式はパラメータ θ について過剰識別となる．よって，

$$\tilde{\psi}(\theta) = (\tilde{\psi}_\nu^m(\theta), \tilde{\psi}_\nu^w(\theta)\tilde{\psi}_\xi^m(\theta), \tilde{\psi}_\xi^w(\theta))$$

という積率条件に関する行ベクトルを定義すれば，シミュレーション積率法による推定量を $\hat{\theta}^{MSM}$ は

$$\hat{\theta}^{MSM} = \arg\max_{\theta\in\Theta} [-\tilde{\psi}(\theta)\tilde{\psi}'(\theta)]$$

という最小化問題の解として推定される．

　シミュレーション積率法による推定量 $\hat{\theta}^{MSM}$ はシミュレーション最尤法による推定量 $\hat{\theta}^{SML}$ とは異なり，シミュレーション試行回数 R を固定したとしても標本数 T が大きくなるにつれて，真のパラメータ値に収束することが知られている．すなわち，シミュレーション積率法による推定量は試行回数 R に関わらず，一致推定量となる．従って，シミュレーション積率法では，原理的には，結婚問題のプレイヤー数 N に関わらず，それと独立に試行回数 R を設定しても良いことになる．これは，シミュレーション最尤法に必要な試行回数 R はプレイヤー数 N とともに爆発的に増大するという点と大きく異なっている[39]．もち

---

[39] 一方，Bajari et al. (2010) が指摘するように，シミュレーション積率法における最適化計算の目的関数 $[-\tilde{\psi}(\theta)\tilde{\psi}'(\theta)]$ はシミュレーション最尤法の目的関数である対数尤度関数 $\mathscr{L}(\theta)$ に比べ，「凹曲面度」が低く，最適計算の収束にかなりの時間がかかることが経験的に知られている．そのため，シミュレーション積率法では，最適化計算の初期値の設定に注意を払う必要がある．

ろん,一致性があるとはいえ,推定量 $\hat{\theta}^{MSM}$ の漸近分布の分散は試行回数 R に依存し,R の大きさが十分でないときには,シミュレーションノイズとともに推定量の漸近分散が大きくなる.よって,計算実行が可能な範囲で試行回数 R を増やして推定の精度を高めた方がよいことはいうまでもない.

11.5 おわりに

本稿は結婚問題を例にして,一対一両側マッチングゲームに対する顕示選好分析の手法を概説した.まず,マッチングゲームの理論的帰結を紹介した後,その顕示選好問題を,メカニズムの逆問題として定式化した.次に,マッチングゲームに確率効用モデルという構造を導入し,顕示選好問題を推定可能な計量経済モデルのパラメータ推定問題として再定式化した.その際にゲームモデルが複数の安定マッチングを予測することに起因する計量経済モデルの不完全性を指摘し,それを解決するために使われる実証的仮定を紹介した.最後に,マッチングゲームの計量経済モデルの構造パラメータを推定するための具体的な方法として,シミュレーション最尤法とシミュレーション積率法という計算機集約的な手法の説明を行った.

以上,マッチングゲームの顕示選好分析について,基本となる計量経済モデルと統計解析手法を概観したが,これが唯一のアプローチというわけではない.特に,本稿が分析対象としたマッチングゲームでは,効用がプレイヤー間で移転することができないことを前提としていたが,プレイヤー間で貨幣を通じた効用の移転が可能であると仮定するマッチングゲームの理論分析も行われている[40].その場合のマッチングゲームの顕示選好分析では適用される計量経済モデルは本稿で示したものとは異なり,いくつかの代替的な計量経済モデルとそれに応じた推定手法が開発されている[41].

---

[40]本稿が対象にしたようなプレイヤー間の効用の移転を前提としないマッチングゲームを Non-Transferable Utility (NTU) マッチングゲームと呼び,プレイヤー間の効用の移転を前提とするマッチングゲームを Transferable Utility (TU) マッチングゲームと呼ぶことがある.

[41]例えば,Choo and Siow (2006), Chiappori et al. (2011), Galichon and Salaniè (2010), Fox (2008, 2010) が代表的な論文である.

さらに，本稿で紹介した結婚市場のマッチング (Del Boca and Flinn, 2012; Echenique et al., 2000)，労働市場のマッチング (Boyd et al., 2013)，金融市場のマッチング (Sorensen, 2007) の他にも多様な経済分野で，マッチングゲームの顕示選好分析が実施されている[42]．このようにマッチングゲームモデルの実証分析は近年発展が著しい実証分野の一つである．今後のこの分野における手法の進化と分析対象の広まりを注意深く見守っていきたい．

参考文献
references

ACKERBERG, D., L. C. BENKARD, S. BERRY, AND A. PAKES (2007): "Econometric tools for analyzing market outcomes," In J. Heckman and E. Leamer, eds., *Handbook of Econometrics*, 6, Ch. 63, Elsevier.

BAJARI, P., H. HONG, AND S. RYAN (2010): "Identification and estimation of a discrete game of complete information," *Econometrica*, 78, 1529–1568.

BERRY, S. (1992): "Estimation of a model of entry in the airline industry," *Econometrica*, 60, 889–917.

BERRY, S. AND P. C. REISS (2007): "Empirical models of entry and market structure," In M. Armstrong and R. Porter eds, *Handbook of Industrial Organization*, 3, Elsevier, Ch. 29.

---

[42] マッチングゲームモデルの顕示選好分析では，結婚市場のマッチングに対する応用例が最も多く，本文中にあげた実証研究以外にも Choo and Siow (2006), Hitsch et al. (2010), Chiappori et al. (2011) などがある．また，産業組織論分野の応用研究としては，Uetake and Watanabe (2012) がある．これ以外にも Fox (2008) は自動車産業における部品メーカ企業と自動車組立企業の間のマッチングを分析している．また，Chen and Song (2012) は銀行と企業の間のの融資関係をマッチングゲームで定式化し，企業の融資相手に対する選好を明らかにしている．また，公共経済学分野の応用例としては，地方自治体の合併をマッチングモデルで分析したGordon and Night (2009) がある．また，経営分野における研究として，Yang et al. (2009) は全米プロバスケットボールリーグを対象いてフリーエージェントプレーヤとチームの両側マッチングについて顕示選好分析を行っている．

BOYD, D., H. LANKFORD, S. LOEB, AND J. WYCKOFF (2013): "Analyzing the determinants of the matching of public school teachers to Jobs: disentangling the preferences of teachers and employers," *Journal of Labor Economics*, 31, 83–117.

BRESNAHAN, T. F. AND P. C. REISS (1990): "Entry in monopoly markets," *The Review of Economic Studies*, 57, 531–553.

BRESNAHAN, T. F. AND P. C. REISS (1991): "Empirical models of discrete games," *Journal of Econometrics*, 48, 57–81.

CHEN, J. AND K. SONG (2012): "Two-sided matching and spread determinants in the loan market," mimeo.

CHERNOZHUKOV, V., H. HONG, AND E. TAMER (2007): "Estimation and confidence regions for parameter sets in econometric models," *Econometrica*, 75, 1243–1284.

CHIAPPORI, P. A., B. SALANIÈ, AND Y. WEISS (2011): "Partner choice and the marital college premium," mimeo.

CHOO, E. AND A. SIOW (2006): "Who marries whom and why," *Journal of Political Economy*, 114, 175–201.

CILIBERTO, F. AND E. TAMER (2009): "Market structure and multiple equilibria in airline markets," *Econometrica*, 77, 1791–1828.

CLARK, S. (2006): "The Uniqueness of stable matchings," *BE Press – Contributions to Theoretical Economics*, 6, 1–28.

DEL BOCA, D. AND C. J. FLINN (2012): "Household behavior and the marriage market," mimeo.

ECHENIQUE, F., S. LEE, AND M. SHUM (2010): "Aggregate matchings," mimeo.

EECKHOUT, J. (2000): "On the Uniqueness of Stable Marriage Matchings," *Economic Letters*, 69, 1–8.

FOX, J. T. (2008): "Estimating matching games with transfers," NBER Working Paper No. 14382.

FOX, J. T. (2010): "Identification in matching games," *Quantitative Economics*, 1.

GALE, D. AND L. SHAPLEY (1962). "College Admissions and the Stability of Marriage," *The American Mathematical Monthly*, 69, 9–15.

GALICHON, A. AND B. SALANIÈ (2010). "Matching with Trade-offs: Revealed Preferences over Competing Characteristics," mimeo.

GEWEKE, J. AND M. KEANE (2001). "Computationally intensive methods for integration in econometrics," In J. Heckman and E. Leamer, (eds), Handbook of Econometrics, volume 5. Elsevier, Ch. 56.

GORDON, N. AND B. KNIGHT (2009). "A spatial merger estimator with an application to school district consolidation," *Journal of Public Economics*, 93, 752?765.

GOURIEROUX, C. S. AND A. MONFORT (1993). "Simulation Based Inference : A Survey with Special Reference to Panal Data Models," *Journal of Econometrics*, 59, 5-33.

HITSCH, G. J., A. HORTAÇSU, AND D. ARIELY (2010): "Matching and sorting in online dating," *American Economic Review*, 100, 130–163.

IMBENS, G. W. AND C. F. MANSKI (2004): "Confidence intervals for partially identified parameters," *Econometrica*, 72, 1845–1857.

JOVANOVIC, B. (1989): "Implications of Models with Multiple Equilibria," *Econometrica*, 59, 1431–1437.

MANSKI, C. F. (1988): *Analog Estimation Methods in Econometrics*, Chapman and Hall.

MANSKI, C. F. (2007): *Identification for Prediction and Decision*, Harvard University Press.

MANSKI, C. F. AND E. TAMER (2002): "Inference on regressions with interval data on a regressor or outcome," *Econometrica*, 70, 519–546.

MCFADDEN, D. (1974): "Conditional logit analysis of qualitative choice behavior, " In P. Zarembka, ed., *Frontiers in Econometrics*, Academic Press, Ch. 4.

MCFADDEN, D. (1989): "A Method of Simulated Moments for Estimation of Discrete Response Models without Numerical Integration, " *Econometrica*, 57, 995–1026.

PAKES, A. AND D. POLLARD (1989): "Simulation and the asymptotics of optimization estimators, " *Econometrica*, 57, 1027–1057.

PAKES, A., J. R. PORTER, K. HO, AND J. ISHII (2011): "Moment Inequalities and Their Application," mimeo.

ROGERSON, R., R. SHIMER, AND R. WRIGHT (2005): "Search-theoretic models of the labor market: A survey," *The Journal of Economic Literature*, 43, 959–988.

ROTH, A. E. AND M. A. O. SOTOMAYOR (1992): *Two-sided matching: A study in game-theoretic modeling and analysis* Cambridge University Press.

ROTH, A. E. AND J. H. VANDE VATE (1990): "Random paths to stability in two-sided matching," *Econometrica*, 58, 1475–1480.

SAMUELSON, P. (1948): "Consumption theory in terms of Revealed Preference," *Economica*, 15, 243–253.

SORENSEN, M. (2007): "How smart is smart money? A two-sided matching model of venture capital," *Journal of Finance*, 62, 2725–2762.

TRAIN, K. E. (2009): *Discrete Choice Methods with Simulation*, New York, Cambridge University Press.

UETAKE, K. AND Y. WATANABE (2012): "Entry by merger: estimates from a two-sided matching model with externalities," mimeo.

YANG, Y., M. SHI, AND A. GOLDFARB (2009): "Estimating the value of brand alliances in professional team sports," *Marketing Science*, 28, 1095–1111.

中山幹夫 (2012):「協力ゲームの基礎と応用」, 勁草書房.

橘木俊詔, 迫田さやか (2013):「夫婦格差社会−二極化する結婚のかたち」, 中央公論新社.

山田昌弘・白河桃子 (2008):「『婚活』時代」, ディスカヴァー・トゥエンティワン.

岡田章 (2011):「ゲーム理論 新版」有斐閣.

坂井豊貴 (2010):「マーケットデザイン入門−オークションとマッチングの経済学」ミネルヴァ書房.

今井亮一, 佐々木勝, 清水崇, 工藤教孝 (2007):「サーチ理論—分権的取引の経済学」, 東京大学出版会.

索 引
index

ADM 交渉集合, 186, 193

EWA モデル, 274, 283, 289

アウトプット関数, 267
値, 182, 196
アドヴァースセレクション, 99, 111
アドバースセレクション, 154
安定, 255
安定集合, 182
安定性, 302

異議, 184, 196
一括均衡, 101
一対一マッチング, 299
一般化 M 交渉集合, 202
一般化 Z 交渉集合, 202

M 交渉集合, 191, 193

重み付き投票, 211, 230

カーネル, 186, 196
解, 176
外部安定性, 183
確実遂行, 59, 68, 69, 72, 81
確実にベイジアン遂行可能, 74
学習, 274, 278, 280, 281, 286, 288, 289
片側マッチング, 298
ガムソンの法則, 213, 224, 230
完全ベイジアン均衡, 50
完備情報, 59, 66, 85, 86

帰結関数, 63, 74
気候変動枠組条約, 27

帰納的ゲーム理論, 279
逆異議, 185, 196
キャップアンドトレード方式, 29
吸収的, 255
強改善, 188, 201
強化学習, 281
強化学習モデル, 274, 281
共通利害ゲーム, 254, 258
共同実施, 28
京都議定書, 27, 30, 36, 39, 42
強ナッシュ均衡, 246, 248
共有知識, 61, 177
協力解, 182, 193, 205
協力ゲーム, 177, 180, 193, 205, 212, 230
協力的投資, 154, 164

クールノー競争, 35, 46, 47
クリーン開発メカニズム, 28
クレジット認証排出削減量, 30

経済的手法, 176
契約の不完備性, 125, 138
契約理論, 123
ゲーム学習モデル, 279, 284, 289
ゲーム形式, 62
結束性, 180
言語的コミュニケーション, 245

コア, 183, 194
交渉, 160, 164, 171
行動学習, 274, 279, 289
効率性, 180, 194
公理的アプローチ, 177
合理的期待理論, 105

個人合理性, 180, 194
個人合理性制約, 127, 136
固定賃金, 133
コミットメント, 150, 153, 157, 170, 171
混合戦略, 59, 63, 72, 80, 84, 86
混合ベイジアン遂行可能性, 68
混合ベイジアン単調性, 70
混合ベイジアンナッシュ均衡, 65
コンピュータ実験, 273

サーチ理論, 124, 131
再帰的, 256
最小勝利提携, 213, 214, 222, 230
最適反応, 64

c-安定, 257
シグナル, 97, 100, 106, 249
事後確率, 98
辞書的コミュニケーションゲーム, 264
事前確率, 60, 98
実質的遂行, 59, 68, 69, 81
しっぺ返し戦略, 267
私的情報, 57, 61
シミュレーション積率法, 324, 329
社会選択関数, 61, 69, 72, 80, 81, 84, 86
社会選択集合, 61
社会選択ルール, 57, 58, 68
社会的選択問題, 177
弱改善, 189, 201
修正進化的安定戦略, 268
集団戦略プロファイル, 254
純粋虚偽申告, 70
純粋戦略, 59, 63, 72, 84, 86
状態, 263, 267
情報投資家, 93, 94, 96, 100, 104, 105, 112, 114, 117
情報の非対称性, 125, 151, 155, 164
情報レント, 156, 168
初期状態, 267

仁, 187, 196
進化的に安定な戦略, 248
新制度派経済学, 5, 9
信念学習, 274

推移関数, 267
遂行可能, 57, 59, 66, 84, 87
遂行理論, 57–59, 85

成果型賃金, 133
制度, 11
正当な異議, 191, 197, 202
セクトラルクレジットシステム, 39
絶対ベースライン, 33, 39, 40, 52
Z 交渉集合, 192, 193
遷移的, 256
全提携の実現可能性, 180
全提携の集団合理性, 180
全提携の利得配分, 181
戦略学習, 275, 278

相関均衡, 260, 261
相対 vs 絶対ベースライン, 31, 40
相対ベースライン, 32, 36, 40, 47, 51
組織, 10

タイプ, 60, 69, 72, 80, 81, 84
タイプ空間, 61
段階的投資, 157
短期記憶, 280, 282, 284, 288

中立安定, 251, 265
中立安定戦略, 251
超過分, 182
長期記憶, 280, 283, 286, 288
直接表明メカニズム, 63, 69

追加性, 29, 37

提携 S の利得配分, 181

337

提携からの異議, 190, 200
提携からの逆異議, 190
提携ゲーム, 177, 178, 193, 205
提携構造を持つゲーム, 195, 214
提携 T からの逆異議, 200

特性関数, 180, 205
突然変異体, 248, 252, 259, 269
とりひきひよう, 10
取引費用, 5
ドリフト, 256, 262

内部安定性, 182
ナッシュ均衡, 60, 67, 86, 245
ナッシュ交渉解, 140, 141
ナッシュ遂行可能, 86
ナッシュ成分, 265

認識閾値, 280

ノイズトレーダー, 106

排出権取引, 27, 35
配分問題, 176
破産制約, 127
パレート改善, 189
パレート効率的, 245, 250, 256, 258, 260, 262, 265, 269

被験者実験, 212, 223
非情報投資家, 93, 94, 96, 100, 104, 105, 112, 114, 116, 117
ビッド・アスク・スプレッド, 93, 95, 103
必要票数, 214

フォンノイマン–モルゲンシュテルン解, 182
不完備情報, 59, 62
不完備情報ゲーム, 63, 86
複雑さ, 257, 267
複雑さ適応利得関数, 257

複数均衡, 124, 138
附属書 I 国, 28, 34, 39, 41, 51
物質的利得, 265
部分分離均衡, 101
ブラウン運動, 109

平均分散効用, 114
ベイジアン・ナッシュ均衡, 63, 86
ベイズの公式, 97
ベースラインクレジット方式, 29

ホールドアップ問題, 139, 140, 146, 151, 153, 156, 161, 163, 164, 170
ボルダ方式, 213, 225

マーケットデザイン, 58
マーケットメーカー, 92, 94, 96, 100, 104, 105, 111, 115–117
マーチンゲール, 99, 103
マスキン単調性, 86
待ち行列, 104
マッチングの逆問題, 306
マルコフ過程, 103

ミーム, 247, 249

無限回繰り返しゲーム, 266

メカニズム, 57, 58, 62, 63, 72
メカニズム設計者, 57, 58, 67
メカニズムデザイン, 5, 13, 57
メッセージ, 251, 256, 260, 262, 264, 266, 270
メッセージ空間, 62

モラルハザード, 154
モラルハザード問題, 125, 129, 131, 136

誘因整合性制約, 128
誘因両立性, 69
優加法性, 180, 198

有限オートマトン, 267

予想, 263, 270

リスク優越的, 246
利得配分, 181, 193, 205
留保利得, 125, 127, 131, 133, 136, 140
両側マッチング, 2, 298, 306, 330
良反応, 255

レプリケータ・ダイナミクス, 249

割引因子, 132, 138, 142

著者紹介

今井　晴雄（第2章）　所属：京都大学経済研究所　教授　学位：Ph.D. (Economics, Stanford University)　主著："Individual Monotonicity and Lexicographic Maximin Solution," Econometrica 51, 389-401, 1983. "A Characterization of a Limit Solution for Finite Horizon Bargaining Prlbmes," (with H. Salonen), International Journal of Game Theory 41, 603-622, 2012.

秋田　次郎（第2章）　所属：東北大学大学院経済学研究科　教授　学位：Ph.D. (Economics, State University of New York at Albany)　主著："A Simple Model of CDM Low Hanging Fruits," (with H. Imai and H. Niizawa), in International Frameworks and Technological Strategies to Prevent Climate Change, T. Sawa ed., Springer Verlag, 2003. Preemption by Baseline, REVISTA INVESTIGACION OPERACIONA 32, 1-11, 2011, http://rev-inv-ope.univ-paris1.fr/files/32111/32111-01.pdf

新澤　秀則（第2章）　所属：兵庫県立大学経済学部　教授　学位：工学博士（大阪大学）　主著：「温暖化防止のガバナンス」（編著），ミネルヴァ書房，2010. Governing Low-Carbon Development and the Economy, (co-eds), United Nations University Press, 2014.

国本　隆（序章，第3章・編著）　所属：一橋大学大学院経済学研究科　准教授　学位：Ph.D. (Economics, Brown University)　主著："Subgame Perfect Implementation under Information Perturbations," (with P. Aghion, D. Fudenberg, R. Holden, O. Tercieux), Quarterly Journal of Economics 127, 1843-1881, 2012. "Robust Virtual Implementation: Toward an Reinterpretation of the Wilson Doctrine," (with G. Artemov and R. Serrano), Journal of Economic Theory 148, 424-447, 2013.

石井　良輔（第4章，第9章）　所属：帝京大学経済学部　講師　学位：京都大学博士（経済学）　主著："Optimal Execution in a Market with Small Investors," Applied Mathematical Finance 17, 431-451, 2010. "Concentrated Equilibrium and Intraday Patterns in Financial Markets," (with K. Nishide), Applied Mathematical Finance 20, 50-68, 2013.

石黒　真吾（第5章）　所属：大阪大学大学院経済学研究科　教授　学位：経済学博士（京都大学）　主著：「比較制度分析・入門」（石黒真吾，中林真幸　共編），有斐閣，2010.「企業の経済学」（石黒真吾，中林真幸　共編），有斐閣，2014. "On the Optimality of Multi-tier Hierarchies: Coordination and Motivation" (joint with Chongwoo Choe), Journal of Law, Economics and Organization 28, 447-481, 2012. "Contracts, Search, and Organizational Diversity," European Economic Review 54, 678-691, 2010.

堀　一三（序章，第6章，編著）　所属：立命館大学経済学部　准教授　学位：Ph.D. (Economics, University of Wisconsin-Madison)　主著："A Race beyond the Bottom: The Nature of Bidding for a Firm," (with T. Furusawa and I. Wooton), International Tax and Public Finance, in press. "The Role of Private Benefits in Information Acquisition," Journal of Economic Behavior & Organization 68, 626-631, 2008. "Inefficiency in a Bilateral Trading Problem with Cooperative Investment," Contributions to Theoretical Economics 6, 1-9, 2006.

下村　研一（第7章）　所属：神戸大学経済経営研究所　教授　学位：Ph.D. (Economics, University of Rochester)　主著："Competition among the Big and the Small," (with J.-F. Thisse), The RAND Journal of Economics 43, 329-347, 2012. "Simple Economies with Multiple Equilibria," (with T. C. Bergstrom and T. Yamato), The B.E. Journal of Theoretical Economics 9, Article 43, 2009. "The Walras Core of an Economy and its Limit Theorem," (with C.-Z. Qin and L. S. Shapley), Journal of Mathematical Economics 42, 180-197, 2006. "Global instability in Experimentalgeneral Equilibrium: the Scarf Example," (with C. M. Anderson, C. R. Plott, and S. Granat), Journal of Economic Theory, 115, 209-249, 2004.

渡邊　直樹（序章，第 8 章，第 10 章，編者）　所属：筑波大学システム情報系　准教授　学位：Ph.D. (Economics, SUNY at Stony Brook)　主著："A Methodological Note on a Weighted Voting Experiment," (with E. Guerci, N. Hanaki, G. Esposito, X. Lu), Social Choice and Welfare 43, 827-850, 2014. "Quality-Adjusted Prices of Japanese Mobile Phone Handsets and Carriers' Strategies," (with R. Nakajima, T. Ida), Review of Industrial Organization 36, 391-412, 2010. "Bargaining "Stable Profit Sharing in a Patent Licensing Game: General Bargaining Out- comes," (with S. Muto), International Journal of Game Theory, 37, 505-523, 2008. "The Shapley Value of a Patent Licensing Game: The Asymptotic Equivalence to Noncooperative Results," (with Yair Tauman), Economic Theory 30, 135-149, 2007.

花木　伸行（第 10 章）　所属：Aix-Marseille 大学経済経営学部・経済学大学院，Aix-Marseille 数量経済学研究グループ　教授　学位：Ph.D. (Economics, Columbia University)　主著："How do experienced traders respond to inflows of inexperienced traders? An experimental analysis," (with E. Akiyama and R. Ishikawa), Journal of Economic Dynamics and Control 45, 1-18, 2014. "Born Under A Lucky Star?," (with A. Kirman, M. Marsili), Journal of Economic Behavior and Organization 77, 382-392, 2011. "Cooperation in Evolving Social Networks," (with A. Peterhansl, P. Dodds, and D. Watts), Management Science 53, 1036-1050, 2007. "Why Personal Ties Cannot Be Bought," (with A. Casella), American Economic Review (Papers and Proceedings) 96, 261-264, 2006. "Learning Strategies," (with R. Sethi, I. Erev, A. Peterhansl), Journal of Economic Behavior and Organization 56, 523-542, 2005.

中嶋　亮（第 11 章）　所属：慶應義塾大学経済学部　准教授　学位：Ph.D. (Economics, New York University)　主著："Localized Knowledge Spillovers and Patent Citations: A Distance-based Approach," (with Y. Murata, R. Okamoto, and R. Tamura), Review of Economics and Statistics 96, 967-985, 2014. "Are Contingent Jobs Dead Ends or Stepping Stones to Regular Jobs? Evidence from a Structural Estimation," (with J. Esteban-Pretel and R. Tanaka), Labour Economics 18, 513-526, 2011. "Measuring Peer Effects on Youth Smoking Behavior," Review of Economic Studies 74, 897-935, 2007.

組織と制度のミクロ経済学

2015年3月15日　初版第一刷発行

編　者　堀　　　一　三
　　　　国　本　　　隆
　　　　渡　邊　直　樹

発行者　檜　山　爲　次　郎
発行所　京都大学学術出版会
　　　　606-8315　京都市左京区吉田近衛町69
　　　　　　　　　京都大学吉田南構内
　　　　電話 075(761)6182　FAX 075(761)6190
　　　　URL http://www.kyoto-up.or.jp/
　　　　振替 01000-8-64677
印刷所　亜細亜印刷 株式会社

©K. Hori, T. Kunimoto and N. Watanabe, 2015　Printed in Japan
定価はカバーに表示してあります　ISBN978-4-87698-166-3　C3033

本書のコピー，スキャン，デジタル化等の無断複製は著作権法上での例外を除き禁じられています．本書を代行業者等の第三者に依頼してスキャンやデジタル化することは，たとえ個人や家庭内での利用でも著作権法違反です．